Elogios para *Clave 52*

«*Clave 52* es, sin duda, una de las mejores guías diarias impresas para fortalecer la fe. Mark Moore condensa décadas de sabiduría en un libro sucinto y poderoso. Mark no solo es brillante, sino también un extraordinario comunicador de ideas. *Clave 52* no solo elevará tu coeficiente bíblico, sino que transformará tu vida».

—Jud Wilhite, autor de *Pursued* y pastor principal de Central Church

«Ya sea que leas la Biblia regularmente, nunca la hayas leído o la hayas comenzado y dejado varias veces, ¡*Clave 52* es el recurso perfecto para ti! Esta herramienta es fácil de usar y cautivadora, y te ayudará a profundizar en tu comprensión de la Palabra de Dios».

—Jon Weece, líder en Southland Christian Church y autor de *Jesus Prom*

«No hay duda de que el compromiso con la Biblia es el mejor predictor del crecimiento espiritual. Por eso estoy tan entusiasmado con *Clave 52*. Mark ha creado no solo una clara rampa de acceso para comprender mejor la Biblia, sino también una guía para aplicarla en tu vida».

—Ashley Wooldridge, pastor principal de Christ's Church of the Valley

«*Clave 52* te permitirá cerrar la brecha entre tu formación bíblica y tu impacto profesional. Si deseas hablar con confianza sobre temas bíblicos mientras guías a otros en su camino de fe, ¡este recurso es ideal para ti!».

—Kirk Cousins, mariscal de campo profesional

«Cuando se trata de conocer y enseñar las ideas fundamentales de Cristo, Mark Moore es un gran experto. En *Clave 52*, encontrarás las herramientas necesarias para vivir la vida a la que Dios te ha llamado. Sus ideas innovadoras y sus vívidas ilustraciones captarán tu atención y motivarán tu deseo de conocer a Cristo y compartirlo con los demás. Comienza hoy con el capítulo 1, mantente diligente hasta el capítulo 52, y te sentirás plenamente satisfecho».

—Kyle Idleman, pastor principal de Southeast Christian Church y autor de *No soy fan* y *No te rindas*

«Como líder de estudios bíblicos para mujeres, mi deseo es ayudarles a conocer mejor la Palabra de Dios, para que puedan conectar sus frenéticas vidas cotidianas con su fe en Jesús. *Clave 52* es un verdadero regalo del cielo y una herramienta perfecta para lograr precisamente eso. Cualquier recurso que pueda ofrecer para ayudar a las mujeres a aprovechar al máximo su tiempo en la Palabra de Dios es un tesoro incalculable. Eso es lo que *Clave 52* significa para mí como maestra y para las mujeres que guío. Es un regalo extraordinario de un maestro notable en quien he aprendido a confiar como un recurso invaluable».

—Lisa Laizure, profesora de estudios bíblicos en WomensBibleStudy.com

«A través de sus libros anteriores, Mark me ha enseñado más sobre la Biblia que ningún otro autor. Su enseñanza clara y su ingenio agudo siempre me motivan a leer más páginas de las que imaginaba. *Clave 52* es su mejor obra hasta la fecha. ¡Ponlo en la cima de tu lista de lectura diaria!».

—Phil Smith, coautor de *Created to Flourish* y creador de los videos de la serie *Eyewitness Bible*

«Con el corazón de un pastor, la mente de un erudito y la pluma de un sabio, Mark Moore nos ofrece un valioso regalo en *Clave 52*. Este recurso nos ayuda a comprender las palabras de Dios, ser transformados a través de ellas y ¡vivirlas plenamente!».

—Caleb Kaltenbach, autor de *Messy Grace* y *God of Tomorrow*

CLAVE 52

CLAVE

UNA GUÍA DIARIA DE 15 MINUTOS PARA ELEVAR EL CI BÍBLICO

MARK E. MOORE

Título original: *Core 52*
A Fifteen-Minute Daily Guide to Build Your Bible IQ in a Year

Primera edición: julio de 2025
Esta edición es publicada bajo acuerdo con
WaterBrook, un sello de Crown Publishing Group,
una división de Penguin Random House LLC.

Copyright © 2019, Mark E. Moore
Todos los derechos reservados.

Publicado por ORIGEN®, marca registrada de
Penguin Random House Grupo Editorial USA, LLC
8950 SW 74th Court, Suite 2010
Miami, FL 33156

Traducción: Marina Lorenzín
Copyright © 2025 por Penguin Random House Grupo Editorial LLC

A menos que se indique lo contrario, las citas de las Escrituras están tomadas de la Santa Biblia, Nueva Versión Internacional®, NIV®. Copyright ©1973, 1978, 1984, 2011 por Biblica, Inc.TM Usado con permiso de Zondervan. Todos los derechos reservados en todo el mundo. www.zondervan.com. La "NVI" y la "Nueva Versión Internacional" son marcas registradas en la Oficina de Patentes y Marcas de los Estados Unidos por Biblica, Inc.TM. Se han usado también Nueva Biblia de las Américas, nbla®; Nueva Traducción Viviente, NTV®; Reina Valera, en sus versiones RVR60®, RVA-2015® y RVC®; La Biblia de las Américas, LBLA®, y Traducción al Lenguaje Actual, TLA®.

Penguin Random House Grupo Editorial apoya la protección de la propiedad intelectual y el derecho de autor. El derecho de autor estimula la creatividad, defiende la diversidad en el ámbito de las ideas y el conocimiento, promueve la libre expresión y favorece una cultura viva. Gracias por comprar una edición autorizada de este libro y por respetar las leyes del derecho de autor al no reproducir, escanear ni distribuir ninguna parte de esta obra por ningún medio sin permiso previo y expreso. Al hacerlo está respaldando a los autores y permitiendo que PRHGE continúe publicando libros para todos los lectores. Por favor, tenga en cuenta que ninguna parte de este libro puede usarse ni reproducirse, de ninguna manera, con el propósito de entrenar tecnologías o sistemas de inteligencia artificial ni de minería de textos y datos.
En caso de necesidad, contacte con: seguridadproductos@penguinrandomhouse.com.
El representante autorizado en el EEE es Penguin Random House
Grupo Editorial, S. A. U., Travessera de Gràcia, 47-49. 08021 Barcelona, España.

Impreso en Colombia / *Printed in Colombia*

Información de catalogación de publicaciones disponible
en la Biblioteca del Congreso de los Estados Unidos

ISBN: 979-8-89098-336-7

25 26 27 28 29   10 9 8 7 6 5 4 3 2 1

Para Larrie Fraley y Jason Beck

Y si alguno prevaleciere contra uno, dos le resistirán;
y cordón de tres dobleces no se rompe pronto.
—Eclesiastés 4:12

Índice

Introducción 11
1. La creación (Génesis 1:1) 17
2. Nuestra verdadera identidad (Génesis 1:26) 24
3. La caída (Génesis 3:6) 32
4. El pacto (Génesis 15:6) 39
5. La santidad (Levítico 11:45) 47
6. Jesús y Moisés (Deuteronomio 18:18) 54
7. El reino de Dios (1 Samuel 16:7) 61
8. Jesús y David (2 Samuel 7:12) 68
9. En busca de la felicidad (Salmos 1:1-3) 75
10. La profecía (Salmos 2:7) 83
11. El buen pastor (Salmos 23:1-3) 90
12. El Mesías (Salmos 110:1) 97
13. Jesús rechazado (Salmos 118:22) 104
14. La sabiduría (Proverbios 1:7) 112
15. La expiación (Isaías 53:5) 119
16. El nuevo pacto (Jeremías 31:33-34) 126
17. El Hijo del Hombre (Daniel 7:13) 133
18. Bienaventuranzas (Mateo 5:11-12) 140
19. Una moralidad más profunda (Mateo 5:20) 148
20. La oración (Mateo 6:9-13) 156
21. El dinero (Mateo 6:19-21) 164
22. La regla de oro (Mateo 7:12) 171
23. La cruz (Mateo 16:24-25) 179
24. Elección y predestinación (Mateo 22:14) 186

25. Lo sobrenatural (Mateo 25:41) 194
26. Nuestra comisión (Mateo 28:18-20) 202
27. El evangelio (Marcos 1:1) 209
28. La fe (Marcos 1:15) 216
29. El descanso (Marcos 2:27-28) 223
30. El liderazgo (Marcos 10:45) 230
31. El gran mandamiento (Marcos 12:29-31) 237
32. La encarnación (Juan 1:14) 244
33. El amor (Juan 3:16) 252
34. La adoración (Juan 4:24) 259
35. La comunión (Juan 6:53) 266
36. La seguridad eterna (Juan 10:28) 274
37. El Espíritu Santo (Hechos 1:8) 282
38. La ascensión (Hechos 1:9) 290
39. El bautismo (Hechos 2:38) 297
40. La solución de Dios al racismo (Hechos 17:26) ... 305
41. La libertad (Romanos 8:1) 313
42. Un cambio radical (Romanos 12:2) 320
43. Conocer la voluntad de Dios (1 Corintios 2:16) 328
44. La resurrección (1 Corintios 15:14) 335
45. La gracia (Efesios 2:8) 343
46. La unidad (Efesios 4:4-7) 350
47. La humildad (Filipenses 2:5-7) 358
48. Preocupación desbordante (Filipenses 4:6) 365
49. Mentoría (2 Timoteo 2:2) 373
50. La Escritura (2 Timoteo 3:16-17) 381
51. Desarrollando la determinación (Hebreos 2:1-2) .. 389
52. El cielo (Apocalipsis 21:1-3) 396
    Notas 403

Introducción

¿Te gustaría conocer mejor la Biblia?

No estás solo. Ni siquiera eres una minoría. El 80 % de las personas que asisten a la iglesia desean profundizar su conocimiento bíblico. Sorprendentemente, el deseo es aún más fuerte entre quienes están fuera de la iglesia. En una encuesta reciente realizada aquí en Phoenix, el 60 % de quienes expresaron interés en la Biblia no estaban vinculados a ninguna iglesia.

Hay una razón por la que tantas personas quieren conocer mejor la Biblia: saben que les *ayudará* a ser mejores.

El impacto positivo de las Escrituras en individuos, en familias y en la sociedad ha sido demostrado una y otra vez. Un estudio que involucró a 100,000 personas a lo largo de ocho años mostró resultados sorprendentes. Esta investigación, llevada a cabo por Arnold Cole y Pamela Caudill Ovwigho, del Center for Bible Engagement [Centro para el Compromiso Bíblico], reveló que aquellos que leen la Biblia cuatro o más veces a la semana experimentan comportamientos significativamente menos destructivos: un 62 % menos de embriaguez, un 59 % menos de consumo de pornografía, un 59 % menos de pecado sexual y un 45 % menos de ludopatía. Estos resultados no fueron producto de la manipulación por culpa, sino que reflejan una auténtica transformación personal. El mensaje positivo de las Escrituras permitió a las personas reducir la amargura en un 40 %, los pensamientos destructivos en un 32 %, el aislamiento en un 32 %, la incapacidad de perdonar en un 31 % y la soledad en un 30 %.[1]

El compromiso con la Biblia mejora la autoestima, fortalece la estructura familiar y enriquece las interacciones sociales. Es «el predictor más poderoso de crecimiento espiritual».[2] Así que, si deseas conocer mejor la Biblia, verás el beneficio.

Dado que muchas personas interesadas en conocer mejor la Biblia no asisten a la iglesia, no podemos depender únicamente de los pastores como el único medio para transmitir las Escrituras. Los líderes laicos deben asumir la responsabilidad de compartir las verdades bíblicas en sus entornos laborales, en el hogar y en la comunidad. Ese es el propósito de este libro. No está diseñado para hacerte más inteligente; está diseñado para hacerte más efectivo. Aquellos que pasan de la curiosidad bíblica a la confianza en la Biblia son mucho más propensos a utilizar sus dones en el servicio a los demás para la gloria de Dios. La confianza en la Biblia fomenta el compromiso social, los actos de compasión y la transformación de la comunidad.

¿Por qué tantos quieren conocer mejor la Biblia y tan pocos lo logran? Probablemente ya conozcas las respuestas: (1) estamos demasiado ocupados, y (2) no sabemos por dónde empezar.

¿Y si pudieras eliminar ambas barreras? ¿Y si tuvieras un plan claro que se pueda adaptar fácilmente a tu frenética agenda? Eso es precisamente lo que ofrece este libro. Si puedes dedicar quince minutos al día, cinco días a la semana, durante un año, conocerás la mayor parte de lo que anuncia cualquier predicador. Puede parecer una afirmación audaz, pero está completamente al alcance. Solo hemos aplicado el principio de Pareto (o la regla del 80/20) a la Biblia. Esta regla sostiene que el 20 % de tu esfuerzo produce el 80 % de los resultados en prácticamente todas las tareas de la vida. Lo mismo ocurre con la Biblia.

Tienes en tus manos 52 de los pasajes más poderosos de la Biblia, que ofrecen una representación fiel del mensaje completo de las Escrituras. Al comprender estos pocos versículos «vitales», podrás entender toda la Biblia con un mínimo de tiempo y esfuerzo. Cada uno de estos versículos actúa como un hilo que conecta toda la Biblia. Al dominar uno de ellos, podrás relacionar docenas de otros que reflejan el mismo principio espiritual. Si comprendes el pasaje principal, muchos otros encajarán a la perfección.

Permíteme presentarme. Durante veintidós años fui profesor del Nuevo Testamento en el Ozark Christian College, donde mi labor consistía en formar pastores. En 2012, cambié mi título de profesor Moore por el de pastor Mark, asumiendo el liderazgo en la Christ's Church of the Valley [Iglesia de Cristo del Valle] en Phoenix. Es una de esas iglesias sorprendentemente grandes que suelen ser más acogedoras para quienes nunca han asistido a una que para aquellos que crecieron en ella. Sirvo como pastor de enseñanza, ayudando a quienes están alejados de Dios a navegar por ese extenso e intimidante libro llamado Biblia.

El libro que tienes en tus manos es la culminación de mis dos funciones profesionales. Durante décadas, he profundizado en las Escrituras y ahora deseo extraer el agua más fresca del pozo más profundo. Dado que el tiempo de la gente es limitado, he seleccionado pasajes específicos que ofrecen el mayor retorno de inversión (ROI, por sus siglas en inglés) y el mayor potencial de aplicación práctica. Con esta guía, podrás avanzar más rápido, pasando de la curiosidad a la confianza. Piensa en mí como tu entrenador personal para el crecimiento espiritual. Cada ejercicio está diseñado para ser breve (quiero respetar tu tiempo), pero con un enorme potencial de mejora. Con la ayuda del Espíritu Santo, maximizarás tu inversión en las Escrituras y aumentarás exponencialmente tu impacto en la sociedad.

Esta es la estrategia en tres pasos que he seguido para llevar a cabo este proyecto:

1. Identificar 52 de los textos más influyentes de la Biblia.
2. Presentar un breve ensayo (uno por cada semana del año) que muestre la conexión de cada texto y su impacto práctico en nuestra vida.
3. Enriquecer cada ensayo con cuatro herramientas específicas que ayuden a establecer conexiones y amplificar el impacto del texto: (1) un pasaje bíblico que ilustre el texto clave; (2) versículos de referencia para meditar; (3) un paso de acción para su aplicación, y (4) un recurso adicional para profundizar en el tema.

He aquí el plan estratégico para ayudarte a dominar toda la Biblia en un año: quince minutos al día, cinco días a la semana:

- **Día 1:** *Lee el ensayo.* A continuación del ensayo, hay tres puntos clave para comprobar la comprensión. Si alguno de ellos no está claro, vuelve a leer esas partes del ensayo. (Puede resultarte útil leer primero los puntos clave y después leer el ensayo para saber qué buscar).
- **Día 2:** *Memoriza el texto clave* y repasa los versículos de las dos semanas anteriores.
- **Día 3:** *Lee una historia u otro pasaje de la Biblia* que ilustre el texto de la semana. Al leer estas historias a la luz del texto principal, te darás cuenta de cómo se expresaba el principio clave en la vida real del pueblo de Dios.

    Por cierto, no todas estas historias se aplican directamente al texto de la semana. Entonces, ¿por qué leerlas? Porque representan las biografías clave que ofrecen el mejor contexto para la teología incluida en los versículos clave. La combinación de estos versículos y los pasajes fundamentales aumentará tu coeficiente intelectual bíblico.
- **Día 4:** *Lee los tres pasajes de la trayectoria,* meditando en sus implicaciones y conexiones. Puedes empezar repasando el texto clave de memoria.
- **Día 5:** *Pon lo aprendido en práctica* programando un tiempo para el paso de acción. Ningún ejercicio debería llevar más de media hora y deben realizarse esa misma semana para incorporar el principio a la vida cotidiana.
- *Opciones adicionales*: Cada semana tendrás un «desafío de superación», un pasaje clave adicional que te convendría memorizar. (Apréndetelos todos, junto con los versículos clave, y el total de tu arsenal superará los cien versículos).

También encontrarás semanalmente una referencia a un libro de apoyo que puede interesarte como lectura adicional.

Bienvenido al viaje de la curiosidad a la confianza. ¡Tú puedes lograrlo! Al dominar los fundamentos, establecerás un marco sólido para ser un embajador de Jesucristo en un mundo hambriento de verdades transformadoras.

Eres más necesario ahora que nunca. Nuestra cultura se tambalea ante la falta de alfabetización bíblica. A medida que adquieras confianza, te encontrarás en el epicentro de la solución que Dios tiene para tu propio círculo de influencia. Dios te ha creado para un tiempo como este.

1

La creación

En el principio creó Dios los cielos y la tierra.
—GÉNESIS 1:1

Pregunta: ¿Por qué estamos aquí?

Vivimos en un vasto universo, en una extraordinaria esfera azul. No hay duda de que es una obra maestra, y en su centro se encuentra la especie humana. Sin embargo, cada uno de nosotros, al recorrer este espacio sagrado, se pregunta por qué estamos aquí. ¿Cuál es nuestro papel en este teatro de la vida? Todo depende de la respuesta a las siguientes tres preguntas.

¿Quién creó este mundo?

Todos los artistas dejan su huella en sus obras. Por eso, conocer la creación nos permite vislumbrar la naturaleza del Creador. La Biblia enseña que Dios es, en realidad, tres en uno: Padre, Hijo y Espíritu Santo. Aunque los atisbos más claros de esta «Trinidad» se encuentran en el Nuevo Testamento, los tres ya se asoman tras la cortina desde Génesis 1:1-3.

Dios Padre es el arquitecto. Así comienza la Biblia: «Creó Dios». Específicamente, Dios creó los elementos de la nada. Esto puede parecer sencillo, incluso obvio. Sin embargo, las historias de la creación del antiguo Cercano Oriente, en su mayoría, asumen que lo eterno es la materia física, no Dios. En estas narrativas, los dioses moldean la materia preexistente, como niños que juegan con plastilina.

En contraste, la Biblia sostiene que solo Dios es eterno. Esto implica que el universo es una extensión de la naturaleza divina, y no al revés. Así, la cosmovisión cristiana se opone a otras perspectivas que consideran la materia como eterna. Esto incluye al politeísmo, que adora a múltiples dioses, y al panteísmo, que identifica a Dios con elementos de la naturaleza como el viento, las olas o los animales. Del mismo modo, la cosmovisión cristiana desafía la teoría de la evolución darwiniana, que reemplaza a un Dios eterno con «cosas» eternas.

La creencia de que Dios creó la tierra es un principio común en las religiones monoteístas: el judaísmo, el islam y el cristianismo. Sin embargo, los cristianos introducen un elemento que falta a las demás religiones: *el Espíritu Santo es el ingeniero*. En Génesis 1:2 leemos: «Y la tierra estaba desordenada y vacía, y las tinieblas estaban sobre la faz del abismo, y el Espíritu de Dios se movía sobre la faz de las aguas». La palabra hebrea que se traduce como «movía» sugiere una vibración; el Espíritu «temblaba» para poner orden en el caos. No difiere mucho de una anfitriona frenética treinta minutos antes de que lleguen los invitados a cenar. El Espíritu tenía la intención de organizar la creación, transformándola en un jardín que diera vida.

La palabra hebrea para «aliento» se traduce también como «espíritu». Por ejemplo, el aliento de Dios infundió vida en Adán en Génesis 2:7. Igualmente, en Génesis 7:22, la palabra para «aliento» es la misma que se traduce como «espíritu»: «Todo lo que tenía aliento de espíritu de vida en sus narices, todo lo que había en la tierra, murió».

Lo mismo ocurre con los animales, como señala el Salmo 104:30: «Envías tu Espíritu, son creados, y renuevas la faz de la tierra». Todo ser que respira es sustentado por el Espíritu. Este es la fuerza continua de Dios, infundiendo vida, aliento y energía sustentadora en la tierra. El Espíritu está implacable, íntima y perpetuamente presente en el tejido mismo de nuestro entorno terrenal. Dios Padre *creó*; Dios Espíritu *crea*.

Hay una señal reveladora cuando las personas ignoran al Espíritu en la creación. En específico, el medioambiente se convierte en un mero recurso de explotación en lugar de un regalo que cuidar. Los elementos de la naturaleza, que antes proclamaban la gloria de Dios, enmudecen (Salmos 19:1-3). Dejamos de percibir a Dios en la tormenta y el viento, en el florecimiento de una flor y en la majestuosidad de las montañas. Esta insensibilidad medioambiental delata nuestra ignorancia sobre el cuidado continuo del Espíritu por cada aspecto de la creación. Como resultado, muchos cristianos se limitan a adorar a Dios los domingos en la iglesia, en vez de adorarlo a diario en toda la extensión del universo, donde la cultura dominante ha remplazado el amor del Espíritu con la ley de la selva.

Necesitamos reconocer la obra del Espíritu en la creación.

Dios Padre es el arquitecto, Dios Espíritu es el ingeniero y *Jesús es el constructor*. Él realizó el «trabajo pesado» durante la creación. Esto se ve claramente en Génesis 1:3: «Y dijo Dios: Sea la luz; y fue la luz». Si lo comparamos con Juan 1:1-3, entendemos mejor la mecánica de la creación: «En el principio era el Verbo, y el Verbo era con Dios, y el Verbo era Dios. Este era en el principio con Dios. Todas las cosas por él fueron hechas, y sin él nada de lo que ha sido hecho, fue hecho». Este Verbo, como se nos revela en el versículo 14, es Jesús. Aun antes de venir a la tierra en forma humana, Él ya era plenamente Dios, la encarnación de la palabra hablada de Dios. Cuando Dios emitía una orden, Jesús —el Verbo— la convertía en creación.

El apóstol Pablo confirmó esta idea en sus escritos:

Él es la imagen del Dios invisible, el primogénito de toda creación. Porque en él fueron creadas todas las cosas, las que hay en los cielos y las que hay en la tierra, visibles e invisibles; sean tronos, sean dominios, sean principados, sean potestades; todo fue creado por medio de él y para él. (Colosenses 1:15-16)

¿Qué sucede cuando ignoramos el papel de Jesús en la creación? Generalmente, la salvación se percibe como un estado espiritual futuro en el cielo, en lugar de una realidad presente aquí en la tierra. Por supuesto, tenemos una esperanza futura en el cielo. Sin embargo, Jesús el Creador está igualmente interesado en tu vida eterna aquí y ahora.

Así que ahí lo tienes: la Trinidad está presente en los primeros tres versículos de Génesis. Dios es el arquitecto, el Espíritu es el ingeniero y Jesús es el constructor. Los tres son únicos y esenciales en la creación. Si ignoramos a alguno de ellos, malinterpretaremos no solo la naturaleza de la creación, sino también nuestra propia naturaleza y el rol honorable que Dios tiene destinado para nosotros.

¿Por qué creó Dios este mundo?

Algunos sugieren que Dios creó el mundo porque se sentía solo. Sin embargo, esta idea es imposible de probar y difícil de aceptar. Dios ya contaba con la compañía de innumerables ángeles, seres capaces de comunicarse, actuar y hacer quién sabe cuántas cosas más para entretener, servir y deleitar a Dios. Además, Dios se tenía a sí mismo, pues Él es una comunidad: Padre, Hijo y Espíritu Santo. Esta Trinidad se ama, se comunica y disfruta plenamente en perfecta comunión. Nada falta en la propia persona de Dios como para requerir la creación de compañía.

Entonces, ¿por qué Dios *creó*?

No necesitamos buscar más allá del Salmo 102:18 para encontrar una respuesta: «Se escribirá esto para la generación venidera; y el pueblo que está por nacer alabará a JAH». Cada generación que Dios ha creado —desde nuestros primeros padres en el Edén hasta nuestros hijos aún no nacidos— tiene un propósito divino singular: glorificar a Dios. Esto no debería sorprendernos, ya que las huellas de Dios están grabadas en nuestra alma y nos conducen en esa misma dirección. ¿Por qué nos vestimos a la moda? Para vernos bien. ¿Por qué decoramos nuestras casas? Para impresionar a los demás. ¿Por qué presentamos una comida *gourmet* con tanto esmero? Para agradar a nuestros invitados y recibir elogios. ¿Acaso no es nuestro impulso interno crear para el placer de los demás y para nuestra propia satisfacción? Dios crea con esa misma motivación. Estamos aquí con el propósito expreso de glorificar a Dios.

Cuando contemplamos nuestra propia complejidad genética, no podemos evitar asombrarnos. Las delicadas huellas dactilares de un bebé, la estructura de nuestros ojos, las sinapsis eléctricas del cerebro... nuestro cuerpo es una auténtica obra de arte. Desde la gracia del *ballet* hasta la destreza olímpica, desde los asombrosos logros de la NBA hasta las maravillas documentadas en *National Geographic*, la creación de Dios nos deja sin palabras.

David lo expresó a la perfección: «Porque tú formaste mis entrañas; Tú me hiciste en el vientre de mi madre» (Salmos 139:13). Sin necesidad de pronunciar palabra, incluso los objetos inanimados —como las montañas, los ríos, las estrellas y el arcoíris— claman a su Creador (Salmos 89:12; 148:3-10). Toda la creación es el testimonio primordial de la existencia de Dios (Romanos 1:20,25). Al observar sus huellas en el mundo, somos naturalmente atraídos hacia Su autorretrato en la Biblia.

Aquí es donde todo se vuelve aún más majestuoso: fuimos creados para administrar la creación de Dios. «Porque somos hechura de Dios, creados en Cristo Jesús para buenas obras, las cuales Dios dispuso de antemano a fin de que las pongamos en práctica» (Efesios 2:10, NVI). De alguna manera, continuamos el acto creador de Dios. Pero lo que eleva todo a un nivel más asombroso es que Dios está personal y continuamente involucrado en la creación y recreación de esta obra maestra que es el mundo, junto con la colaboración de los seres humanos. Dios creó los cielos y la tierra, y nos confía la responsabilidad de hacer de este mundo un lugar aún más maravilloso.

¿Cómo restauró Dios la creación?

Este mundo es un desastre. Todo se desmoronó en Génesis 3, cuando Eva fue seducida por la serpiente. Ese momento de indiscreción desencadenó una serie de consecuencias devastadoras. Nada de esto tomó a Dios por sorpresa, pero sí lo llenó de profundo dolor. Estaba consternado por el estado de la creación que tanto valoraba.

Esto nos lleva a la historia del diluvio (Génesis 6–8), cuando Dios decidió «reiniciar» el mundo. Sin embargo, Dios sabía que este no sería un arreglo permanente. Al igual que la primera pareja cayó en el jardín, la familia de Noé también fracasó después del diluvio. Incluso la nación de Abraham se rebeló. Pero, desde el principio, el plan de Dios fue recuperar una creación caída. Comenzó con una pareja, luego con una familia, más tarde con una nación. Hoy, Su misericordia se extiende a toda la tierra: a cada lengua, tribu y nación. La recuperación del Edén es, en esencia, la historia central de la Biblia.

El clímax de esa historia es Jesús. Por medio de Su sangre, Jesús recreó el espíritu humano, renovándonos mediante Su propio Espíritu. «De modo que si alguno está en Cristo, nueva criatura es; las cosas viejas pasaron; he aquí todas son hechas nuevas» (2 Corintios 5:17). Somos recreados para realizar buenas obras en Cristo (Efesios 2:10). Esta restauración no es un arreglo rápido ni una solución fácil.

La restauración no es solo para los seres humanos, sino para toda la creación. Pablo lo expresó de esta manera:

> Porque el anhelo ardiente de la creación es el aguardar la manifestación de los hijos de Dios [...]. Porque sabemos que toda la creación gime a una, y a una está con dolores de parto hasta ahora. (Romanos 8:19,22)

Puntos clave

- Cada miembro de la Trinidad desempeña un papel esencial en la creación.
- Dios creó por razones similares a las nuestras: para el placer de los demás y nuestra propia alabanza.
- Así como Dios creó la tierra, nosotros debemos seguir recreando un mundo que refleje Su amor.

Esta semana

- [ ] **Día 1:** Lee el ensayo.
- [ ] **Día 2:** Memoriza Génesis 1:1.
- [ ] **Día 3:** Lee Génesis 1–2.
- [ ] **Día 4:** Medita en Juan 1:1; Efesios 2:10; Colosenses 1:15-16.
- [ ] **Día 5:** Piensa en una pequeña acción que puedas realizar hoy para contribuir a la restauración del Edén en tu entorno.

Desafío de superación: Memoriza Juan 1:1.

Lectura adicional: Guillermo González y Jay W. Richards, *El planeta privilegiado: Cómo nuestro lugar en el cosmos está diseñado para el descubrimiento.*

2

Nuestra verdadera identidad

Entonces dijo Dios: Hagamos al hombre a nuestra imagen.
—Génesis 1:26

Pregunta: ¿Qué significa que he sido creado a imagen de Dios?

Después de crear los cielos y la tierra, los mares y sus criaturas, las aves y las bestias, Dios culminó la creación dando forma a un ser humano a partir del polvo de la tierra. Este momento singularmente importante de la historia se describe con detalle en Génesis 1:26-27:

> Entonces dijo Dios: Hagamos al hombre a nuestra imagen, conforme a nuestra semejanza; y señoree en los peces del mar, en las aves de los cielos, en las bestias, en toda la tierra, y en todo animal que se arrastra sobre la tierra. Y creó Dios al hombre a su imagen, a imagen de Dios lo creó; varón y hembra los creó.

Como seres humanos, poseemos atributos divinos. Esto no significa que tengamos las mismas capacidades que Dios, pero sí compartimos muchos de sus rasgos. Esta simple observación tiene implicaciones extraordinarias y puede transformar nuestra manera de ver prácticamente todas las actividades humanas. Analicemos el versículo clave de esta semana para descubrir quiénes somos realmente.

Dios dijo: «*Hagamos* al hombre a nuestra imagen». Aunque la Trinidad es un misterio que nunca podremos comprender completamente, lo que sí podemos afirmar es que Dios vive en comunidad. Si bien puede ser tentador desviarnos hacia la física espiritual del «tres en uno», enfoquémonos en lo que nos concierne: no en la naturaleza de Dios, sino en la naturaleza humana. Dado que Dios está en comunidad, nosotros también lo estamos.

Los jóvenes, a menudo, abandonan a sus familias, comunidades y tradiciones para «encontrarse a sí mismos». Sin embargo, esto puede llevar a la confusión, ya que nunca conoceremos nuestro verdadero yo en aislamiento. Nos conocemos a nosotros mismos en la medida en que somos conocidos. Todos somos la suma de nuestras relaciones. Aunque nuestras características sean únicas, nuestro carácter se forja en el yunque de nuestra comunidad.

¿Por qué es esto importante? Porque vivimos en un mundo que promueve el individualismo en logros que rara vez ofrecen la satisfacción que prometen. En el contexto de la iglesia, esto es relevante porque, erróneamente, intentamos conectar con Dios solo personalmente, cuando en realidad fuimos diseñados para experimentarlo en comunidad.

Aquí hay algunos ejemplos de cómo hemos errado el blanco:

1. Pedimos a las personas que acepten a Jesús como su Señor y Salvador «personal», pero la Biblia nos llama a formar parte de un reino y a ser edificados en el cuerpo de Cristo.
2. La comunión se ha convertido en el acto más individualista de la iglesia, a pesar de que el propio nombre sugiere una celebración comunitaria.
3. La lectura de la Biblia se practica como una disciplina solitaria, cuando en realidad la mayoría de los libros de la Biblia fueron escritos para comunidades, no para individuos.
4. A menudo, se nos invita a orar con «la cabeza inclinada y los ojos cerrados». Sin embargo, en la Biblia, la oración era principalmente

comunitaria. Así era en la iglesia de los Hechos, en las oraciones de las epístolas y en los salmos entonados en el templo.

Nuestro radical individualismo es una negación de nuestra identidad. Dios nos creó para vivir *en* comunidad y *para* el bien de la comunidad. Sin los círculos que Dios ha dispuesto a nuestro alrededor, tendríamos una visión limitada de nosotros mismos y una perspectiva egoísta sobre nuestro propósito y lugar en el mundo.

Una segunda idea que se desprende del pasaje clave de esta semana es la *imagen* de Dios. ¿Qué significa exactamente? Dios es espíritu, no carne, así que ¿qué tipo de características ha puesto en nosotros para definir nuestra identidad?

Para abordar esta cuestión con integridad, identifiquemos las cinco formas de vida primarias del cosmos: divina, angélica, humana, animal y vegetal. Cada una de ellas tiene su propio conjunto de atributos y capacidades. Por ahora, podemos dejar de lado las plantas y los ángeles, ya que no son comparaciones directas en este contexto. El siguiente cuadro, aunque incompleto, presenta una serie de características que comparten parcialmente las tres formas de vida.

Divina	Humana	Animal
Emoción	Emoción	Emoción
	Cuerpo	Cuerpo
	Deseos	Deseos
	Vergüenza	Vergüenza
	Culpa	
Honor	Honor	
Tiempo	Tiempo	
Belleza	Belleza	
Lenguaje	Lenguaje	
Amor	Amor	
Gobierno	Gobierno	

Los animales, los humanos y Dios comparten emociones como la alegría, el afecto, la tristeza y la compasión. Tanto los animales como los humanos poseen atributos similares, como tener un cuerpo que experimenta deseos y la capacidad de sentir vergüenza cuando no cumplen con las expectativas de los demás. Sin embargo, el sentimiento de culpa es exclusivo de los seres humanos. Dios, por supuesto, no experimenta culpa, y los animales tampoco, ya que no pueden reflexionar sobre el pasado. Por ejemplo, los perros pueden sentir vergüenza por decepcionar a su dueño, pero no sienten culpa por violar su conciencia. Asimismo, hay una serie de percepciones que los humanos comparten con Dios, pero no con los animales: el honor, el tiempo, la belleza, el lenguaje, el amor y la capacidad de gobernar. Creo que esto engloba la «imagen de Dios» en nosotros. Para mayor claridad, exploremos las capacidades enumeradas (reconociendo que, sin duda, hay otras).

El *honor* es el factor subyacente de prácticamente todas nuestras atracciones, distracciones y vocaciones. Es la razón por la que nos vestimos, trabajamos arduamente y nos lavamos los dientes. *Necesitamos* (no uso esta palabra a la ligera) ser honrados. Esto no debería sorprendernos, ya que el impulso que llevó a Dios a crear el mundo fue Su deseo de recibir honor. Sin embargo, cuando este impulso es mal dirigido se convierte en la fuente de todo pecado, lo que llamamos «orgullo». Nuestra naturaleza divina, cuando se aparta de la voluntad de Dios, a menudo resulta en idolatría.

El *tiempo* es otra construcción humana que deriva directamente de la naturaleza de Dios. Aunque es eterno, Dios actúa en el tiempo. Por eso, tiene aspiraciones, paciencia y estrategias. Es consciente del pasado y tiene la vista puesta en el futuro, tal vez experimentando ambos simultáneamente. Así, cuando formulamos una visión, programamos algo, miramos un reloj o anticipamos un acontecimiento, estamos ejercitando la naturaleza divina que hay en nosotros.

La *belleza* tiene su origen en lo divino. Desde los colores y las formas hasta la vista, el gusto, el sonido y el olfato, respiramos la belleza como una experiencia espiritual. Somos los únicos seres que creamos arte, ponemos la mesa y reorganizamos nuestros muebles. Aunque los pájaros y las ballenas producen sonidos, no crean música como lo hacemos nosotros. No solo creamos belleza, sino que lo hacemos *constantemente*. Cambiamos de peinado y de vestimenta, escribimos nuevas canciones, inventamos nuevos instrumentos y exploramos nuevos géneros literarios. No solo contamos historias, sino que también desarrollamos nuevos medios para transmitirlas en libros, películas, obras de teatro, musicales, dibujos animados, comedias y más. Si observas a tu alrededor, a menos que estés en plena naturaleza, encontrarás arte en alguna de sus formas al alcance de tu mano. Parece que somos incapaces de vivir sin él, como lo demuestra el registro arqueológico de la humanidad.

El *lenguaje* es otra característica exclusivamente humana. Desde la poesía hasta la prosa, las matemáticas y los debates jurídicos, utilizamos un lenguaje abstracto para expresarnos. Un niño puede imaginar a un amigo que no está presente e inventar una conversación. Por eso hablamos de bebés que aún no han nacido. El lenguaje es el motor que impulsa a las empresas hacia el futuro, enciende nuestras pasiones, hace funcionar nuestras imprentas y fomenta el romanticismo. Nuestra imaginación es un reflejo directo de la chispa divina que habita en nosotros.

Luego, está el *amor*. Ahora bien, algunos podrían argumentar que los animales también aman, y no estarían equivocados. Es cierto que un animal puede proteger a sus crías y que las mascotas pueden establecer vínculos profundos con sus dueños. Sin embargo, ningún animal sacrificaría su vida por alguien a quien nunca ha conocido. Ningún animal se sacrifica en beneficio de las víctimas de un terremoto. Ningún animal puede empatizar con la pérdida de un extraño. El rasgo más noble de nuestra humanidad divina es nuestra capacidad de amar al extraño, al extranjero y a nuestro enemigo.

Por último, la palabra *gobernar* expresa la responsabilidad que tenemos como humanos de administrar la creación. El rey David dedicó toda una canción al respecto:

¡Oh Jehová, Señor nuestro,
cuán glorioso es tu nombre en toda la tierra! [...]

Cuando veo tus cielos, obra de tus dedos,
la luna y las estrellas que tú formaste,
digo: ¿Qué es el hombre, para que tengas de él memoria,
y el hijo del hombre, para que lo visites?
Le has hecho poco menor que los ángeles,
y lo coronaste de gloria y de honra.
Le hiciste señorear sobre las obras de tus manos;
todo lo pusiste debajo de sus pies [...]

¡Oh Jehová, Señor nuestro,
cuán grande es tu nombre en toda la tierra!
(Salmos 8:1,3-6,9)

Somos los cuidadores del jardín de Dios. Nuestro propósito al ser creados es mejorar lo que Él ha hecho, aportando nuestra creatividad a Su creación. Lo hemos hecho de diversas maneras: a través de la agricultura, el arte, la industria, la educación, la medicina y la tecnología. La creación de Dios era un entorno perfectamente diseñado para nosotros, pero carecía de plenitud sin nuestra participación.

Cada uno de nosotros posee un don, una visión única de cómo deleitar a Dios al contribuir a la creación del cosmos. Cada acto creativo —ya sea musical, arquitectónico, atlético o intelectual— es inherentemente teológico. Colaboramos con el Padre, el arquitecto, utilizando Sus recursos en bruto para un propósito mayor. Colaboramos con el Espíritu al diseñar entornos que sostienen y celebran la vida. Colaboramos con el Hijo al construir lugares y espacios donde las personas pueden reencontrarse con Dios y Su creación.

Cuando fracasamos en nuestra vocación como administradores de la tierra de Dios, comenzamos a gravitar hacia nuestros atributos animales de lujuria, codicia, miedo y violencia. Como resultado, a través de la adicción, la pobreza, el dolor y la alienación, en vez de gobernar la tierra, somos gobernados por ella. Por esta razón, y en este contexto, Hebreos 2:6-8 cita el Salmo 8 en referencia a Jesús. Él no solo es el Salvador del mundo, sino también el hombre modelo que redimió la creación misma. De cierta manera, nos otorgó un segundo pacto en el Edén para cumplir nuestro destino divino. ¡Ni siquiera la caída pudo ofuscar nuestra naturaleza divina!

Podemos exultar ante Dios, como lo hizo David: «Te alabaré; porque formidables, maravillosas son tus obras; estoy maravillado, y mi alma lo sabe muy bien» (Salmos 139:14).

Los seres humanos han sido diseñados divinamente para administrar la tierra en colaboración con Dios. Ese es nuestro derecho de nacimiento, que Jesús nos devolvió al hacerse uno de nosotros.

Puntos clave

- Nuestra verdadera identidad se halla en la comunidad, no en el individualismo.
- La naturaleza divina de Dios en nosotros se manifiesta en los actos más simples, como la conversación, el arte, la planificación, las comidas compartidas, etc.
- Nuestro diseño divino nos capacita y nos exige participar con Dios en el continuo acto de la creación.

Esta semana

- **Día 1:** Lee el ensayo.
- **Día 2:** Memoriza Génesis 1:26.
- **Día 3:** Lee Efesios 1.
- **Día 4:** Medita en Salmos 8:4-5; 139:13-14; Hebreos 2:6-8.
- **Día 5:** Identifica un área de tu vida en la que vives de forma demasiado individualista e invita a alguien a entrar en ella.

Desafío de superación: Memoriza Salmos 8:4-5.

Lectura adicional: John Piper, *Sed de Dios: Meditaciones de un hedonista cristiano*.

3

La caída

Y vio la mujer que el árbol era bueno para comer, y que era agradable a los ojos, y árbol codiciable para alcanzar la sabiduría; y tomó de su fruto, y comió; y dio también a su marido, el cual comió así como ella.

—Génesis 3:6

Pregunta: ¿Cuál es mi problema?

Todos hemos sentido los efectos en nuestra alma como de un olor persistente en una habitación, que no podemos identificar ni eliminar. En la Biblia, se llama pecado; en la sociedad, se le denomina psicosis.

Todos cargamos con ese quebrantamiento que no podemos sacudirnos ni justificar. Sus repercusiones se justifican en los vestuarios, se convierten en leyendas en las películas y se persiguen en los tribunales. Desde ofensas personales hasta males sistémicos, el pecado ha manchado la esencia de la humanidad.

Todo comenzó en un jardín.

La historia se narra en Génesis 3. Comienza con una mujer desnuda, una serpiente parlante, un fruto prohibido y un marido pasivo que permanece de brazos cruzados. Eva sabía que comer del fruto estaba prohibido; sin embargo, la seducción de la serpiente la atrajo. Ella mordió el anzuelo, mientras su marido se mantenía mudo, aunque no sordo, a su lado. Los ojos de ella se abrieron al mal, a su propio cuerpo desnudo y a la maldición que se avecinaba.

Desde ese punto cero, la muerte comenzó a deslizarse lentamente por la humanidad.

Una tentación irresistible

El fracaso de Eva en el huerto no es ni remoto ni infrecuente; es la experiencia compartida de la humanidad. Así que probablemente deberíamos tomarnos un momento para preguntarnos: «¿Cuál es mi problema?».

En primer lugar, debemos indagar qué captó la atención de Eva, porque es la misma cosa que nos atrae a nosotros. Eva vio «que el árbol era bueno para comer, y que era agradable a los ojos, y árbol codiciable para alcanzar la sabiduría...» (Génesis 3:6). La sedujo la media verdad de Satanás en el versículo anterior: «Seréis como Dios». ¡Eso es! Esta es la tentación de la autodeterminación: la promesa de que podemos dirigir nuestros propios asuntos y determinar nuestros propios destinos. El orgullo se convierte en nuestro talón de Aquiles.

El orgullo no es simplemente *un* pecado; es *el* pecado. Es el origen de cada asesinato, robo, mentira, adulterio y adicción. Siempre está en la raíz de por qué priorizamos nuestra propia voluntad por encima del bienestar de los demás, incluso el de Dios. Por eso la Biblia repite tantas advertencias sobre el orgullo: «Antes del quebrantamiento es la soberbia, y antes de la caída la altivez de espíritu» (Proverbios 16:18). «Porque el que se enaltece será humillado, y el que se humilla será enaltecido» (Mateo 23:12). «Dios resiste a los soberbios, y da gracia a los humildes» (Santiago 4:6; 1 Pedro 5:5, parafraseando Proverbios 3:34). «Humillaos delante del Señor, y él os exaltará» (Santiago 4:10). La Biblia está llena de advertencias sobre el orgullo y de historias que ilustran sus desastrosas consecuencias. Es una subtrama que aparece en casi todos los libros de la Biblia porque es la raíz de nuestra condición humana. Sin embargo, no hace falta leerlo en un libro para reconocerlo; lo vemos claramente reflejado en el espejo.

Por eso se nos llama a cargar nuestra cruz, a entregar nuestra vida y a ser crucificados con Cristo. La superación personal, la autoestima o la autogestión no nos salvarán de las garras del pecado. Es la autoexterminación —entendida como aniquilación de nuestro orgullo— lo que puede traernos verdadera libertad. Aunque esta idea choque con nuestra cultura, que valida el orgullo, reafirmar una enfermedad que destruye el alma es, en realidad, un acto de crueldad.

No importa cuántos giros le den los expertos sociales a la idea de la libertad del pecado; la espiral descendente seguirá su curso hasta que abandonemos nuestro orgullo y nos sometamos al poder transformador del amor de Dios.

La historia de Eva fue resumida miles de años después por el mejor amigo de Jesús, Juan:

No améis al mundo, ni las cosas que están en el mundo. Si alguno ama al mundo, el amor del Padre no está en él. Porque todo lo que hay en el mundo, los deseos de la carne, los deseos de los ojos, y la vanagloria de la vida, no proviene del Padre, sino del mundo. (1 Juan 2:15-16)

Estas tres tentaciones —los deseos carnales, los deseos visuales y la posición social— son el núcleo del arsenal de Satanás, apoyado, por supuesto, en nuestro orgullo. Se trata de los orgullos de la pasión, la posesión y la posición.

Estas no fueron solo las tentaciones de Eva (y también las nuestras); tentaron igualmente a Jesús en el desierto (Lucas 4:1-13). Satanás lo tentó para que convirtiera una piedra en pan, expresión de los deseos de la carne. Luego, le ofreció todos los imperios del mundo a cambio de un simple gesto de adoración, y así fue tentado por los deseos de los ojos. Finalmente, lo desafió a lanzarse desde el pináculo del templo, con la promesa de que Dios lo salvaría en presencia de la élite religiosa, a fin de asegurar su adoración y satisfacer la vanagloria —el orgullo— de la vida.

Esto no quiere decir que nuestras tentaciones sean idénticas a las de Jesús. Después de todo, Satanás le ofreció la posibilidad de evitar la cruz y escapar del sufrimiento humano. No obstante, las tentaciones de Jesús reflejan las nuestras, en el sentido de que el arsenal de Satanás siempre contiene (y se limita a) los deseos de la carne, los deseos de los ojos y la vanagloria —el orgullo— de la vida. Si entendemos los métodos de Satanás, podremos enfrentar sus ataques con mayor confianza.

Leer una solución así en papel puede parecer sencillo, pero, cara a cara, los argumentos engañosos de Satanás suelen ser persuasivos.

Engaño estratégico

Satanás engañó a Eva. Le aseguró que no moriría si comía del fruto prohibido. ¿Murió?

En realidad, no, al menos no en ese momento. ¿Moriría? Claro, todos morimos por la elección de Eva. El punto es que lo que Satanás comunica no es completamente inventado. De lo contrario, no sería efectivo. No va a decir que los cuadrados son redondos, porque cualquier tonto se daría cuenta. Más bien, Satanás desvía, desinforma y tergiversa con medias verdades. Cuando promete placer en una cama o en una botella, cumple su parte del trato. A corto plazo, Satanás parece sincero. Lo que oculta es la carta de las consecuencias a largo plazo. Hay placer en la búsqueda de dinero, en el éxtasis de una droga y en el frenesí de la popularidad. No nos equivoquemos: Satanás rara vez hace promesas que no cumple inicial y parcialmente. Lo que mantiene oculto es el precio. Para cuando firmamos el acuerdo, los costos ocultos nos dejan en bancarrota, exhaustos y avergonzados.

Pregúntale a mi amigo Rick. Después de múltiples aventuras mientras servía en el ministerio, su secreto quedó al descubierto y su mundo se hizo añicos. Solo entonces empezó, según sus propias palabras, a «dar la vuelta a las etiquetas de precio». Una etiqueta tenía el nombre de su esposa; otra, el de su hija; otra, el de su ministerio; y, otra, el de su círculo de amigos. Las etiquetas de precio se extendían a sus nietos, a su segunda esposa y a su llamado divino. Si Satanás le hubiera mostrado de antemano incluso una o dos de esas etiquetas, Rick nunca habría caído en esos momentos de gratificación sin sentido. En el calor de la pasión, jamás imaginó las consecuencias. Tampoco lo hacemos nosotros cuando nos enfrentamos al engaño, la pornografía, una mala fiesta, un negocio turbio o un simple robo. Solo con una década de retrospectiva podemos reconocer todos los términos y condiciones. El precio es tan alto como santo es nuestro Dios.

El castigo divino

Dios maldijo a Adán y a Eva, ambos culpables de rebelión. Así es: no fue un simple robo, sino un motín. La ira de Dios no se encendió por la pérdida de una fruta, sino por el ataque frontal a su soberanía. Él creó este maravilloso universo en cuestión de días. La pérdida de un fruto de un árbol no es una ofensa que merezca una condena eterna. Su preocupación no era la infracción, sino el motín.

Eva, ante la promesa de llegar a ser como Dios, mordió el anzuelo. En ese momento de indiscreción, lo más grave fue su separación de lo divino. Esta criatura, recién formada del costado de Adán, osó desafiar la sabiduría eterna de Dios, Su plan divino, Su genio creador y Su autoridad espiritual.

Nosotros también cometemos una rebelión escandalosa cuando nos proclamamos soberanos. En realidad, ningún ser humano tiene la capacidad de deificarse. Por eso, los emperadores y dictadores, sin hablar de las celebridades locales, terminan por colapsar bajo el peso de su propia arrogancia.

Por su rebelión, Adán y Eva tendrían que cargar con la maldición de Dios junto con sus nuevas vestiduras de pieles de animales. La serpiente se arrastraría por el polvo y, finalmente, sería derrotada por la simiente de la mujer (Génesis 3:14-15). La mujer experimentaría un dolor intenso al dar a luz y estaría en constante conflicto con su esposo, con pocas posibilidades de prevalecer (versículo 16). El hombre solo podría obtener su sustento mediante el sudor de su frente (versículos 17-19). Aunque esto pueda parecer severo, en realidad es más una disciplina que un castigo.

Tras una rebelión, ¿qué más podríamos esperar sino el exilio? Adán y Eva fueron desterrados del jardín por su propio bien (versículos 22-24). El jardín no es nuestra meta; la meta es el corazón de Dios. No sirve de nada vivir en el lujo de una utopía si carecemos de carácter, relaciones y conexión con el Creador. Nuestro verdadero hogar es Dios mismo, no Su huerto. Los dones de procreación y de cultivar la tierra no tienen sentido sin la comunión con Dios al refrescar el día.

Sentimos una necesidad desesperada de llenar un vacío espiritual. Nuestro exilio del Edén hace que nuestra alma clame por una reconexión con el Creador. La maldición es precisamente lo que nos llama a regresar al destino original. Volvemos a Dios a través del arrepentimiento, desandando los pasos hacia la sumisión a nuestro Creador.

Aquí está la buena noticia, una moneda de oro de dos caras. En primer lugar, el Creador envió a Su propio Hijo a pagar el precio para eliminar la maldición. En segundo lugar, el Hijo de Dios nos envió a Su Espíritu Santo para ayudarnos, lo que nos da la oportunidad de hacerlo mejor que Adán y Eva. Esta es la promesa: «No os ha sobrevenido ninguna tentación que no sea humana; pero fiel es Dios, que no os dejará ser tentados más de lo que podéis resistir, sino que dará también juntamente con la tentación la salida, para que podáis soportar» (1 Corintios 10:13).

Puntos clave

- La raíz de todo pecado es el orgullo, es decir, el deseo de autodeterminación.
- El pecado nos seduce de una de estas tres maneras: orgullo de pasión, orgullo de posesión u orgullo de posición.
- Satanás engaña con medias verdades, no con mentiras descaradas.

Esta semana

☐ **Día 1:** Lee el ensayo.

☐ **Día 2:** Memoriza Génesis 3:6.

☐ **Día 3:** Lee Génesis 3:1–4:16.

☐ **Día 4:** Medita en Proverbios 16:18; Santiago 4:6; 1 Juan 2:15-16.

☐ **Día 5:** Si tienes pecados no confesados, busca un compañero o un mentor para rendir cuentas. Este es el primer paso hacia el regreso al Edén.

Desafío de superación: Memoriza Santiago 4:6.

Lectura adicional: John Owen, *Victoria sobre el pecado y la tentación*.

4

El pacto

Y [Abram] creyó a Jehová, y le fue contado por justicia.
—Génesis 15:6

Pregunta: ¿Cómo puedo formar parte de lo que Dios está haciendo en este mundo?

Jesús de Nazaret es, sin comparación, la figura más influyente de la historia. Sin embargo, hay un hombre a quien más personas consideran como el padre de su fe. Este hombre es un antiguo titán llamado Abraham, quien se convirtió en el padre del judaísmo y del islam y, por extensión, también de la fe cristiana. Para ponerlo en perspectiva, el 31 % del mundo se identifica como cristiano; el 24 %, como musulmán; y el 0.2 %, como judío.[1] Esto significa que casi tres de cada cinco personas en el planeta consideran a Abraham como el padre de su fe.

Como señala el libro del Génesis 15:6: «Y [Abram, más tarde renombrado Abraham] creyó a Jehová, y *le fue contado por justicia*». Esta expresión se convirtió en el estribillo de la biografía de Abraham (Romanos 4:1-25; Gálatas 3:6; Santiago 2:23). Abraham es el modelo de fe para todos los seguidores de las religiones monoteístas. Una sinopsis de su historia muestra por qué.

Dios llamó a este hombre desde el antiguo Irak para que dejara atrás a su familia y su tierra. Abram, confiando en Dios, partió de Mesopotamia y emigró a Israel, siguiendo solo la siguiente pista que Dios le daba sobre su futuro, la cual no era muy clara. Además, Abram, que ya contaba con más de noventa años, no tenía ni descendencia biológica ni un solo metro cuadrado de tierra. Aun así, Dios le prometió que sus descendientes formarían una gran nación, y Abraham confió en que Dios cumpliría Su palabra. Finalmente, y contra todo pronóstico, Dios hizo realidad Su promesa. El hijo de Abraham, Isaac, tuvo dos hijos, que a su vez dieron origen a una multitud que, con el tiempo, se convirtió en un pueblo.

Un hilo dorado, una promesa, atraviesa toda la biografía de Abraham. Esto es importante hoy porque los cristianos tomamos el otro extremo de esa hebra dorada cuando ponemos nuestra fe en Jesús. Esta promesa —lo que la Biblia llama «pacto»— es un acuerdo legalmente vinculante. El concepto de pacto subyace en prácticamente todas las relaciones que Dios ha tenido con los seres humanos. Es fundamental entender este concepto si quieres tener una relación activa con Dios. Nuestra fe en Jesús, nuestra conexión con el Espíritu Santo y nuestra pertenencia al cuerpo de Cristo están condicionadas por un pacto.

Así es como funciona y como ha funcionado siempre con Dios. Un pacto, o testamento, es básicamente un acuerdo entre dos partes. En la antigüedad, existía un tipo de contrato llamado tratado de vasallaje (o *suzerain*). Las reglas eran claras: (1) la parte más poderosa establecía las condiciones. (2) Estas condiciones especificaban las recompensas por cumplir el acuerdo y el castigo por romperlo. (3) El pacto solía ratificarse con un sacrificio de sangre para demostrar su seriedad. Las dos partes caminaban entre las mitades del animal sacrificado como un compromiso de lealtad contractual. A su vez, esto simbolizaba que el destino de quien rompiera el pacto podría ser el mismo del animal (Jeremías 34:18).[2] Esto tenía un poco más de peso que un simple apretón de manos, y eso es precisamente lo que Dios hizo con Abraham en Génesis 15:7-21.

Los principales pactos de la Biblia

Los dos pactos más significativos de la Biblia son el Antiguo y el Nuevo Testamento. El primero fue establecido a través de Moisés, mientras que el segundo lo fue a través de Jesús. Además, el Antiguo Testamento incluye otros cuatro pactos importantes: los que se hicieron con Adán, Noé, Abraham y David. Si bien se podrían incluir muchos más detalles, este gráfico proporciona un resumen adecuado.

Pacto	Condiciones	Bendiciones	Maldiciones
Adán	Abstenerse de un árbol	Comunión con Dios	Muerte y exilio
Noé	Construir un arca	Supervivencia	Aniquilación
Abraham	Circuncisión	Descendencia y tierra	Destierro
Moisés	Los Diez Mandamientos	Tierra y reino	Exilio
David	Fidelidad a Yavé	Trono en Israel	Reino dividido
Nuevo	Fidelidad a Jesús	Vida eterna	Condenación

Con esta tabla en mente, centrémonos específicamente en el pacto de Abraham, el cual nos ayudará a entender nuestro propio pacto en Cristo. Dios le hizo a Abraham esta promesa:

> Y haré de ti una nación grande, y te bendeciré, y engrandeceré tu nombre, y serás bendición. Bendeciré a los que te bendijeren, y a los que te maldijeren maldeciré; y serán benditas en ti todas las familias de la tierra. (Génesis 12:2-3)

Observa la última frase, que garantiza que la descendencia de Abraham tendría un impacto global. La pregunta es: ¿cómo? La mayoría de los rabinos judíos interpretaron esta promesa como que las naciones que adoptaran a Israel, que acudieran a él y se arrepintieran, serían bendecidas por su conversión. Esta perspectiva se centraba en el interior de la religión: ven a Israel, conviértete en Israel y serás bendecido con Israel.

Sin embargo, algunos rabinos —entre ellos, Jesús— entendieron que la promesa de Abraham se enfocaba en el exterior. Los de afuera no vendrían a nosotros, sino que nosotros iríamos a ellos. La tierra sería bendecida porque nosotros saldríamos de nuestras casas para ir a donde Dios nos dirigiera y para proclamar lo que nos ordenara. Este acto de extender la fama de nuestro Dios resultaría en la inclusión de todas las culturas, en lugar de la protección de una sola. Un excelente ejemplo de esto en el Antiguo Testamento es Jonás. El profeta Jonás deseaba enfocarse en sí mismo; sin embargo, Dios lo obligó a ir más allá de sus propios límites.

En Romanos 11:29, Pablo expresó: «Porque irrevocables son los dones y el llamamiento de Dios». Dios estaba comprometido, por Su honor, a bendecir al hijo de Abraham. Así que, cuando este tuvo un hijo con Agar, la sierva de su esposa, Dios cumplió Su promesa. Por esta razón, Ismael recibió una herencia similar a la de Isaac. Ambos eran descendientes de Abraham, la fuente de las bendiciones de Dios. Aunque el Mesías no vendría a través del linaje de Ismael, la bendición de Dios sí se extendió a él. Dios le dijo a Abraham:

> Y en cuanto a Ismael, también te he oído; he aquí que le bendeciré, y le haré fructificar y multiplicar mucho en gran manera; doce príncipes engendrará, y haré de él una gran nación. Mas yo estableceré mi pacto con Isaac, el que Sara te dará a luz por este tiempo el año que viene. (Génesis 17:20-21)

Esto ha generado una tensión sangrienta desde entonces. Los estados islámicos de Oriente Medio, descendientes de Ismael, son uno de los pueblos que más se oponen a Jesús, el Mesías. El único acto de incredulidad de Abraham tuvo consecuencias permanentes con las que seguimos lidiando hoy en día.

Cuando cumplimos el pacto a la manera de Dios, ocurren cosas buenas. Sin embargo, cuando intentamos imponer nuestra voluntad sobre la de Dios, pueden surgir consecuencias devastadoras.

¿Por qué es importante todo esto?

En términos prácticos, esto tiene tres implicaciones principales.

En primer lugar, *estamos en una relación de pacto con Dios*. Esto supone responsabilidad y comunidad. Dios nos llama a ser parte de una nación, una herencia, un pueblo. Aunque lo llamamos la Iglesia, es más grande que eso. Somos miembros de una empresa global, un reino, que abarca todas las zonas horarias y todas las épocas. El linaje de este reino se remonta a nuestro padre Abraham, a quien seguimos como ejemplo de fe.

En nuestra aventura con Jesús hay más «nosotros» que «yo». Cuando perdemos de vista el pacto, nuestro discipulado puede deteriorarse fácilmente y convertirse en simples reglas que seguimos para Dios, en lugar de responsabilidades que cumplimos por el bien de Su casa.

En segundo lugar, *Jesús cumple todos los pactos anteriores*.

- La maldición del pacto de Adán fue eliminada cuando Jesús cumplió la profecía contra la serpiente (el diablo) que Dios pronunció en Génesis 3:15: «Esta [su simiente] te herirá en la cabeza, y tú le herirás en el calcañar».
- El arca de Noé era una mera sombra de nuestra salvación, prefigurada en la inmersión: «El bautismo que corresponde a esto ahora nos salva (no quitando las inmundicias de la carne, sino como la aspiración de una buena conciencia hacia Dios) por la resurrección de Jesucristo» (1 Pedro 3:21).
- A Abraham se le pidió que sacrificara a su hijo prometido, Isaac. En el último segundo, un ángel intervino y Dios le proveyó un carnero, por lo que Abraham llamó al lugar «Jehová proveerá» (Génesis 22:14). Esto señalaba a Jesús, el cordero que Dios proveyó.

- Inherente al pacto de David está la promesa de que su heredero se sentará siempre en su trono. Jesús, citando las propias palabras de David, afirmó que él mismo era el rey que había de venir: «Dijo el Señor a mi Señor: Siéntate a mi derecha» (Mateo 22:44).
- La noche antes de morir, Jesús vinculó el pacto de Moisés con el nuevo pacto. El cordero pascual era una prefiguración del «Cordero de Dios, que quita el pecado del mundo» (Juan 1:29). Mateo 26:27-28 conmemora el momento: «Y tomando la copa, y habiendo dado gracias, les dio, diciendo: Bebed de ella todos; porque esto es *mi sangre del nuevo pacto*, que por muchos es derramada para remisión de los pecados».

En tercer lugar, *la condición de todo pacto es la fe*. La mayoría de las personas definen la fe como una mera creencia, a menudo irracional. Sin embargo, según la Biblia, la fe no es un salto en la oscuridad, sino caminar en la luz. Debido a que Dios había demostrado Su fidelidad, Abram le dio su lealtad. ¡Eso es fe!

Aquí hay un sencillo ejercicio que podría transformar tu visión y práctica de la fe. Cada vez que leas la palabra *fe* en la Biblia, sustitúyela por la palabra *fiel*. Esto hará que el pasaje sea más claro en casi todos los casos. Por ejemplo, volvamos atrás y reformulemos el versículo clave de esta semana: «Y Abram creyó a Jehová, y le fue contado por justicia».

O pensemos en términos de marido y mujer (otra relación de pacto). Si un marido dice: «Tengo fe en mi mujer», es un cumplido; pero si dice: «Soy fiel a mi mujer», es un compromiso.

La fe fluctúa con nuestras emociones y circunstancias, mientras que la fidelidad se mantiene inquebrantable en las promesas. Cumplimos nuestras promesas por amor al carácter de aquel a quien hemos jurado lealtad. Tu carácter es tan profundo como el pacto que guardas. Esto es cierto en los negocios, en el matrimonio, en la política exterior y, desde luego, en nuestra relación con Dios. ¡Mantén la fe!

Puntos clave

- La confianza (fe) de Abraham en Dios es el modelo de fidelidad para los cristianos de hoy.
- Un pacto es un acuerdo entre dos partes que incluye condiciones, términos y consecuencias.
- Cada uno de los pactos anteriores en la Biblia se cumple en Jesús.

Esta semana

- [ ] **Día 1:** Lee el ensayo.
- [ ] **Día 2:** Memoriza Génesis 15:6.
- [ ] **Día 3:** Lee Génesis 21:1–22:18.
- [ ] **Día 4:** Medita en Génesis 12:1-9; Romanos 4; Gálatas 3:6.
- [ ] **Día 5:** Lee Romanos 3:21-31, sustituyendo la palabra *fe* por *fidelidad*.

Desafío de superación: Memoriza Gálatas 3:6.

Lectura adicional: Mont W. Smith, *Dios, el pacto y usted*.

5

La santidad

> Porque yo soy Jehová, que os hago subir de la tierra de Egipto para ser vuestro Dios: seréis, pues, santos, porque yo soy santo.
>
> —Levítico 11:45

Pregunta: ¿Cómo puedo vivir de acuerdo con las normas morales de Dios?

No hay palabra en español que evoque más imágenes religiosas que *santidad*. Esto tiene sentido, ya que la palabra *santo* se utiliza en la Biblia para referirse a una variedad de objetos religiosos: el templo, los sacerdotes, las vestiduras sagradas, el aceite de la unción, los utensilios del santuario, los sacrificios de animales, entre otros. Prácticamente, todo lo que un sacerdote tocaba para cumplir con sus obligaciones religiosas era calificado de santo en algún pasaje de la Biblia. Sin embargo, equiparar *santidad* con *pureza religiosa* puede ser un poco engañoso. En esencia, la palabra *santo* no designa principalmente lo *sagrado*, sino lo *selecto*. Esta distinción es importante porque, en última instancia, influirá en tu autopercepción.

La proclamación de santidad

¿Qué hace que un objeto o una persona sean considerados «santos»? La santidad ocurre cuando Dios toma objetos ordinarios y los reclama para Su propósito. Por ejemplo, un terreno común puede convertirse en sagrado si Dios se presenta allí. Un animal ordinario, destinado al sacrificio, se consagra súbitamente. Una persona elegida por Dios se convierte en sacerdote o profeta. Este cambio no se debe a una transformación en su naturaleza, sino en su propósito. En un momento, eran ordinarios y estaban al alcance de todos; en el siguiente, Dios los reclama para Sus fines. Siguen siendo la misma «materia», y ninguna de sus propiedades físicas se transformó mágicamente.

La santidad se establece cuando Dios la proclama, no cuando una persona la pone por obra. Nuestra santidad es un regalo de Dios para nosotros, no nuestro regalo para Él. La santidad se recibe, no se alcanza. Esta simple verdad puede transformar la percepción de nuestra posición ante Dios. ¿Es la santidad algo que practicas? ¿Describe tus acciones? Por supuesto que sí. Sin embargo, nuestra práctica de la santidad es el resultado de la proclamación de la santidad de Dios, no al revés. Solo cuando la declaración de Dios sobre nuestra santidad penetra en nuestra alma, nuestras acciones se transforman para alinearse con Su carácter y naturaleza.

La idea de que la santidad se recibe, no se alcanza, no debería sorprendernos. Cada uno de nosotros hace lo mismo con objetos ordinarios. Por ejemplo, un cepillo de dientes. Es un objeto común que tiene docenas de usos potenciales. Sin embargo, una vez que lo metes en tu boca, lo proteges de ser utilizado para otro fin. O tomemos un trozo de tela de lino blanco; al convertirlo en una prenda y ponérselo a una novia, se vuelve impensable usarlo para salir a correr por la mañana. ¿Por qué? Porque cuando los objetos ordinarios son santificados para un servicio especial, quedan «fuera de juego». En términos bíblicos, se consideran «santos».

Para asegurarme de que estamos en la misma página antes de continuar, permíteme reafirmar esto de la manera más clara posible: *no eres santo por tu desempeño, sino por la proclamación de Dios*. La santidad no se adquiere mediante ritos religiosos ni se desarrolla a través de la disciplina pura. Te vuelves santo en el milisegundo en que Dios pone Su mano sobre ti y dice: «Mío».

Con esto en mente, examinemos nuestro versículo clave. En Levítico 11:45, Dios dijo: «Porque yo soy Jehová, que os hago subir de la tierra de Egipto para ser vuestro Dios: seréis, pues, santos, porque yo soy santo».

Es importante notar que esta declaración se basa en la selección de Dios, no en las acciones de Israel. De todas las naciones de la tierra, Dios puso Su mano sobre Israel y dijo: «Mío». A partir de ese momento, Israel fue apartado para Su servicio, elegido como Su pueblo. Esa declaración lo hizo santo. Como se menciona en Éxodo 19:6: «Y vosotros me seréis un reino de sacerdotes, y gente santa». ¿Eran santos en su comportamiento? No tanto. Israel ciertamente tenía miles de sacerdotes, pero el israelita común no estaba involucrado en el servicio sagrado. ¿Por qué? Porque esperaban que alguien «especial» se interpusiera entre ellos y Dios como mediador. ¡Sin duda, la persona común no puede simplemente acercarse a Dios y orar! ¡Por supuesto, el plebeyo no puede ofrecer un sacrificio!

Si la santidad se basa en nuestras propias acciones, entonces tenían razón. Sin embargo, si la santidad proviene de la elección de Dios, estaban tristemente equivocados.

Dios siempre quiso que todos Sus seguidores tuvieran acceso personal y un propósito sagrado. En el Nuevo Testamento, tras la muerte y resurrección de Jesús, uno de sus principales líderes, el apóstol Pedro, reiteró el decreto de Éxodo, pero esta vez aplicado a la Iglesia: «Mas vosotros sois linaje escogido, real sacerdocio, nación santa, pueblo adquirido por Dios, para que anunciéis las virtudes de aquel que os llamó de las tinieblas a su luz admirable» (1 Pedro 2:9).

¿Qué significa esto? ¿Ha sustituido Dios a Israel por la Iglesia? En absoluto. La Iglesia no ha reemplazado a Israel; ha cumplido el destino final de Israel. Quienes llamamos «Señor» a Jesús hemos sido injertados en Israel y, por lo tanto, adoptados en el linaje de Abraham. Nuestro acceso dado por

Dios mediante la oración, a través de la sangre de Jesús, no es más que la aceptación y cumplimiento de la intención original de Dios: conferir un estatus sagrado a todo israelita que le siga.

Este es el destino final de la Iglesia, tal como se describe en Apocalipsis 20:6: «Bienaventurado y santo el que tiene parte en la primera resurrección; la segunda muerte no tiene potestad sobre estos, sino que serán sacerdotes de Dios y de Cristo, y reinarán con él mil años». (Ver también Apocalipsis 1:6; 5:10).

La práctica de la santidad

La santidad ocurre cuando Dios se manifiesta. Lo que nos hace santos es primero Su presencia y luego Su proclamación. A partir de ahí, nuestras acciones comienzan a alinearse con la declaración de Dios. Nuestra vida refleja la naturaleza del Dios que nos ha apartado. Cuando lo interpretamos al revés, tratamos de ganarnos la gracia de Dios en lugar de permitir que Su gracia nos transforme. Por el contrario, cuando la práctica de la santidad nace de la gratitud y el asombro se convierte en nuestra respuesta natural a la elección de Dios, entonces nuestra santidad se transforma en una obediencia caracterizada por la humildad.

Este es el mensaje central de 2 Timoteo 1:9, donde Pablo afirma que Dios «nos salvó y llamó con llamamiento santo, no conforme a nuestras obras, sino según el propósito suyo y la gracia que nos fue dada en Cristo Jesús antes de los tiempos de los siglos». Este tipo de santidad es atractiva, incluso envidiable, para un mundo que nos observa.

Entonces, ¿cómo se ve este tipo de santidad?

¿Has visto alguna vez a un joven enamorado? Los videojuegos se reemplazan por paseos románticos, y las comidas de microondas por cenas a la luz de las velas. Seguro que te haces una idea. No es necesario acudir a la culpa ni forzar a un enamorado; él cambia su comportamiento por amor.

Jake era uno de esos chicos con una simpatía innata. Algo en su personalidad hacía que fuera agradable estar a su lado. Desafortunadamente, su padre no estaba presente en su vida. Esto no lo volvió amargado, aunque sí un poco imprudente. Durante la escuela secundaria, siempre optó por el camino más fácil hacia el placer inmediato. Como era alegre y efusivo, prefería la vida de fiestas. No es sorprendente que los deportes, las chicas y las drogas se le dieran con facilidad, pero eso no necesariamente hacía que la vida fuera más sencilla. Jake pasó la mayor parte de sus días de la secundaria sumergido en una borrachera ligera que se transformaba en una fiesta descontrolada los fines de semana.

Su historia no es inusual, ni tampoco lo fue su encuentro con Jesús. Nada en los detalles fue dramático. Tras graduarse, su antiguo entrenador de fútbol de la secundaria lo invitó a la iglesia. Jake escuchó el sencillo mensaje del evangelio con la mente despejada y decidió seguir a Jesús. En ese momento, fue marcado y santificado para siempre. Al cambiar su círculo de amigos, también cambiaron sus placeres y pasatiempos. De nuevo, no es una historia asombrosa de gracia con una intervención milagrosa, sino simplemente el proceso natural de conocer a alguien que conquista tu corazón. Para Jake, su decisión de dejar atrás las fiestas, las drogas y el alcohol no fue una lucha ardua; fue como apartar una ensalada cuando llega el filete a la mesa.

Pablo lo expresó de la siguiente manera:

> Así que, hermanos, os ruego por las misericordias de Dios, que presentéis vuestros cuerpos en sacrificio vivo, santo, agradable a Dios, que es vuestro culto racional. No os conforméis a este siglo, sino transformaos por medio de la renovación de vuestro entendimiento, para que comprobéis cuál sea la buena voluntad de Dios, agradable y perfecta. (Romanos 12:1-2)

A veces, vivir en santidad es un verdadero desafío. ¿Sexo esta noche o un matrimonio sólido más adelante? ¿Decir lo que pienso ahora o construir una relación más tarde? ¿Robar ahora o preservar mi dignidad después? No son decisiones complejas en su esencia. La dificultad surge de la espera, de ese persistente «después». Cuando luchamos contra la santidad, no es porque pensemos realmente que el mundo nos ofrece algo mejor, sino porque no creemos que la presencia o la proclamación de Dios sean una realidad.

Vale la pena repetirlo: cada vez que optamos por alejarnos de la práctica de la santidad, es porque no creemos que Dios esté presente en ese momento, o dudamos de que se manifieste más adelante. Por eso, Pablo exhorta a la santidad basándose en las promesas de Dios: «Así que, amados, puesto que tenemos tales promesas, limpiémonos de toda contaminación de carne y de espíritu, perfeccionando la santidad en el temor de Dios» (2 Corintios 7:1).

A la luz (y bajo la presión) de nuestra cultura actual, el llamado a la santidad puede parecer anticuado o restrictivo. Sin embargo, desde una perspectiva eterna, y considerando la santidad misma de Dios, cualquier sacrificio que hagamos en términos de satisfacción temporal es insignificante. Es cierto que nos sacrificamos ahora en espera de una recompensa futura. Pero lo más importante es que: (1) los caminos de Dios son mejores y conducen a la mayor felicidad que una persona puede experimentar en esta vida, y (2) la elección de Dios hacia nosotros merece nuestra mejor representación de Él.

Puntos clave

- La santidad radica en tu elección, no en tus acciones.
- Israel fue llamado a ser un reino de sacerdotes. La Iglesia cumplió esa vocación cuando Israel falló.
- La conducta recta es la respuesta natural y apropiada de quienes son llamados a vivir una vida noble, entregada al propósito de Dios.

Esta semana

☐ **Día 1:** Lee el ensayo.

☐ **Día 2:** Memoriza Levítico 11:45.

☐ **Día 3:** Lee 2 Samuel 11; Salmos 51.

☐ **Día 4:** Medita en Éxodo 19:6; 2 Corintios 7:1; 1 Pedro 2:9.

☐ **Día 5:** Busca un lugar donde puedas servir de manera voluntaria para conectar con el propósito de Dios para ti.

Desafío de superación: Memoriza Éxodo 19:6.

Lectura adicional: Jerry Bridges, *En pos de la santidad*.

6

Jesús y Moisés

Profeta les levantaré de en medio de sus hermanos, como tú; y pondré mis palabras en su boca, y él les hablará todo lo que yo le mandare.

–Deuteronomio 18:18

Pregunta: ¿Cumplió Jesús la promesa de sustituir a Moisés?

Dios prometió que el Mesías sería alguien como Moisés. Esta profecía fue tomada muy en serio por los rabinos, quienes consideraron a Moisés como el modelo del futuro Ungido. Los cristianos siguieron este ejemplo y representaron a Jesús como el nuevo Moisés. Ambos fueron libertadores, legisladores y pastores. Compartieron experiencias similares: fueron rescatados de la muerte durante su infancia en Egipto, enfrentaron pruebas en el desierto y sufrieron por el bienestar de la nación.

Comparar a cualquier judío con el fundador de la nación era una afirmación escandalosa. Una declaración tan audaz no basta con ser anunciada: debe ser demostrada. Por ello, la mayoría de las comparaciones entre Jesús y Moisés en el Nuevo Testamento son alusiones más que afirmaciones. Sin embargo, su gran número ofrece argumentos convincentes de que Jesús cumplió esta profecía mesiánica.

Para comprender mejor esto, hagamos un repaso del Nuevo Testamento y veamos cómo se acumulan estas alusiones. Comenzaremos con el propio Jesús. En el sermón del monte, encontramos varias veces frases como «Moisés dijo [...]. Pero ahora yo les digo» (Mateo 5:17-48, TLA). Esta afirmación es bastante audaz, dado el contexto religioso de su tiempo. Jesús no solo se veía a sí mismo como un intérprete autorizado de la ley mosaica, sino también como alguien que podía cumplir e, incluso, ampliar esa ley divina.

Mateo parecía coincidir, ya que todo su Evangelio se desarrolla a la sombra de Moisés. Desde el nacimiento, Jesús se presenta como un reflejo de Moisés, salvado de un déspota tirano en Egipto. Superó Su prueba en el desierto tras pasar por las aguas. Los cinco sermones principales de Jesús reflejan los cinco libros de la Torá. Ambos, Jesús y Moisés, son reconocidos como líderes humildes (Números 12:3; Mateo 11:29; 21:5). En la transfiguración, Moisés y Jesús conversan en la cima de una montaña (17:3), y la Última Cena de Jesús se celebra durante la Pascua establecida por Moisés (26:17-29). Esto evidencia claramente que Moisés prefiguró a Jesús.

Sin embargo, para Lucas, no es suficiente equiparar a Jesús con Moisés. Él sostiene que Jesús es mucho más grande. Durante la transfiguración, Lucas registra la voz de Dios que dice: «A él oíd» (Lucas 9:35), por encima de Moisés. Es decir, Jesús es el incomparable Hijo de Dios. Más tarde, Lucas destaca esta poderosa declaración de Pablo sobre Jesús: «Y que de todo aquello de que por la ley de Moisés no pudisteis ser justificados, en él es justificado todo aquel que cree» (Hechos 13:39).

En el Evangelio de Juan se mantiene la misma idea de la superioridad de Jesús, el Mesías, sobre Moisés, el profeta. En Juan 3:14-15, Jesús refirió a Números 21:4-9, cuando las víboras mortales atacaron a los israelitas rebeldes. Moisés intercedió por el pueblo ante Dios. Como solución, el Señor le instruyó moldear y levantar una serpiente de bronce en un asta. Cualquier persona que la mirara con fe, sería sanada de la mordedura. Jesús compara Su crucifixión con esta serpiente de bronce, afirmando: «Como levantó Moisés la serpiente en el desierto, así también tiene que ser levantado el Hijo del hombre, para que todo el que cree en él tenga vida eterna» (Juan 3:14-15, NVI).

Dos capítulos más adelante, encontramos a Jesús debatiendo con los líderes religiosos, y Moisés es convocado como testigo:

> No penséis que yo voy a acusaros delante del Padre; hay quien os acusa, Moisés, en quien tenéis vuestra esperanza. Porque si creyeseis a Moisés, me creeríais a mí, porque de mí escribió él. Pero si no creéis a sus escritos, ¿cómo creeréis a mis palabras?
> (Juan 5:45-47)

Así, en los capítulos 3 y 5 de Juan, Jesús se presenta como superior a Moisés, no como su igual. No solo cumple las profecías de Moisés, sino que también sustituye su figura misma.

En el siguiente capítulo de Juan, se desarrolla una discusión sobre el maná (6:26-58). Jesús declara: «De cierto, de cierto os digo: No os dio Moisés el pan del cielo, mas mi Padre os da el verdadero pan del cielo. Porque el pan de Dios es aquel que descendió del cielo y da vida al mundo» (versículos 32-33). Con esto, Jesús afirma claramente Su superioridad sobre Moisés. Él no es simplemente el mensajero de Dios; es el don de Dios, el mismo pan de vida (versículo 48). Además, los israelitas que comieron maná bajo el liderazgo de Moisés murieron, pero Jesús es el pan del cielo que ofrece vida eterna (versículos 48-51). Este pasaje eleva a Jesús muy por encima de Moisés.

Pablo también establece un paralelismo entre el primer redentor y el segundo, enfatizando la superioridad de Jesús. Esto se evidencia en su alegoría de 1 Corintios 10:1-4 sobre el peregrinaje de Moisés por el desierto. Aquí, Pablo no compara a Jesús con Moisés el libertador, lo que sería una conexión bastante obvia. En cambio, presenta a Jesús como la roca de la que bebieron los israelitas: «Y todos bebieron la misma bebida espiritual; porque bebían de la roca espiritual que los seguía, y la roca era Cristo» (versículo 4; ver

Éxodo 17:6). En otras palabras, Moisés fue el mensajero de Dios a Israel, pero Jesús fue el don de Dios a Israel.

Juan 6 se centra en el maná y en el pan de vida, mientras que 1 Corintios 10 se enfoca en la roca y en el agua de vida. Ambos textos exaltan a Jesús por encima de Moisés.

Otro ejemplo se encuentra en 2 Corintios 3:13-18, donde Pablo recuerda el incidente en Éxodo 34:33. Después de su encuentro con Dios en el monte Sinaí, el rostro de Moisés resplandecía por haber estado en Su presencia. De alguna manera, se impregnó de algo de la gloria de Dios. Sin embargo, este efecto no era duradero. Moisés cubría su rostro tras hablar a la multitud para que no vieran desvanecerse esa gloria. Quién sabe cuántas veces repitió este ciclo: hablar con Dios, dirigirse al pueblo y luego ocultar su rostro desvanecido.

Al comparar a Moisés con Jesús, Pablo contrasta la gloria efímera del profeta con la gloria eterna de Cristo en el creyente: «Por tanto, nosotros todos, mirando a cara descubierta como en un espejo la gloria del Señor, somos transformados de gloria en gloria en la misma imagen, como por el Espíritu del Señor» (2 Corintios 3:18). Aquí, Pablo establece una alegoría entre la gloria de la ley y la gloria desvanecida del rostro de Moisés. Esa gloria se desvanecía porque Jesús la reemplazaría. Notablemente, no se compara a Moisés con Cristo, sino con el creyente. Cristo es la gloria inmarcesible, la encarnación de la nueva ley que sustituye a la antigua.

En resumen, Jesús no es Moisés; es el maná, el agua y la gloria de Dios. Moisés, como mensajero, cede su lugar a Jesús, el medio que nos conecta con Dios.

Este es precisamente el sentido de Hebreos 3:3-6:

Porque de tanto mayor gloria que Moisés es estimado digno este, cuanto tiene mayor honra que la casa el que la hizo. Porque toda casa es hecha por alguno; pero el que hizo todas las cosas es Dios. Y Moisés a la verdad fue fiel en toda la casa de Dios, como siervo, para testimonio de lo que se iba a decir; pero Cristo como hijo sobre su casa, la cual casa somos nosotros, si retenemos firme hasta el fin la confianza y el gloriarnos en la esperanza.

Casi todos los autores del Nuevo Testamento compararon a Moisés con Jesús. Esto no es sorprendente, ya que Abraham, Moisés y David son las tres figuras clave de la historia de Israel. Lo que realmente llama la atención es la facilidad con la que los primeros creyentes representaron a Jesús como superior a Moisés. Moisés instituyó la Pascua; Jesús es el cordero del sacrificio de Dios. Moisés ofreció el maná; Jesús es el pan del cielo. Moisés proporcionó milagrosamente agua de la roca; Jesús es esa roca.

No pases por alto la importancia de esto. Moisés era venerado en Israel, e incluso en varios textos y tradiciones judías, se le confería un estatus semidivino. Era un superhéroe judío. Afirmar que un carpintero campesino superaba al fundador de la nación era un ataque a la sensibilidad religiosa. ¿Qué cambio tectónico permitió tal exaltación sin precedentes de Jesús? ¿Cómo pudieron los primeros seguidores de Jesús elevarlo por encima de Moisés, desafiando todas las expectativas culturales? ¿Qué argumentos utilizaron para convencer a las multitudes de tal afirmación?

Solo dos cosas pueden explicar este cambio trascendental. Primero, la incomparable vida moral de Jesús demostró el poder de Dios en terreno humano. Segundo, Su resurrección irrefutable dio testimonio de la vindicación de Dios hacia Su Hijo. Sin la vida, muerte y resurrección de Jesús, no hay una explicación válida de cómo pudo afirmar haber cumplido la profecía de Moisés, y mucho menos haber superado su estatus.

Puntos clave

- Moisés, junto con Abraham y David, constituían la trinidad de héroes hebreos. Por lo tanto, cualquier comparación entre Jesús y Moisés no solo habría suscitado asombro, sino también la ira religiosa.

- Casi todos los autores del Nuevo Testamento compararon a Jesús con Moisés. Sin embargo, Jesús no es simplemente un paralelo a Moisés; es superior a esta icónica figura hebrea.
- Cualquier argumento sobre la superioridad de Jesús respecto a Moisés debe fundamentarse en la impecable vida moral de Jesús y en Su resurrección.

Esta semana

- [ ] **Día 1:** Lee el ensayo.
- [ ] **Día 2:** Memoriza Deuteronomio 18:18.
- [ ] **Día 3:** Lee Éxodo 2–3.
- [ ] **Día 4:** Medita en Juan 5:45-47; Hechos 13:39; 1 Corintios 10:1-4.
- [ ] **Día 5:** Pregúntale a alguien en el trabajo o en la escuela qué tendría que hacer el actual presidente de Estados Unidos para pasar a la historia como alguien superior a George Washington. Después de que la persona responda, comparte el concepto de que Jesús es más grande que Moisés, y utiliza esto como una oportunidad para hacer que Jesús sea conocido a los ojos de esa persona.

Desafío de superación: Memoriza Hechos 13:39.

Lectura adicional: Dale C. Allison Jr., *The New Moses: A Matthean Typology* [El nuevo Moisés: Una tipología mateana].

7

El reino de Dios

"No te dejes impresionar por su apariencia ni por su estatura, pues yo lo he rechazado. La gente se fija en las apariencias, pero yo me fijo en el corazón".

–1 Samuel 16:7, NVI

Pregunta: ¿Qué se necesita para ser un gran líder?

El plan original para la nación de Israel era que Yavé (el nombre judío de Dios) fuera su único rey. Esta visión de Dios como gobernante exclusivo de Israel subyace en la historia hebrea: «Porque Jehová es nuestro juez, Jehová es nuestro legislador, Jehová es nuestro Rey; él mismo nos salvará» (Isaías 33:22).

El deseo de Israel de tener un rey representaba un rechazo al gobierno de Dios

La idea de que Dios gobernaba Israel estaba tan arraigada que el establecimiento de una monarquía judía se consideraba un rechazo hacia Yavé. Samuel, el primer profeta significativo de Israel, se consternó cuando el pueblo solicitó un rey. Les advirtió sobre el costo de tener un monarca terrenal. Un rey tomaría a sus hijos como soldados, a sus hijas como sirvientas y a sus cosechas como impuestos (1 Samuel 8:11-15). Aunque Dios estuvo de acuerdo con Samuel, Él le instruyó: «Oye la voz del pueblo en todo lo que te digan; porque no te han desechado a ti, sino a mí me han desechado, para que no reine sobre ellos» (1 Samuel 8:7). Aunque esto ocurrió hace mucho tiempo, todos conocemos la experiencia de confiar en algo que no sea Dios: ya sea el dinero, el poder, las relaciones o el sexo.

Samuel repitió su advertencia tres veces en vano (1 Samuel 10:19; 12:15,20). Israel estaba obsesionado con los monarcas humanos.

Lo que realmente deseaban en un rey era protección militar; confiaban más en un guerrero humano que en un Dios invisible, a pesar de que Yavé había demostrado históricamente ser un protector formidable. Sin embargo, la monarquía invisible de Dios parecía haber conducido a una anarquía visible. Dos veces se menciona: «En aquellos días no había rey en Israel; cada uno hacía lo que bien le parecía» (Jueces 17:6; 21:25). Este era el subtexto de los Jueces, que dejaba claro la necesidad de un rey para Israel.

El hecho de que el gobierno de Dios no fuera suficiente para ellos debería haber sido motivo de inquietud. Dios permitió la elección de un rey porque el pueblo lo rechazó, y esto tuvo consecuencias inevitables.

Saúl, un hombre elegido por el pueblo

La primera experiencia monárquica de Israel fue con un rey llamado Saúl. Desde una perspectiva humana, cumplía con todas las características deseables: era alto, fuerte, atractivo y provenía de una familia rica (1 Samuel 9:1-2). Sin embargo, al analizar sus acciones, se evidencian varios defectos fatales.

Saúl *desobedeció* directamente las instrucciones de Dios. Vemos esto cuando, tras la batalla de Gilgal, sus tropas comenzaron a inquietarse. En un acto de insubordinación, Saúl sobrepasó su autoridad al realizar él mismo el sacrificio antes de la llegada de Samuel (13:8-9). A raíz de esta desobediencia, Dios le quitó el reino a Saúl, aunque él continuó sentado en el trono durante casi cuarenta años más. Su dinastía fue condenada con estas palabras: «Ahora te digo que tu reino no permanecerá. El SEÑOR ya está buscando un hombre conforme a su corazón y lo ha designado gobernante de su pueblo, pues *tú no has obedecido*» (versículo 14, NVI).

Tras este incidente, Saúl hizo un voto que no cumplió. Ciertamente, fue un compromiso insensato que nunca debió haber hecho. Cuando su hijo Jonatán logró poner en fuga a los filisteos, Saúl, en un arrebato, juró que mataría a cualquier soldado que comiera algo antes de acabar con sus enemigos (14:24). Como Jonatán iba al frente de las tropas, no estaba al tanto de este juramento. Para cargarse de energía antes de la batalla, mojó su vara en un panal de miel (versículo 27). Cuando Saúl se enteró, se mostró decidido a cumplir su juramento y ejecutar a su propio hijo. Pero sus soldados intervinieron y lo disuadieron como era debido (versículos 43-45).

A continuación, observamos a Saúl descuidando las órdenes específicas de Dios, según las cuales debía erradicar a todo ser viviente entre los amalecitas. Esta era la justicia de Dios en respuesta al ataque de los amalecitas a los israelitas durante su travesía hacia la tierra prometida (Deuteronomio 25:17-19; 1 Samuel 15:2-3). Saúl *afirmó* haber cumplido con el mandato divino (1 Samuel 15:13). Sin embargo, al oír el balido de las ovejas amalecitas, Samuel supo que mentía (versículo 14). Saúl intentó excusar su desobediencia diciendo que el pueblo había guardado el mejor ganado para ofrecerlo en sacrificio a Dios (versículo 15), pero sus acciones lo traicionaron.

Este fue el punto de quiebre. Dios le dijo a Samuel: «Me pesa haber puesto por rey a Saúl, porque se ha vuelto de en pos de mí, y no ha cumplido mis palabras» (versículo 11).

Al analizar esta breve biografía, observamos defectos críticos en Saúl. Primero, las opiniones del pueblo tenían más peso para él que los mandatos de Dios. Cada uno de sus fracasos surgió cuando permitió que la presión popular prevaleciera sobre la clara instrucción divina. Segundo, Saúl buscaba promoverse a sí mismo mediante la manipulación en lugar de depender de la aprobación de Dios. Forzaba los resultados que deseaba en lugar de esperar la acción divina. Tercero, cuando fallaba, siempre culpaba a otros. Un líder que no asume la responsabilidad de sus errores está destinado a repetirlos.

¿Por qué hablar tanto de Saúl cuando David es el tema central de este pasaje? Porque sin comprender el fracaso de Saúl, no podemos valorar plenamente a David como su sustituto.

La respuesta de Dios a Saúl fue enviar al profeta Samuel para ungir a un nuevo rey. A simple vista, Saúl parecía el hombre ideal: alto, fuerte y capaz. Sin embargo, ninguna de estas cualidades lo calificaba a los ojos de Dios. Dios busca otro tipo de líderes. Así le dijo a Samuel: «No te dejes impresionar por su apariencia ni por su estatura, pues yo lo he rechazado. La gente se fija en las apariencias, pero yo me fijo en el corazón» (1 Samuel 16:7, NVI; ver también 13:14 y Hechos 13:22).

David, un hombre conforme al corazón de Dios

David se destacó como el líder modelo de Israel precisamente porque se sometió al liderazgo supremo de Yavé. Reconocía que era solo un siervo, que guiaba al pueblo de Dios según las leyes divinas. Su propósito no era obtener gloria personal, sino luchar por el honor y la fama de Dios. Este es el tipo de liderazgo que Dios busca, y es el mismo tipo de liderazgo que espera de ti en tu propio entorno de influencia.

David buscaba el corazón de Dios, lo que lo convirtió en el rey ideal. Sin embargo, no fue un rey perfecto. De hecho, tenía muchos defectos, como todos nosotros. Por eso, Israel necesitaba un Mesías, un rey que no solo buscara el corazón de Dios, sino que gobernara con Él. Esa necesidad fue satisfecha en Jesucristo. Aunque los errores de David no lo descalificaron como líder, sí demostraron que no era apto para gobernar el reino de Dios de manera permanente.

A pesar de sus imperfecciones, David se convirtió en el modelo sobre el cual se construirían las esperanzas mesiánicas. Su vida y legado apuntaban a Jesús. El recordatorio de 1 Samuel 16:7 sigue siendo poderoso: debemos mirar el corazón, no la apariencia exterior.

¿Qué pensaba Jesús sobre la realeza?

Jesús sabía que era el rey supremo de Israel. Y, en muchos sentidos, debió haber considerado a Su predecesor, David, como modelo de Su liderazgo. Aunque habló frecuentemente de un «reino» (Mateo 4:17), nunca reclamó abiertamente el título de rey. No reunió ejércitos, no promulgó leyes humanas ni se sentó en un trono terrenal. ¿Por qué? Porque Jesús concibió Su reinado de manera diferente. Aunque sabía que era el rey, no buscó afirmarse como tal durante Su vida terrenal. Existen dos razones principales para esto.

Primero, Dios es el único y verdadero Rey. Así, desde siempre se cuestionó si la monarquía era una buena idea. Las Escrituras la consideran como una desviación del orden político original de Dios. Jesús debió haber desconfiado de cualquier tipo de liderazgo que se asemejara al de los antiguos reyes de Israel. No cabía duda de que se necesitaba un gobernante davídico para establecer el reino de Dios (2 Samuel 7:12), pero ¿cómo debía ser ese liderazgo? Quizás un «juez», similar a Moisés, le habría parecido a Jesús un modelo más adecuado.

Dado que el mensaje principal de Jesús giraba en torno al reino de Dios, parece evidente que se interesaba más en el gobierno de Dios que en establecer Su propio dominio. Jesús era plenamente consciente de la tradición israelita que criticaba la monarquía.

En segundo lugar, si Jesús iba a gobernar Israel, debía diferenciarse de todos los demás reyes en, al menos, cuatro aspectos. Primero, tenía que promover y defender el gobierno exclusivo de Yavé (1 Samuel 12:12-15). Segundo, debía vivir conforme a las normas de Dios y hacerlas cumplir, tal como están recogidas en la Torá (Deuteronomio 17:18-19). Tercero, viviría con y para Sus compatriotas israelitas, reconociendo que todos fueron creados a imagen de Dios (versículos 15,20). Y cuarto, usaría el poder de manera desinteresada para hacer justicia a los pobres (Jeremías 22:3-4). Esto es, de hecho, lo que vemos claramente en el ministerio de Jesús.

La monarquía no fue la estructura política original que Dios diseñó para Israel y, cuando llegó, lo hizo con dolores de parto y cicatrices permanentes.

Aunque Dios permitió la monarquía, parece que esta fue un mal necesario. Jesús, como descendiente de David, tenía un rol real que cumplir, pero Su liderazgo debía estar marcado por la sumisión y el sacrificio.

Si este es el tipo de realeza que Jesús imaginaba, los Evangelios la han retratado con precisión. Por esta razón, podemos decir que 1 Samuel 16:7 describe más a Jesús, el Mesías, que a David, el rey. Este enfoque también debería guiar nuestras propias ambiciones si deseamos seguir los pasos de ambos.

Puntos clave

- La realeza en Israel nunca fue ideal, ya que contradecía el gobierno exclusivo de Dios sobre la nación.
- La autopromoción de Saúl llevó a Dios a reemplazarlo con David, un hombre conforme al corazón de Dios.
- Jesús era el Rey legítimo porque devolvió la autoridad a Yavé, el único y verdadero Rey de Israel.

Esta semana

- [ ] **Día 1:** Lee el ensayo.
- [ ] **Día 1:** Memoriza 1 Samuel 16:7.
- [ ] **Día 1:** Lee 1 Samuel 15–16.
- [ ] **Día 1:** Medita en Jueces 21:25; 1 Samuel 8:1-18; 13:14.
- [ ] **Día 1:** Lleva este ensayo a un amigo o mentor. Lee los tres defectos fatales de Saúl y las cuatro características del liderazgo de Jesús. Pídele que te señale cuál considera que es tu mayor fortaleza al imitar a Jesús y cuál es el mayor riesgo que enfrentas de terminar como Saúl.

Desafío de superación: Memoriza 1 Samuel 13:14.

Lectura adicional: Gene Edwards, *Perfil de tres monarcas.*

8

Jesús y David

> Y cuando tus días sean cumplidos, y duermas con tus padres, yo levantaré después de ti a uno de tu linaje, el cual procederá de tus entrañas, y afirmaré su reino.
>
> —2 Samuel 7:12

Pregunta: ¿Fue Jesús un rey literal o espiritual?

David fue un héroe nacional que marcó el comienzo de la «edad de oro» de Israel, tanto en el aspecto político como en el espiritual. Fue un matagigantes, un músico famoso, un constructor de la nación y un apasionado amante de Dios, de las mujeres y de sus amigos. Junto a los titanes hebreos Abraham y Moisés, forman la tríada de los héroes israelitas. No es de extrañar que las Escrituras registren el anhelo del pueblo por el regreso de David. ¿Por qué no? Israel alcanzó un gran éxito bajo su mandato.

La promesa divina de un nuevo David

Dios prometió que David siempre tendría un heredero en el trono: «Y cuando tus días sean cumplidos, y duermas con tus padres, yo levantaré después de ti a uno de tu linaje, el cual procederá de tus entrañas, y afirmaré su reino. Él edificará casa a mi nombre, y yo afirmaré para siempre el trono de su reino» (2 Samuel 7:12-13). Esta promesa se repite en una oración del salmista Etán el Ezraíta:

> Hice pacto con mi escogido;
> juré a David mi siervo, diciendo:
> para siempre confirmaré tu descendencia,
> y edificaré tu trono por todas las generaciones. *Selah*
> (Salmos 89:3-4)

Y a través del profeta Isaías, Dios dijo: «Saldrá una vara del tronco de Isaí, y un vástago retoñará de sus raíces» (Isaías 11:1).

Este anhelo por el regreso de David quedó registrado en varios escritos judíos fuera de la Biblia. Los Salmos de Salomón incluyen esta oración: «Tú, Señor, elegiste a David para ser rey de Israel, y le prometiste, respecto a su descendencia, que su reino nunca decaería ante ti».[1] Asimismo, uno de los pergaminos de Qumrán hallados en el mar Muerto predecía que el heredero del rey David reinaría para siempre.[2] Más tarde, el Talmud (alrededor del año 500 d. C.) declaraba que el hijo de David vendría con truenos y una gran guerra.[3]

Este anhelo de regresar a los días gloriosos de David estaba presente en todas las corrientes del judaísmo. Imagínate lo chocante que debió ser que los evangelistas aplicaran esta promesa a un humilde carpintero. Cuando se consideran todos los pasajes relevantes, se forma una pequeña montaña de evidencias.

El cumplimiento de la promesa de Dios en Jesús

El Nuevo Testamento comienza con una genealogía que muchos consideran aburrida, hasta que observamos lo que pretende Mateo. Este antiguo recaudador de impuestos demostró ser sumamente inteligente al organizar su lista de nombres en tres grupos de catorce generaciones, como él mismo resumió: «De manera que todas las generaciones desde Abraham hasta David son catorce; desde David hasta la deportación a Babilonia, catorce; y desde la deportación a Babilonia hasta Cristo, catorce» (Mateo 1:17).

Quizás nunca te hayas tomado la molestia de comprobar las matemáticas de Mateo. Al examinarlo detenidamente, descubrimos que el segundo grupo incluye solo trece nombres, no catorce. ¿Contó Mateo mal? Aunque es posible, no sería lo primero que se sospecharía de un recaudador de impuestos. ¿Quizás redondeó por conveniencia? En realidad, no es el caso. Podemos comparar la genealogía de Mateo con el registro genealógico paralelo de 1 Crónicas 3. Allí descubrimos que Mateo tenía en realidad diecisiete nombres para escoger y omitió cuatro. ¿Por qué?

Al parecer, Mateo elaboró el grupo central para que tuviera trece nombres, no catorce. En nuestra sociedad mecanizada moderna, esto no tiene sentido, ya que se supone que los números se cuentan con precisión. Para los judíos, sin embargo, los números tenían un valor simbólico, no meramente numérico. En este caso, Mateo estaba haciendo lo que todo padre judío hacía al repartir su herencia: daba una porción doble al hermano mayor. En la lista de Mateo, el hermano mayor, en sentido figurado, es David. Si contamos a David dos veces, dándole doble honor, entonces tenemos precisamente tres grupos de catorce nombres. David es la figura más importante porque representa el centro del Antiguo Testamento como rey de los judíos. Si volvemos a leer Mateo 1:1 encontraremos una pista sobre la importancia de David: aparece en primer lugar, incluso antes que Abraham, quien vivió mil años antes que él.

Además, si pudiéramos pensar como judíos por un momento, veríamos algo que salta a la vista de todo rabino: el número catorce. Los judíos contaban con letras, no con números. Cada letra del nombre de una persona tenía un valor numérico. En hebreo, David se escribe con solo tres letras, que corresponden a *DVD* en español. La *D* es la cuarta letra de su alfabeto y la *V* es la sexta. Al sumar esos valores para el nombre de David —*D* más *V* más *D*— tenemos 4 + 6 + 4 = 14. Los propios números de la genealogía atestiguan la supremacía de David, a quien se le da una doble porción. Así, desde el párrafo inicial del Nuevo Testamento, un lector con kipá encajaría las piezas. La promesa que Dios hizo a David de que un descendiente se sentaría para siempre en su trono se cumplió en Jesús.

Incluso Lucas, un gentil, comprendió la conexión de Jesús con el rey David. El ángel Gabriel le prometió a María sobre su hijo: «Este será grande, y será llamado Hijo del Altísimo; y el Señor Dios le dará el trono de David su padre» (Lucas 1:32). Esta era la razón por la que el Mesías tenía que nacer en Belén, la ciudad de David (Lucas 2:4,11). También es la razón por la que este Hijo de David entró en Jerusalén, la capital, montado en un asno, como hicieron otros reyes durante sus coronaciones (Mateo 21:2-9,15).

En el primer sermón que predicó Pedro tras la resurrección, recordó a su audiencia que Jesús era el heredero de David; Pedro afirmó que David «era profeta y sabía que Dios le había prometido bajo juramento poner en el trono a uno de sus descendientes» (Hechos 2:30, NVI).

Otro momento crítico en la historia de la Iglesia fue el concilio de Jerusalén (Hechos 15:1-29), en el que se debatió la naturaleza misma de la salvación. ¿Tenían que convertirse los gentiles al judaísmo para poder ser cristianos? En última instancia, la respuesta es no. Aunque no practicaban el judaísmo, estaban nacionalizados (mediante la conversión) en el reino davídico. El hermano de Jesús, Jacobo, afirmó que la casa de David era la morada destinada de los gentiles, citando las palabras de Dios al profeta Amós: «Después de esto volveré, y reedificaré el tabernáculo de David, que está caído; y repararé sus ruinas, y lo volveré a levantar» (Hechos 15:16; parafraseando Amós 9:11).

El gran apóstol Pablo, un antiguo rabino, abrió su magistral libro de Romanos describiendo a Jesús con estas palabras: «... según la naturaleza humana era descendiente de David, pero según el Espíritu de santidad, fue designado con poder Hijo de Dios por la resurrección. Él es Jesucristo nuestro Señor» (Romanos 1:3-4, NVI). En su última carta, Pablo continuó destacando la ascendencia davídica de Jesús: «Acuérdate de Jesucristo, del linaje de David, resucitado de los muertos conforme a mi evangelio» (2 Timoteo 2:8).

Lo vemos también en las palabras de Juan en Apocalipsis: «Y uno de los ancianos me dijo: No llores. He aquí que el León de la tribu de Judá, la raíz de David, ha vencido para abrir el libro y desatar sus siete sellos» (5:5). Jesús mismo lo afirmó: «Yo Jesús he enviado mi ángel para daros testimonio de estas cosas en las iglesias. Yo soy la raíz y el linaje de David, la estrella resplandeciente de la mañana» (22:16).

¿Por qué Jesús no declaró ser rey?

Puesto que el Nuevo Testamento deja claro que Jesús era el heredero de David, ¿por qué nunca lo declaró abiertamente durante sus años en la tierra? Por supuesto, el teatro político de la entrada triunfal a Jerusalén y la purificación del templo afirman claramente su papel real (Mateo 21:1-16). Del mismo modo, el hecho de que Jesús llamara a doce apóstoles parece un gabinete político sobre las doce tribus de Israel. Estas acciones fueron lo suficientemente claras como para que lo crucificaran como aspirante a rey de los judíos. Pilato, el procurador romano, incluso inscribió ese título en la cruz (Juan 19:19). Pero Jesús nunca se declaró rey abiertamente. ¿Por qué?

Aquí es donde entra en juego la lección anterior sobre 1 Samuel 16:7. El verdadero Rey de Israel es Dios. Cualquier vasallo que se siente en el trono de Israel nunca debe usurpar el gobierno de Yavé. La mera pretensión al trono es un paso peligroso en la dirección equivocada. El heredero legítimo del trono sería ungido por Dios sin pedirlo nunca. Él sería establecido en el tiempo de Dios, no a través de su propia campaña. Aquí es precisamente donde los reyes del pasado —especialmente Saúl— se equivocaron. Sus intentos de promoverse y protegerse a sí mismos destruyeron sus reinados.

Es en la abnegación de Jesús donde realmente se modeló el corazón de David por Dios. David fue ungido rey años antes de sentarse realmente en el trono. Durante esos días fue rechazado y calumniado, maltratado y atacado, hasta que la autodestrucción de Saúl dio paso al reinado de David sobre Israel. Lo mismo ocurrió con Jesús: el sufrimiento fue el preludio de la entronización, porque *no* impuso Su reinado.

Por lo cual Dios también le exaltó hasta lo sumo, y le dio un nombre que es sobre todo nombre, para que en el nombre de Jesús se doble toda rodilla de los que están en los cielos, y en la tierra, y debajo de la tierra; y toda lengua confiese que Jesucristo es el Señor, para gloria de Dios Padre. (Filipenses 2:9-11)

Puntos clave

- Dios prometió a David un heredero que se sentaría en su trono para siempre.
- El Nuevo Testamento afirma que Jesús cumplió esa promesa.
- Como Jesús es el Rey en el trono de David, los cristianos son ciudadanos de Su nación, Israel.

Esta semana

- [ ] **Día 1:** Lee el ensayo.
- [ ] **Día 2:** Memoriza 2 Samuel 7:12.
- [ ] **Día3:** Lee Mateo 21–22.
- [ ] **Día 4:** Medita en Mateo 1:1; Filipenses 2:9-11; Apocalipsis 5:5.
- [ ] **Día 5:** Pregúntale a tu pastor qué diferencia práctica debería suponer ser ciudadano de un reino y no apenas un miembro de una iglesia.

Desafío de superación: Memoriza Filipenses 2:9-11.

Lectura adicional: Norman Perrin, *The Kingdom of God in the Teaching of Jesus* [El reino de Dios en la enseñanza de Jesús].

9

En busca de la felicidad

Bienaventurado el varón que no anduvo en consejo de malos, ni estuvo en camino de pecadores, ni en silla de escarnecedores se ha sentado; sino que en la ley de Jehová está su delicia, y en su ley medita de día y de noche. Será como árbol plantado junto a corrientes de aguas, que da su fruto en su tiempo, y su hoja no cae; y todo lo que hace, prosperará.

—Salmos 1:1-3

Pregunta: ¿Quiere Dios que seas feliz?

Antes de responder a esta pregunta, es importante reconocer que la felicidad es una búsqueda humana universal. Es un deseo tan fuerte como la comida, el sexo y el sueño. Por esta razón, muchas personas tienden a determinar su ética en función de su felicidad. Si una acción, un hábito o una relación me hace feliz, ¿no debe considerarse moralmente aceptable?

Quizás deberíamos reflexionar sobre ello.

¿Deberíamos realmente determinar lo que es correcto en función de lo que nos hace sentir bien? Es común que la gente utilice la felicidad como medida de moralidad. Sin embargo, ningún padre aplica esta regla a sus hijos. ¿Por qué? Porque puede destruirlos. Para un niño de ocho años, la felicidad puede significar saltar desde el tejado en monopatín a la piscina. Eso no está bien. A los niños les fascinan las tomas de corriente y las herramientas eléctricas. Eso tampoco está bien. Los padres saben que los momentos de felicidad pueden traer décadas de arrepentimiento. Pero seguimos oyendo que, mientras seas feliz, eso está bien. Sheryl Crow rememoró este sentimiento al cantar: «Si te hace feliz, no puede ser tan malo» («If It Makes You Happy»). Si trasladamos su letra a nuestra teología, suena así: «Dios me quiere feliz».

Pero ¿es así?

Antes de responder, permítanme compartir mi experiencia como pastor. El 100 % de las veces que la gente dice «Dios me quiere ver feliz», está a punto de cometer un trágico error, normalmente en su matrimonio. Un marido le explica a su mujer: «Dios me quiere feliz. *Tú* no me haces feliz. Esa mujer de la oficina me hace feliz». ¿Es tu felicidad la mayor prioridad de Dios? ¡No! Por otro lado, cuando alguien dice: «Dios *no* debe quererme feliz» (por lo general como respuesta a alguna situación difícil), deberíamos responder: «¡Claro que Dios quiere que seas feliz! ¡Ahora levántate, sal y haz algo al respecto!».

He aquí la paradoja de la felicidad en el contexto del cristianismo: quienes afirman que Dios quiere su felicidad suelen estar equivocados, y quienes afirman que Dios no quiere su felicidad, también.

Entonces, ¿qué es lo correcto?

Dios quiere que seas feliz

¿Qué padre no quiere que sus hijos sean felices? Tal vez hayas escuchado: «Dios no quiere que seas feliz; ¡quiere que seas santo!». A primera vista, esto suena razonable. Sin embargo, contiene un defecto fatal: asume que la felicidad y la santidad son opuestas. No son mutuamente excluyentes; de hecho, la santidad y la felicidad van de la mano la mayoría de las veces.

La Biblia no se muestra particularmente reservada sobre el tema de la felicidad: «Deléitate asimismo en Jehová, y él te concederá las peticiones de tu corazón» (Salmos 37:4). «Gozaos en el Señor» (Filipenses 3:1). «Estad siempre gozosos» (1 Tesalonicenses 5:16). «Consideramos dichosos a los que perseveraron» (Santiago 5:11, NVI). Todo el libro del Eclesiastés es un tratado sobre la felicidad, y Proverbios se puede considerar un manual sobre la felicidad. Así que, en el mejor de los casos, puede ser engañoso afirmar que Dios desea tu obediencia más que tu felicidad. De hecho, ¡obedecer a Dios fomenta nuestra felicidad!

En cuanto a la felicidad, hay un pasaje que sobresale por encima de los demás. Sin embargo, antes de examinar la Biblia, echemos un vistazo a nuestro cuerpo. La ciencia demuestra que estamos diseñados para la felicidad.

La ciencia de la felicidad

Cuando Dios diseñó tu cerebro, lo dotó de tres sustancias químicas específicas que promueven la felicidad. Estos son los «jugos de la felicidad» de tu cerebro.

La *oxitocina* es la sustancia química que proporciona una sensación de bienestar. Se libera con un apretón de manos o un abrazo. Ella crea una sensación de seguridad y confianza.

La *dopamina* es la sustancia química de la aventura. Se libera cuando la mente está activa y llena de energía creativa. Cuando inventas un nuevo producto, escribes una canción, resuelves un problema o aprendes algo nuevo, experimentas un goteo de dopamina. Esta sustancia impulsa la productividad, los viajes y la aventura.

La *serotonina* es la sustancia química del respeto. Se libera cuando alguien te pide tu opinión, te trata con dignidad o aplaude tu actuación.

Ahora bien, es importante entender varias cosas sobre estas sustancias. En primer lugar, son altamente adictivas. Aunque esto puede sonar negativo, en realidad no lo es. Dios te dio estos antojos insaciables por una razón: Él anhela tu felicidad. Su diseño te impulsa hacia ella.

En segundo lugar, estos químicos tienen una duración corta. Proporcionan un pequeño impulso que se disipa rápidamente. Por lo tanto, Dios no te creó para permanecer en un estado de felicidad a largo plazo. Más bien, te diseñó para experimentar breves momentos de felicidad que requieren repetición. ¿Por qué? Porque la felicidad depende de hábitos persistentes que liberan pequeñas ráfagas de estas sustancias químicas. Como resultado, el diseño de Dios promueve hábitos a largo plazo que construyen comunidades positivas. Es un diseño ingenioso.

En tercer lugar, la felicidad es un cóctel químico que puedes controlar. Esto merece una pequeña explicación.

Además de las tres sustancias químicas mencionadas, existen otras tres fuentes clave de felicidad para cada ser humano: la genética, las circunstancias y las elecciones. ¿Cuál de estas tres crees que tiene mayor impacto en nuestra felicidad?

Algunas personas son alegres por naturaleza, son optimistas de forma innata, mientras que otras tienden a ser más pesimistas (o realistas, como ellas mismas dirían). En otras palabras, todos tenemos un «punto de referencia» para la felicidad. Para algunos, ese punto es un poco más alto; para otros, un poco más bajo. Esto significa que todos tenemos una predisposición biológica hacia ciertos niveles de felicidad. Según investigaciones científicas significativas, la genética explica aproximadamente la mitad de las variaciones en nuestros niveles de felicidad.

Una segunda fuente de felicidad son las circunstancias. La mayoría de nosotros gastamos mucha energía tratando de cambiar nuestras circunstancias para conseguir la felicidad, a pesar de que estas representan solo una parte fraccionaria de la ecuación. Las circunstancias pueden variar nuestra felicidad en apenas un 10 %. Además, los altibajos de las circunstancias no son duraderos. Como promedio, cualquier circunstancia afecta la felicidad solo durante noventa días. En un estudio fascinante, los investigadores midieron la felicidad de los ganadores de la lotería y de personas parapléjicas o tetrapléjicas. Obviamente, los parapléjicos y tetrapléjicos consideraban su accidente como un acontecimiento negativo, mientras que los ganadores de la lotería veían su buena suerte como algo positivo. Sin embargo, ninguno de los dos eventos fue valorado tan positiva o negativamente como se podría esperar. Cuando se les preguntó cuán felices esperaban ser dentro de un par de años, ambos grupos proyectaron niveles similares de felicidad.[1]

Aparentemente, las personas son felices o infelices no tanto por lo que les ha ocurrido, sino por las decisiones que toman.

Las decisiones sobre la dieta, el descanso y las relaciones son responsables del 40 % de la variación en nuestra felicidad.[2] Eso es estadísticamente significativo. No puedes controlar tu genética, ni cambiar tus circunstancias, pero sí puedes controlar tus elecciones, que representan casi la mitad de tu felicidad general. Para ponerlo en perspectiva, si pudiéramos controlar el 40 % de las oscilaciones del mercado bursátil, seríamos increíblemente ricos.

Teniendo esto en cuenta, ¿qué dice la Biblia sobre las decisiones que afectan nuestra felicidad?

Escrituras sobre la felicidad

El Salmo 1 es uno de los pasajes más significativos de la Biblia en relación con la felicidad. Comienza con la palabra clave *bienaventurado*, que es el término bíblico para «feliz»: «Dichoso es quien no sigue el consejo de los malvados, ni se detiene en la senda de los pecadores, ni se sienta en la reunión de los burladores» (Salmos 1:1, NVI). Si tu ambición es llevar una vida bienaventurada, el Salmo 1 es la línea de salida.

Nuestras relaciones representan una de las mayores fuentes de felicidad en nuestra vida. Cuando cultivamos relaciones piadosas, nuestra felicidad tiende a aumentar. Los amigos y la familia son la mejor fuente de oxitocina. Por lo tanto, elige compañeros que te motiven a tomar decisiones saludables. Este es el primer paso.

El segundo paso es aumentar la dopamina, la sustancia química del descubrimiento. El versículo 2 nos señala el camino, ya que habla de la persona «que en la Ley del Señor se deleita y día y noche medita en ella» (NVI). Aunque hay muchas formas de liberar dopamina, la meditación se encuentra entre las primeras. La meditación ha sido el centro de gran parte de la investigación sobre la felicidad, no solo desde el misticismo oriental, sino incluso desde una perspectiva cristiana. Caroline Leaf, neurocientífica, reveló cómo podemos «recablear» nuestro cerebro. Dado que las proteínas contienen nuestros pensamientos, estos ocupan literalmente un espacio en nuestro cerebro. Cuanto más meditamos en un pensamiento positivo, más crece. Mientras meditamos, liberamos la adictiva dopamina que determina la felicidad.[3]

El tercer paso es la serotonina, la sustancia química relacionada con la sensación de importancia. Ser útil es clave para liberar serotonina. A medida que servimos a los demás, encontramos nuestro valor. Este proceso se describe en el versículo 3: «Es como el árbol plantado a la orilla de un río que, cuando llega su tiempo, da fruto y sus hojas jamás se marchitan. Todo cuanto hace prospera» (NVI). Cuando somos fructíferos, ya sea ayudando a un presidente o a una persona sin hogar, encontramos un propósito. No es necesario alcanzar un puesto jerárquico o ganar un evento olímpico para disfrutar de una dosis de serotonina. Pequeños actos de bondad hacia quienes nos rodean son igualmente eficaces para proporcionarnos ese impulso químico de felicidad.

El Salmo 1 subraya que nuestras propias decisiones son más importantes que nuestras circunstancias. Aunque fue escrito hace tres mil años, ofrece un proceso claro para construir una vida bienaventurada: (1) Fomentar relaciones con personas que honran al Señor. (2) Hacer espacio en nuestra mente para las verdades de la Palabra de Dios. (3) Servir a otros de manera significativa.

Es tan simple como efectivo. Además, dado que estas sustancias químicas se liberan en pequeñas dosis, no se necesita un esfuerzo colosal para liberarlas. Las pequeñas acciones de hoy pueden aumentar tu felicidad. Una nota de agradecimiento a un amigo, cinco minutos de meditación o un acto de bondad al azar pueden liberar esas sustancias químicas de felicidad en tu cerebro. El secreto de la felicidad reside en los micromomentos que, al convertirse en hábitos, se transforman en una biografía con un final muy feliz.

Puntos clave

- Tu felicidad es un cóctel químico que puedes controlar adoptando hábitos que liberan oxitocina, dopamina y serotonina.
- Mientras que la genética influye en un 50 % de la variabilidad de la felicidad, las circunstancias solo representan un 10 %, dejando un 40 % en manos de nuestras decisiones.
- El Salmo 1 proporciona sabios consejos sobre cómo construir la felicidad.

Esta semana

- [ ] **Día 1:** Lee el ensayo.
- [ ] **Día 1:** Memoriza Salmos 1:1-3.
- [ ] **Día 1:** Lee Job 1–2.
- [ ] **Día 1:** Medita en Salmos 37:4; Filipenses 3:1; 1 Tesalonicenses 5:16.
- [ ] **Día 1:** Dedica hoy cinco minutos a practicar intencionadamente una acción sencilla basada en el Salmo 1 para generar una dosis de felicidad.

Desafío de superación: Memoriza Salmos 37:4.

Lectura adicional: Jonathan Haidt, *La hipótesis de la felicidad: La búsqueda de verdades modernas en la sabiduría antigua.*

10

La profecía

> Mi hijo eres tú;
> Yo te engendré hoy.
> —Salmos 2:7

Pregunta: ¿Existen pruebas de que Jesús era el Hijo de Dios?

El libro de los Salmos contiene varios salmos reales que fueron cantados en honor a los reyes de Israel. Sin embargo, cada rey, en mayor o menor medida, decepcionó a Israel y, al final, todos murieron. Estos cánticos reales se repetían con la esperanza de que algún día llegara el Mesías, el rey prometido, ante quien se arrodillarían en adoración.

Ver al Mesías en el Salmo 2

El punto culminante de este poema real se encuentra en las palabras de nuestro versículo clave. Dios mismo parafraseó este versículo en dos ocasiones durante el ministerio de Jesús. La primera vez fue en Su bautismo, cuando Dios se manifestó audiblemente a la multitud, y el Espíritu Santo descendió en forma de paloma para confirmar Su declaración (Mateo 3:16-17). Este fue un momento *trascendental*. La segunda vez que Dios citó el Salmo 2:7 fue a mediados de los tres años de ministerio de Jesús, cuando se transfiguró en un monte alto en presencia de Moisés y Elías (Mateo 17:1-8). En cierto sentido, este acontecimiento marcó la cúspide de la existencia terrenal de Jesús. Fue lo más cerca que estuvo de compartir la gloria de Dios en este mundo.

No se trataba de una mera declaración de aprobación; era una afirmación de la herencia real de Jesús como el legítimo heredero del trono de Israel. Mil años antes de Su nacimiento, la Biblia había profetizado la llegada de un Mesías. La palabra *mesías* significa 'ungido', en referencia a la coronación de un rey. Este Mesías prometido debía sentarse en el trono de David, liberar a Israel como lo hizo Moisés y bendecir a todas las naciones como la descendencia de Abraham. En esencia, era el deber del funcionario político más elevado a quien Dios eligió para que lo representara.

El Salmo 2:7 es solo una de las muchas profecías mesiánicas que identificaban quién sería este Rey-Salvador y qué haría. Predijeron detalles clave, como el lugar de nacimiento (Miqueas 5:2), la forma en que moriría (Isaías 53:3-5), el precio de Su traición (Zacarías 11:12) y la naturaleza de Su ministerio (Isaías 61:1). Los cristianos han reconocido a Jesús como la figura que cumplió este conjunto de profecías. Ninguna otra persona cumplió estas predicciones. De hecho, ni siquiera hubo un candidato cercano. Antes de Jesús, ningún individuo había sido reconocido como el Mesías. Después de él, los que se proclamaron «mesías» tuvieron un seguimiento limitado y rápidamente cayeron en el olvido. Por ejemplo, en el siglo I, el historiador judío Josefo insinuó que el emperador romano Vespasiano podría ser el Mesías, pero la idea no fue aceptada.[1] En el siglo II, el famoso rabino Akiva promovió a Bar Kojba como el salvador mesiánico, pero su derrota y muerte en el año 135 d. C. anularon cualquier pretensión de ese tipo.[2]

Esto deja a Jesús como el único individuo en los últimos dos mil años que ha sido ampliamente reconocido como el Mesías. Con esto en mente, volvamos al Salmo 2, que contiene no solo una, sino tres profecías mesiánicas. Los versículos 1-2, citados en la oración de los creyentes en Hechos 4:25-26, se interpretan como una referencia a las pruebas que enfrentó Jesús. Los mismos pueblos mencionados por el rey David —naciones, pueblos, reyes y gobernantes— se entienden en el versículo 27 como los gentiles, judíos, Herodes y Pilato, protagonistas en la pasión de Jesús. Aunque muchos rabinos pueden cuestionar esta interpretación, es difícil negar que las descripciones encajan con los eventos.

En segundo lugar, el versículo 7 del Salmo 2 se parafrasea en los tres Evangelios sinópticos (Mateo, Marcos y Lucas) tanto en el bautismo (Mateo 3:17; Marcos 1:11; Lucas 3:22) como en la transfiguración (Mateo 17:5; Marcos 9:7; Lucas 9:35). Esto es particularmente significativo, dado que Dios solo se manifestó audiblemente tres veces durante el ministerio de Jesús, y en dos de esas ocasiones parafraseó este versículo.

En tercer lugar, el Salmo 2:9 es citado tres veces en el libro de Apocalipsis (2:27; 12:5; 19:15) para describir el gobierno real de Jesús: «Las gobernarás [a las naciones] con cetro de hierro; las harás pedazos como a vasijas de barro» (NVI). Esta descripción contrasta notablemente con la imagen del hombre al que llamamos el buen pastor, quien desde la cruz dijo: «Padre, perdónalos, porque no saben lo que hacen» (Lucas 23:34). Sin embargo, esta profecía apunta a Su regreso, cuando el Hijo del Hombre vuelva en juicio, con una autoridad que solo se vislumbró brevemente en el episodio de la purificación del templo (Juan 2:13-17). Jesús no solo es misericordioso, sino también un juez justo al que no se debe tomar a la ligera ni desdeñar.

Este asombroso poema, junto con el Salmo 1, abre el libro de la liturgia tanto para Israel como para la Iglesia. El Salmo 2 concluye con la misma palabra con la que comienza el Salmo 1: *bienaventurado*. Estos dos salmos representan los pilares fundamentales de la adoración auténtica: mantener relaciones correctas con nuestros semejantes (Salmo 1) y mostrar la reverencia debida a nuestro Mesías (Salmo 2). Cuando nuestra comunidad cultiva hábitos de piedad y honramos a Jesús como Señor, nuestras oraciones, cánticos y actos de servicio nos acercan más a Dios y profundizan nuestra comprensión de Su naturaleza.

El Salmo 2, en particular, tiene una densidad de significado mesiánico que pocos pasajes igualan. Esto lo convierte en un trampolín hacia el vasto mundo de las profecías mesiánicas. Hay muchos otros textos repletos de promesas sobre el Mesías, como el Salmo 110; 118; Isaías 53; Daniel 7; y Zacarías 11–12.

Otras predicciones mesiánicas

A lo largo del Antiguo Testamento, encontramos más de sesenta profecías importantes que describen la venida del Mesías. Se podría suponer que Dios tenía que ser muy detallado y específico. Después de todo, la esperanza en un Mesías puede debilitarse en tiempos de sufrimiento o duda. Pero Dios quiso proporcionar todas las pruebas necesarias para que podamos ofrecer plenamente nuestra lealtad a Jesús.

Esto es especialmente importante cuando Jesús no cumple nuestras expectativas, lo cual ocurre con frecuencia. Incluso en Su época, los judíos no esperaban un Mesías como Él. No era un rey guerrero que conquistaba a Sus enemigos, sino un Salvador sufriente que murió por ellos. Cuando el pueblo anhelaba la liberación, Dios concedió su salvación. Ellos deseaban seguridad territorial, pero Dios tenía un propósito mayor: abolir las fronteras para que todo el mundo pudiera acceder a Él. Mientras esperaban ayuda externa, Dios decidió enviarse a sí mismo. Un cambio tan radical requería pruebas contundentes, y eso es precisamente lo que nos ofrecen las profecías del Antiguo Testamento. Estas predicciones, tan específicas y tan difíciles de cumplir por mero esfuerzo humano, proporcionan pruebas poderosas de que Jesús es el verdadero Mesías.

Consideremos las siguientes siete profecías, que nos revelan aspectos clave sobre el Mesías:

1. Nacería en Belén (Miqueas 5:2).
2. Sería precedido por un precursor (Malaquías 3:1).
3. Entraría en Jerusalén montado en un asno (Zacarías 9:9).
4. Sería traicionado por un amigo, que le heriría las manos (Zacarías 13:6).

5. Sería vendido por treinta monedas de plata, que serían entregadas a un alfarero (Zacarías 11:12-13).
6. Guardaría silencio ante Sus opresores (Isaías 53:7).
7. Moriría crucificado (Salmos 22:16).

Algunas de estas predicciones son sorprendentemente específicas e inesperadas. La mayoría son imposibles de manipular o prever de antemano (como el lugar de nacimiento). Esto hace que su peso acumulativo sea considerable.

Peter Stoner, en su libro *La ciencia habla*, calculó que la probabilidad de que todas estas profecías se cumplieran en un solo individuo es de apenas 1 en 100,000,000,000,000,000; es decir, ¡*uno en cien mil billones*![3]

Este número es tan inmensamente grande que resulta difícil de comprender. Para ponerlo en perspectiva, Stoner estimó que esa cifra equivaldría a cubrir el estado de Texas con dólares de plata a dos pies de profundidad. Si pintáramos de rojo uno de esos dólares y le pidiéramos a un vagabundo con los ojos vendados que recorriera el estado y seleccionara al azar una moneda, sus probabilidades de elegir la roja serían equivalentes a las de Jesús cumpliendo al azar solo estas siete profecías.[4]

Sin embargo, Jesús no solo cumplió siete profecías; existen otras cincuenta profecías mayores sobre Su vida y muerte, además de numerosas referencias menores. Con cada nueva profecía añadida, la probabilidad se vuelve tan infinitesimal que se reduce exponencialmente hasta convertirse en algo prácticamente imposible. Por esta razón, el título del libro de Josh McDowell y Sean McDowell, *Evidencia que exige un veredicto*,[5] hace referencia a la probabilidad de Stoner. Si vamos a rechazar la afirmación de que Jesús es el Mesías, debemos proporcionar una explicación de cómo un solo hombre puede cumplir tantas profecías tan detalladas de manera aparentemente aleatoria.

Quizás seas un escéptico, y respeto tu postura. Pero permíteme ser claro: la profecía predictiva no es la única prueba de que Jesús es el Mesías. De hecho, los primeros testigos se basaron mucho más en la resurrección de Jesús y en el carácter de Su vida, temas que abordaremos en otra ocasión. Sin embargo, el Salmo 2 nos introduce a una serie de profecías mesiánicas que, aunque cada una podría ser explicada por sí sola, el efecto acumulativo y el peso del conjunto ofrecen una base sólida sobre la cual apoyarse.

Puntos clave

- Solo Jesús ha afirmado con éxito ser el Mesías.
- El Salmo 2 es una profecía mesiánica especialmente influyente, tanto por sus tres predicciones citadas por separado en el Nuevo Testamento, como por su posición introductoria en el libro de los Salmos.
- Las profecías mesiánicas son una prueba convincente a favor de Jesús, debido a su especificidad y a que muchas de ellas son imposibles de cumplir intencionadamente.

Esta semana

- ☐ **Día 1:** Lee el ensayo.
- ☐ **Día 2:** Memoriza Salmos 2:7.
- ☐ **Día 3:** Lee Salmos 22; 110; 118.
- ☐ **Día 4:** Medita en Salmos 22:1; 118:22-29; Apocalipsis 19:15.
- ☐ **Día 5:** Toma una de las siete profecías predictivas anteriores y compártela con un amigo como algo emocionante e increíble que acabas de aprender. Observa cuál es su reacción.

Desafío de superación: Memoriza Salmos 22:1.

Lectura adicional: John Ankerberg, Walter Kaiser y John Weldon, *El caso sobre: ¿Es Jesús el Mesías?*

11

El buen pastor

Jehová es mi pastor; nada me faltará.
En lugares de delicados pastos me hará descansar;
junto a aguas de reposo me pastoreará.
Confortará mi alma;
me guiará por sendas de justicia por amor de su nombre.

—Salmos 23:1-3

Pregunta: Si el Señor es mi pastor, ¿cuál es mi obligación para con aquellos a quienes guío?

Después de Juan 3:16, el Salmo 23 es posiblemente uno de los pasajes más conocidos de la Biblia y uno de los más utilizados en funerales. Tiene un poder casi místico para reconfortar en medio de las tragedias más profundas, como si las palabras de este poema pudieran llenar de esperanza un alma agotada. Consuela al afligido, guía al perdido, alivia al herido y proyecta un rayo de esperanza sobre el desamparado.

«Jehová es mi pastor» es el poema más conocido de David, y ecos de este tema pueden remontarse hasta Abel (Génesis 4:4) y Jacob (Génesis 48:15). También resuena en los salmos y los profetas (Salmos 28:9; 78:52; 79:13; 80:1; 95:7; 107:41; Isaías 40:11; Jeremías 31:10; Ezequiel 34:15; Zacarías 9:16). Estas imágenes de un Dios bondadoso y amoroso ofrecen consuelo a Su pueblo: «Porque él es nuestro Dios; nosotros el pueblo de su prado, y ovejas de su mano» (Salmos 95:7). «Como pastor apacentará su rebaño; en su brazo llevará los corderos...» (Isaías 40:11). Incluso en el valle de sombra de muerte, bajo la disciplina de Su vara o en presencia de nuestros enemigos (Salmos 23:4-5), experimentamos la certeza de que Dios siempre hace el bien.

Los líderes como pastores

Cuando Dios delega Su autoridad a reyes, sacerdotes y profetas, espera que estos dirijan como pastores. Para Yavé, «pastor» no es solo una metáfora; es el método divinamente autorizado para ejercer la autoridad. El poder del líder se utiliza para proteger. Su vara y cayado sirven de guía. El pastor se sacrifica por las ovejas, no las ovejas por el pastor. Esto se refleja claramente en la vida de David, el gran rey-pastor que escribió este salmo y saltó a la fama por matar a un gigante con una simple honda (1 Samuel 17:40-49).

Resulta que el tiempo que David pasó en el campo fue su mejor preparación para el trono. Leemos:

[Dios] eligió a David su siervo,
y lo tomó de las majadas de las ovejas;
de tras las paridas lo trajo,
para que apacentase a Jacob su pueblo,
y a Israel su heredad.
Y los apacentó conforme a la integridad de su corazón,
los pastoreó con la pericia de sus manos.
(Salmos 78:70-72)

Lo mismo puede decirse de Moisés (Éxodo 3:1; Salmos 77:20; Isaías 63:11), quien pasó cuarenta años cuidando los rebaños de Jetro en el desierto, una etapa que lo preparó para guiar a Israel durante otros cuarenta años por el desierto. Y antes de Moisés estuvo Abraham (Génesis 13:2-6), conocido por la magnitud de sus rebaños.

Dado que los grandes héroes del pasado de Israel fueron literalmente pastores, los líderes de toda su historia posterior han sido considerados figurativamente como tales. Esto incluye a reyes, gobernadores, profetas y sacerdotes (1 Reyes 22:17; Jeremías 10:21; 17:16). Incluso el rey pagano Ciro, quien rescató a Israel, fue llamado «mi pastor» por Dios (Isaías 44:28).

Malos pastores

El honor otorgado a los pastores en sentido figurado (líderes) es curioso, dado que la ocupación literal de pastor era una de las más despreciadas en la antigüedad. Por ejemplo, cuando los hijos de Jacob emigraron a Egipto para sobrevivir a una hambruna, José se encargó de aislarlos en la región de Gosén. Era necesario separarlos de los egipcios, porque estos consideraban su ocupación ofensiva. En Génesis 46:34, José les aconsejó a sus hermanos: «Díganle que siempre se han ocupado de cuidar ganado, al igual que sus antepasados. Así podrán establecerse en la región de Gosén, pues los egipcios detestan el oficio de pastor» (NVI). Claramente, los pastores ocupaban uno de los niveles más bajos en la jerarquía social.

Los pastores, al tener que moverse constantemente por tierras ajenas, eran vistos como ladrones. Además, debido a la naturaleza de su trabajo, solían estar físicamente sucios y, en términos religiosos, eran considerados impuros, ya que sacrificaban animales y ayudaban en los partos de corderos. En resumen, vivían al margen de la sociedad, en los estratos más bajos.

Paradójicamente, mientras los pastores literales eran despreciados, los pastores espirituales eran considerados héroes. Esto dio lugar a una crítica mordaz contra aquellos que se corrompían. Cuando estos líderes no cumplían con los estándares de Dios, recibían fuertes reprimendas en la Biblia. Por ejemplo, el profeta Jeremías, quien no se caracterizaba precisamente por suavizar sus críticas, transmitió las siguientes palabras de Dios:

¡Ay de los pastores que destruyen y dispersan las ovejas de
mi rebaño!, dice Jehová. Por tanto, así ha dicho Jehová Dios de Israel a

los pastores que apacientan mi pueblo: Vosotros dispersasteis
mis ovejas, y las espantasteis, y no las habéis cuidado. He aquí
que yo castigo la maldad de vuestras obras, dice Jehová.
(Jeremías 23:1-2)

Censuras similares se encuentran a lo largo de los libros proféticos (Isaías 56:11; Jeremías 10:21; 12:10; 25:34-36; 50:6; Ezequiel 34:1-10; Zacarías 10:3; 11:1-17). El pasaje más destacado en este sentido es Ezequiel 34, que representa un ataque frontal contra los gobernantes de Israel, quienes, en lugar de cuidar y alimentar al rebaño, se aprovecharon de su posición para explotarlo:

Coméis la grosura, y os vestís de la lana; la engordada degolláis, mas
no apacentáis a las ovejas. No fortalecisteis las débiles, ni curasteis
la enferma; no vendasteis la perniquebrada, no volvisteis al redil la
descarriada, ni buscasteis la perdida, sino que os habéis enseñoreado de
ellas con dureza y con violencia. (Ezequiel 34:3-4)

El Señor como pastor

El problema de los malos líderes era pandémico. Para el pueblo judío, esto condujo al anhelo de un nuevo David, un rey-pastor que cuidara del rebaño de Dios. Esta esperanza quedó reflejada en las profecías mesiánicas: «Y levantaré sobre ellas a un pastor, y él las apacentará; a mi siervo David, él las apacentará, y él les será por pastor» (Ezequiel 34:23).

El mensaje es claro: Dios guía como un pastor y, por lo tanto, sus representantes deben seguir su ejemplo. Como ellos fracasaron en esta tarea, fueron destituidos y se prometió la llegada de otro pastor.

La condición de Jesús como el Rey-pastor prometido se revela desde Su nacimiento en Belén (Miqueas 5:2-4, citado en Mateo 2:6) hasta Su muerte en Jerusalén (Zacarías 13:7, citado en Mateo 26:31; Marcos 14:27; Juan 16:32).

Jesús habló de que separaría las ovejas de las cabras (Mateo 25:32), y en Juan 10:1-18 criticó a los falsos pastores, siguiendo la misma línea que los profetas antiguos. Cuando Marcos describió a las multitudes que esperaban a Jesús como «ovejas que no tenían pastor» (Marcos 6:34), hacía referencia a las palabras de Moisés sobre Josué, quien debía evitar que Israel fuera como «ovejas sin pastor» (Números 27:17). Josué tenía la misión de guiar a Israel a la tierra prometida, un tipo de liderazgo que Marcos también atribuía a Jesús, sobre todo porque el nombre de Jesús, en hebreo, significa «Josué».

Tres autores del Nuevo Testamento se refirieron explícitamente a Jesús como pastor: «Y el Dios de paz que resucitó de los muertos a nuestro Señor Jesucristo, el gran pastor de las ovejas, por la sangre del pacto eterno, os haga aptos en toda obra buena para que hagáis su voluntad...» (Hebreos 13:20-21). «Porque vosotros erais como ovejas descarriadas, pero ahora habéis vuelto al Pastor y Obispo de vuestras almas» (1 Pedro 2:25). «Porque el Cordero que está en medio del trono los pastoreará, y los guiará a fuentes de aguas de vida; y Dios enjugará toda lágrima de los ojos de ellos» (Apocalipsis 7:17).

Al final de la Biblia, el pastor de Salmos 23 tiene un nuevo nombre, un nuevo rostro y una nueva morada. Jesús es Yavé encarnado, quien habitó entre nosotros para dar Su vida por las ovejas. Eso es precisamente lo que hace el Buen Pastor.

De hecho, en un giro extraordinario, el Buen Pastor es también el Cordero de Dios. Su sacrificio en la Pascua reemplazó de manera definitiva el sistema de sacrificios del judaísmo. Durante la primera Pascua, un cordero era ofrecido al Señor como sustituto del hijo primogénito; de la misma manera, Jesús se convierte en nuestro sustituto para expiar todos nuestros pecados. Él es el sacrificio pascual perfecto.

Este cambio presentado en el Nuevo Testamento no es un mensaje completamente nuevo. Ya se vislumbraba en los Salmos. El Salmo 23, conocido como el canto del pastor, es precedido por el Salmo 22, el canto del Cordero, que ofrece una de las descripciones más claras del calvario fuera de los Evangelios.

El liderazgo ya no se define por lo que obtienes de las ovejas, sino por lo que sacrificas por ellas. En consecuencia, todo líder cristiano que toma la vara también acepta el cayado del siervo sufriente. Los apóstoles, evangelistas y pastores (Efesios 4:11), junto con los ancianos (Hechos 20:28-29; 1 Pedro 5:2-3), tienen el privilegio de guiar y alimentar al rebaño, siempre y cuando estén dispuestos a dar su vida por las ovejas. Pablo detalla las cualificaciones específicas para los ancianos en 1 Timoteo 3:1-7, usando el título sinónimo de *obispo*. Presta atención a sus palabras: «Se dice, y es verdad, que si alguno desea ser obispo, a noble función aspira» (1 Timoteo 3:1, NVI).

Noble, sin duda. Así como Jesús representa a Dios, los líderes representan a los reyes y sacerdotes del pasado. O llevamos con dignidad el título de líder, con humildad y sacrificio, o repetimos los errores de los reyes y sacerdotes de antaño y sufrimos consecuencias similares. El pastoreo solo es verdaderamente noble cuando implica sufrimiento. Este concepto teológico es incomprensible para quienes no conocen al Buen Pastor, nuestro Dios, que sufrió en nuestro lugar.

Puntos clave

- «Pastor» es la metáfora principal de Dios como nuestro líder. Su ejemplo debía ser seguido por cualquiera que gobernara en Su nombre.
- El desprecio desenfrenado de los líderes hacia las ovejas provocó el anhelo de un mejor pastor: el Mesías prometido.
- Los líderes de la Iglesia —apóstoles, evangelistas, pastores y ancianos— asumen el rol de pastores.

Esta semana

☐ **Día 1:** Lee el ensayo.

☐ **Día 1:** Memoriza Salmos 23:1-3.

☐ **Día 1:** Lee Juan 10.

☐ **Día 1:** Medita en Ezequiel 34:3-4; 1 Timoteo 3:1; 1 Pedro 2:25.

☐ **Día 1:** Identifica dos prácticas de pastoreo que podrías adoptar en una de estas áreas: (1) criar a tus hijos; (2) dirigir un equipo en el trabajo; (3) dirigir un equipo de voluntarios en la iglesia, y (4) entrenar a un equipo deportivo de niños.

Desafío de superación: Memoriza 1 Timoteo 3:1.

Lectura adicional: W. Phillip Keller, *El Señor es mi pastor: Meditaciones sobre el Salmo 23.*

12

El Mesías

Así dijo el SEÑOR a mi Señor:
«Siéntate a mi derecha,
hasta que ponga a tus enemigos
por debajo de tus pies».

—SALMOS 110:1, NVI

Pregunta: ¿Existen pruebas de que Jesús es el Mesías prometido por Dios?

El Salmo 110 es el pasaje más citado en el Nuevo Testamento, y Jesús lo utiliza por primera vez en Mateo 22:44. Esto ocurrió después de un día completo de debates, cuando los opositores de Jesús enviaron a expertos para intentar atraparlo con preguntas. Jesús respondió a cada una de ellas y luego planteó Su propia pregunta: «¿Qué pensáis del Cristo? ¿De quién es hijo?» (versículo 42).

¿Quién es el Mesías?

La palabra *Cristo* es la traducción griega de la palabra hebrea *Mesías*. Dado que son términos extranjeros, es importante entender su significado correctamente.

Primero, *Cristo* no es el apellido de Jesús, sino Su título, que significa 'ungido' y es similar al término *rey*. Segundo, en el Antiguo Testamento, *ungido* siempre hacía referencia a un gobernante terrenal, no a una figura divina. ¿Es Jesús divino? Sí, pero ese no es el sentido del título *Cristo* o *Mesías*. Tercero, la venida del Mesías no era un tema habitual en la época de Jesús. De los ochocientos documentos encontrados en Qumrán (los rollos del mar Muerto), solo una docena menciona al Mesías.[1]

El Antiguo Testamento contiene numerosas predicciones mesiánicas, incluyendo Deuteronomio 18:15-18; 2 Samuel 7:12; Salmos 2; 22; 118:22; Isaías 9:1-7; 53; 61:1-2; Daniel 7:13-14; Miqueas 5:2 y Zacarías 9:9; 12:10. Muchos de estos versículos son parte de *Clave 52*.

Así pues, cuando Jesús irrumpió en escena, los judíos de su tiempo ya tenían una idea clara de cómo sería el Mesías, basada en sus textos sagrados. Por ejemplo, en Isaías 11:4 se menciona que el Mesías «herirá la tierra con la vara de su boca». Algunos de estos textos estaban en la Biblia, mientras que otros se encontraban en las bibliotecas locales, pero todos se consideraban autoritativos. En particular, anticipaban un guerrero violento que destruiría a sus enemigos.

Aquí hay algunos fragmentos de sus textos: «Los gentiles serán destruidos ante el Mesías».[2] «Primero los traerá vivos ante su tribunal, y cuando los haya reprendido, entonces los destruirá».[3] «Quedará con vida el último caudillo de aquel tiempo, cuando la multitud de sus ejércitos sea pasada a espada, y él será atado, y lo llevarán al monte Sion, y mi Mesías lo condenará por todas sus impiedades».[4]

Este guerrero regio y destructor, con una herencia davídica, era el rasgo mesiánico dominante en los tiempos de Jesús. El Salmo 110 también se inclina en esa dirección:

Jehová enviará desde Sion la vara de tu poder;
domina en medio de tus enemigos [...].
El Señor está a tu diestra;
quebrantará a los reyes en el día de su ira.
Juzgará entre las naciones,

las llenará de cadáveres;

quebrantará las cabezas en muchas tierras.

(Versículos 2,5-6)

Cuando Jesús reclamó el título sin satisfacer sus expectativas, la atención se centró en Él y los ánimos se caldearon.

Jesús utiliza el Salmo 110

Jesús se encontraba en el templo de Jerusalén el martes antes de Su muerte. Sus oponentes guardaron un silencio atónito cuando este carpintero campesino dejó perplejas a las mentes teológicas más brillantes (Mateo 21:23–22:40). Luego, fue el turno de Jesús de hacerles una pregunta, refiriéndose al Salmo 110. La pregunta debería haber sido bastante sencilla de responder: ¿quién es el Cristo? Seguramente, los líderes religiosos podrían explicar su posición, ya que el Salmo 110 era un pasaje conocido.

Aquí es donde la situación se complica un poco para quienes no están familiarizados con la cultura judía. Dos aclaraciones ayudarán. En primer lugar, al leer «Así dijo el Señor a mi Señor» (versículo 1), se puede notar que el primer «Señor» está en mayúsculas en la traducción en español. ¿Por qué? Porque es una palabra hebrea diferente. El hebreo dice literalmente: «Yavé (Señor) dijo a mi *Adonai* (Señor)». Claramente, *Yavé* se refiere a Dios. Sin embargo, *Adonai* podría referirse tanto a Dios como a un dignatario humano. Entonces, ¿a quién se refiere? ¿Está Jesús afirmando ser divino o solo el descendiente humano de David?

Esta pregunta resalta la importancia del segundo punto de aclaración. En la cultura judía, el padre siempre era más importante que el hijo. Entonces, si el Mesías (o Cristo) era descendiente de David, ¿quién era mayor? Aunque el padre siempre es considerado de mayor rango, eso no es lo que David escribió. Dijo que el Mesías era *su* Señor. ¿Cómo es posible?

Esa fue la pregunta que Jesús planteó: «Pues si David le llama Señor, ¿cómo es su hijo?» (Mateo 22:45). Sus oyentes no tuvieron respuesta: «Y nadie le podía responder palabra; ni osó alguno desde aquel día preguntarle más» (versículo 46). No solo se les trabó la lengua, sino que quedaron atados de manos (una incómoda analogía para un rabino).

El problema, por supuesto, es que no tenían un marco conceptual para la encarnación. Si Dios no puede hacerse carne, la afirmación de David carece de sentido. Una vez que aceptamos que Dios se hizo carne, todo el poema adquiere coherencia. Hay dos afirmaciones concretas que solo tienen significado en el contexto de la encarnación.

La primera es: «Siéntate a mi derecha» (Salmos 110:1). La diestra de Dios representa una posición de poder divino (Marcos 16:19; Mateo 26:64; Hechos 7:55). Si Jesús no fuera divino, no podría ocupar ese lugar, donde *siempre* se encuentra después de la ascensión: «Y el Señor, después que les habló, fue recibido arriba en el cielo, y se sentó a la diestra de Dios» (Marcos 16:19; ver también Lucas 22:69; Hechos 5:31; 7:55; Romanos 8:34; Hebreos 1:3).

La segunda afirmación del Salmo 110 que sugiere deidad es: «Tú eres sacerdote para siempre según el orden de Melquisedec» (versículo 4). Esta mención de una figura enigmática se remonta a la historia de Abraham, quien honró a Melquisedec, rey de Salem, con la décima parte del botín de guerra (Génesis 14:17-20). Melquisedec en el judaísmo —al igual que San Nicolás en Occidente— tiene una historia real, pero su leyenda es mucho más grande. Este rey de una ciudad cananea también era sacerdote del Dios Altísimo. Lo sorprendente es que, en el judaísmo, los roles de rey y sacerdote eran distintos. Los reyes davídicos y los sacerdotes aarónicos seguían caminos diferentes. Por lo tanto, si un rey judío fuera también un sacerdote, sus calificaciones para el sacerdocio tendrían que proceder de un linaje completamente distinto. Aquí es donde aparece Melquisedec. Al no tener una genealogía registrada, Melquisedec se convierte en un símbolo del Mesías.

Esto se afirma en uno de los rollos de Qumrán (11Q13): Melquisedec llevará a cabo la venganza de los juicios de Dios.[5] En el judaísmo, Melquisedec es claramente una metáfora del Mesías, y el cristianismo ha heredado esta idea. El libro de Hebreos, escrito más o menos en la misma época en que se ocultaron los rollos de Qumrán, aborda este concepto en el capítulo 7:

> Porque este Melquisedec, rey de Salem, sacerdote del Dios Altísimo, que salió a recibir a Abraham que volvía de la derrota de los reyes, y le bendijo, a quien asimismo dio Abraham los diezmos de todo; cuyo nombre significa primeramente Rey de justicia, y también Rey de Salem, esto es, Rey de paz; sin padre, sin madre, sin genealogía; que ni tiene principio de días, ni fin de vida, sino hecho semejante al Hijo de Dios, permanece sacerdote para siempre. (Versículos 1-3)

Solo Jesús ha cumplido el Salmo 110. Es un descendiente humano de David, ungido como rey en la línea real y como sumo sacerdote en el linaje de Melquisedec. Jesús mismo hizo esta afirmación, y Pedro la reiteró en el día de Pentecostés, cerca del mismo lugar donde Jesús había recitado antes el versículo: «Porque David no subió a los cielos; pero él mismo dice: Dijo el Señor a mi Señor: Siéntate a mi diestra, hasta que ponga a tus enemigos por estrado de tus pies» (Hechos 2:34-35). La contundencia de su mensaje llevó a la multitud a preguntar qué podían hacer para salvarse (versículo 37). Como resultado, tres mil personas se arrepintieron y se bautizaron justo después de escuchar esta cita (versículo 41).

Pablo siguió este ejemplo, haciendo alusión al Salmo 110 en tres ocasiones y afirmando que Jesús está a la diestra de Dios (Romanos 8:34; Efesios 1:20; Colosenses 3:1). El autor de Hebreos coincidió al poner a Jesús a la diestra de Dios como corregente (Hebreos 1:3; 8:1; 10:12; 12:2). Así que la voz unánime en el Nuevo Testamento es que Jesús cumplió la profecía del Salmo 110. Ningún otro individuo encaja en esa descripción. Solo Jesús puede afirmar ser el Hijo de Dios y el *Adonai* de David.

¿No es de extrañar que Pedro reconociera a Jesús como el Mesías? Nadie más en la historia había reclamado este título. Sin embargo, cuando Jesús preguntó: «Y vosotros, ¿quién decís que soy yo?», Pedro respondió: «Tú eres el Cristo, el Hijo del Dios viviente» (Mateo 16:15-16). Fue un momento decisivo. Jesús destacó esta trascendental ocasión con estas palabras memorables: «Bienaventurado eres, Simón, hijo de Jonás, porque no te lo reveló carne ni sangre, sino mi Padre que está en los cielos. Y yo también te digo, que tú eres Pedro, y sobre esta roca edificaré mi iglesia; y las puertas del Hades no prevalecerán contra ella» (versículos 17-18).

La pregunta «¿Quién es Jesús?» es, sin duda, la más importante de todas.

Puntos clave

- El Mesías (o Cristo) era concebido como un rey terrenal, y su figura no era ampliamente discutida hasta la llegada de Jesús.
- Solo la encarnación de Jesús resuelve los desafíos interpretativos del Salmo 110.
- Ningún otro individuo en la historia cumple con la descripción presentada en el Salmo 110.

Esta semana

- [ ] **Día 1:** Lee el ensayo.
- [ ] **Día 1:** Memoriza Salmos 110:1.
- [ ] **Día 1:** Lee Juan 5–6.
- [ ] **Día 1:** Medita en Mateo 16:16-18; 22:41-46; Hechos 2:34-35.
- [ ] **Día 1:** Ora el Salmo 110 utilizando las palabras del pasaje para dar forma a tu aclamación de Jesús.

Desafío de superación: Memoriza Mateo 16:16-18.

Lectura adicional: Donald Guthrie, *Jesus the Messiah: An Illustrated Life of Christ* [Jesús el Mesías: Una vida ilustrada de Cristo].

13

Jesús rechazado

> La piedra que desecharon los constructores
> ha llegado a ser la piedra angular.
>
> —SALMOS 118:22, NVI

Pregunta: Si Jesús fue rechazado por Su propio pueblo, ¿por qué debería yo aceptarlo?

La simple frase que encontramos en el Salmo 118:22 resonó profundamente cuando Jesús la citó durante su último debate en el templo (Marcos 12:10). Pedro la utilizó en su primera defensa ante el Sanedrín (Hechos 4:11) y, más tarde, la incluyó en su primera carta (1 Pedro 2:7). Pablo también se refiere a ella en Efesios 2:20, al describir los fundamentos de la Iglesia. Hay toda una superestructura construida sobre este pasaje angular.

La parábola

El martes de la última semana antes de morir, Jesús contó una historia sobre una viña (Mateo 21:33-44). En la Biblia, la viña a menudo simbolizaba a la nación de Israel (ver Isaías 5:1-7). La trama de la parábola es sencilla: un hombre rico invierte en una viña que arrenda a unos labradores. Cuando llega la cosecha, estos se niegan a pagar al propietario lo que le corresponde. De hecho, asesinan a los sirvientes enviados a recoger los frutos.

Después de dos delegaciones fallidas (y desaparecidas), el propietario envió a su propio hijo, confiando en que los labradores le mostrarían el respeto que merecía. Sin embargo, los arrendatarios malvados también asesinaron al hijo, pues pensaron que su muerte les aseguraría la herencia de la viña.

Es el tipo de historia que te hierve la sangre. Al final, Jesús hizo una pregunta adicional: «Cuando venga, pues, el señor de la viña, ¿qué hará a aquellos labradores?» (versículo 40). Los sumos sacerdotes y los fariseos sabían muy bien cómo respondería Dios ante una rebelión. Dijeron: «A los malos destruirá sin misericordia...» (versículo 41). Mientras las palabras salían de sus labios, se dieron cuenta de lo que Jesús estaba haciendo. Les permitió condenarse a sí mismos con sus propias palabras, lo que los dejó furiosos (versículos 45-46).

Aunque la mayoría de las parábolas son bastante crípticas, esta era clara como el agua. Dios es el dueño. Los siervos son los profetas de antaño. El hijo asesinado es el propio Jesús. Esta historia expuso públicamente el complot del Sanedrín para asesinar a Jesús y permitió que sus propias palabras revelaran su intención oculta. Esa es la parábola. Jesús la concluyó con una cita que convierte la historia de ficción en biografía: «La piedra que desecharon los constructores ha llegado a ser la piedra angular» (versículo 42, citando Salmos 118:22, NVI). Esta única frase, extraída del salmo profético, describe el plan de Dios. La ejecución de Jesús por los líderes de Israel resultaría en la salvación de la nación. La ironía divina es abrumadora.

El Salmo

El Salmo 118 no era un texto desconocido para los escribas. Lo incluyeron en lo que llamaban el Targum, una paráfrasis de la Biblia. En él se encuentra una curiosa variación que, al parecer, es anterior a Jesús: «El *muchacho* que desecharon los edificadores estaba entre los *hijos de Jesé* y tuvo el privilegio de ser nombrado rey y gobernante».[1] ¿Por qué cambiarían «piedra» por «hijo»?

Bueno, estas dos palabras en hebreo son casi idénticas. *Hijo* es *ben*; *piedra* es *eben*. Un simple sonido al principio de la palabra transforma al niño en piedra. En otras palabras, el Targum hace un juego de palabras que ayuda a interpretar el versículo: la piedra angular de Dios resultó ser una persona, no una roca.

Tiene mucho sentido. El reino de Dios se edifica sobre personas, no sobre propiedades. Además, la persona sobre la que se erigiría la nación debía ser un descendiente directo del rey David, o como dice el Targum, alguien «entre los hijos de Jesé».

Por lo tanto, mucho antes de la llegada de Jesús, los rabinos ya comprendían que el Mesías profetizado sería rechazado en su tiempo. Sin embargo, Dios transformaría ese rechazo en la ocasión perfecta para establecer a Su Hijo en el papel más importante de la historia de la nación. Si hubieras sido uno de los sumos sacerdotes que escuchaban a Jesús contar esta parábola, te habría dejado sin palabras. No solo desenmascaró su plan, sino que además usó las Escrituras para demostrar que dicho complot era en sí mismo una prueba de que Él era el verdadero Mesías. Ellos planeaban Su muerte para demostrar que *no* era Mesías, pero Jesús les mostró que, en realidad, Su muerte *confirmaría* que lo era. Para el Sanedrín, esta situación debió haber sido desesperante. Simplemente no podían ganar con este hombre.

Jesús dijo: «Por tanto os digo, que el reino de Dios será quitado de vosotros, y será dado a gente que produzca los frutos de él. Y el que cayere sobre esta piedra será quebrantado; y sobre quien ella cayere, le desmenuzará» (Mateo 21:43-44). La brillantez de Jesús es evidente aquí. Tomó su intento de desacreditarlo y lo convirtió en un argumento a Su favor.

La respuesta del Sanedrín era previsible: «Y oyendo sus parábolas los principales sacerdotes y los fariseos, entendieron que hablaba de ellos. Pero al buscar cómo echarle mano, temían al pueblo, porque este le tenía por profeta» (versículos 45-46).

Los apóstoles y el Salmo

Rápidamente avanzamos en la historia, llegando a la muerte y resurrección de Jesús. Un mes y medio después, nos encontramos en Hechos 3–4. Pedro y Juan sanaron a un hombre cojo (Hechos 3:1-8). Este hombre, que era simplemente un mendigo en la puerta del templo, se convirtió en un testigo importante del poder de la resurrección. Como resultado, Pedro, Juan y el hombre sanado fueron arrestados (Hechos 4:3).

Después de pasar una noche en prisión, Pedro y Juan, simples pescadores sin educación formal, se enfrentaron cara a cara con la élite religiosa. Cuando se les pidió que justificaran sus acciones, Pedro respondió:

> Puesto que hoy se nos interroga acerca del beneficio hecho a un hombre enfermo, de qué manera este haya sido sanado, sea notorio a todos vosotros, y a todo el pueblo de Israel, que en el nombre de Jesucristo de Nazaret, a quien vosotros crucificasteis y a quien Dios resucitó de los muertos, por él este hombre está en vuestra presencia sano. (Versículos 9-10)

Pedro siguió el ejemplo de Jesús al citar el Salmo 118:22: «Este Jesús es la piedra reprobada por vosotros los edificadores, la cual ha venido a ser cabeza del ángulo» (Hechos 4:11). Si tú estuvieras en la situación de Pedro, enfrentándote a una desventaja evidente, ¿no *imitarías* también a Jesús citando el mismo pasaje que él utilizó para silenciar a Sus opositores? Y lo sorprendente es que funcionó. Fue como un golpe decisivo en un juego, aunque esto no es un manual sobre cómo ganar amigos o influir sobre las personas. Insultar al juez cuando estás siendo juzgado tal vez no sea la mejor estrategia. Sin embargo, Pedro no estaba intentando convencer al juez; estaba apelando a la multitud. Que Jesús fuera rechazado entonces no es excusa para que alguien lo rechace ahora. El Salmo profético predijo ese rechazo, y Dios lo vio venir.

Este enfoque también arroja luz sobre el uso que Pablo hace del mismo Salmo. En su carta a los Efesios, Pablo defendió la unidad de todas las personas, independientemente de su origen étnico, basándose en el poder de la muerte y resurrección de Jesús:

> Porque por medio de él los unos y los otros tenemos entrada por un mismo Espíritu al Padre. Así que ya no sois extranjeros ni advenedizos, sino conciudadanos de los santos, y miembros de la familia de Dios, edificados sobre el fundamento de los apóstoles y profetas, *siendo la principal piedra del ángulo Jesucristo mismo.* (Efesios 2:18-20)

La denigración de Jesús llevó a Su exaltación. Su humillación resultó en Su elevación. Este es un principio bíblico universal: la humillación precede a la exaltación. Cuando las personas se humillan, Dios las exalta (Santiago 4:10). De manera similar, los gentiles, que habían sido humillados, ahora tienen un lugar en el reino.

A lo largo de la Biblia, la humillación y la exaltación están estrechamente vinculadas. Así como la vida de Jesús culminó en humillación antes de Su exaltación, también Su nacimiento refleja ambos elementos. Nació en un entorno humilde, en un pequeño pueblo, de padres campesinos, y fue acostado en un pesebre. No obstante, fue concebido por obra del Espíritu Santo. En otras palabras, Su humilde nacimiento fue el resultado del más divino de los procesos.

Isaías lo profetizó con estas palabras: «El Señor mismo os dará señal: He aquí que la virgen concebirá, y dará a luz un hijo, y llamará su nombre Emanuel» (Isaías 7:14). Es importante notar el significado de esta señal: *Emmanuel*, que quiere decir 'Dios con nosotros'. El Dios del universo se hizo carne y habitó entre nosotros. Su divinidad fue envuelta en humanidad.

Algunos estudiosos sugieren que la «virgen» mencionada en Isaías podría haber sido una joven doncella que concibió de manera natural como una señal para la época de Isaías. La palabra hebrea traducida como *virgen* significa 'invisible', pero no necesariamente 'inmaculada'. Sin embargo, esta profecía parece tener un doble cumplimiento: uno en la época de Isaías y otro más importante en el nacimiento de Jesús. En el Nuevo Testamento, la palabra griega *parthenos* (usada en Mateo 1:23 y Lucas 1:31) claramente significa 'virgen' y no solo 'doncella'.

Era un concepto sin precedentes. Una afirmación sorprendente, sin parangón en la historia grecorromana. Aunque el nacimiento virginal no era *esencial* para la narrativa (tanto Marcos como Juan escribieron sus Evangelios sin mencionarlo), se trataba de un testimonio contundente. Este testimonio provenía de un testigo ocular que había caminado por las mismas calles que Jesús (Mateo), y de un médico (Lucas) que entendía a la perfección los procesos naturales de la procreación. Su relato es una prueba poderosa de la naturaleza divina de Jesús, a pesar de las circunstancias humildes de Su nacimiento.

La cuestión es esta: Dios eligió manifestarse como un bebé. Su humillación precedió a Su exaltación. El nacimiento virginal fue un recordatorio de que este no era un niño común ni una promesa ordinaria. Jesús, el hijo de María, es, en realidad, el Hijo de Dios. Él abrió el camino que debemos seguir. Es el camino de la humillación, que finalmente conduce a la exaltación. Justo cuando Sus enemigos pensaban que se habían librado de Jesús, la humillación que le infligieron se convirtió en la pieza clave para establecerlo como el Rey de reyes.

Y lo mismo sucede contigo. Como seguidores de Cristo, nuestro camino hacia la exaltación sigue ese mismo recorrido escabroso de pruebas y lágrimas. Está pavimentado con la humillación que Dios ordena, esencial para nuestra exaltación y para nuestro establecimiento como piedras angulares en el templo de Dios: Su Iglesia.

Puntos clave

- La parábola de la viña de Jesús es, en realidad, la historia de Israel y una representación de Su establecimiento como Rey.

- Algunos rabinos contemporáneos de Jesús interpretaron esta «piedra» como la descendencia del rey David.
- El principio bíblico de la humillación como precursora de la exaltación se cumple con la muerte de Jesús.

Esta semana

- [ ] **Día 1:** Lee el ensayo.
- [ ] **Día 2:** Memoriza Salmos 118:22.
- [ ] **Día 3:** Lee Hechos 3–5.
- [ ] **Día 4:** Medita en Isaías 7:14; Mateo 21:33-46; Hechos 4:11.
- [ ] **Día 5:** Practica un acto de humillación deliberada. Comprueba si las personas afectadas te tratan con menos o más honor.

Desafío de superación: Memoriza Isaías 7:14.

Lectura adicional: J. Gresham Machen, The Virgin Birth of Christ [El nacimiento virginal de Cristo].

14

La sabiduría

El principio de la sabiduría es el temor de Jehová;
los insensatos desprecian la sabiduría y la enseñanza.

—Proverbios 1:7

Pregunta: ¿Cómo puedo llegar a ser sabio?

Proverbios 1:7 establece el tema de todo el libro, que se repite con variaciones similares: «El temor de Jehová es el principio de la sabiduría» (Proverbios 9:10) y «El temor de Jehová es enseñanza de sabiduría; y a la honra precede la humildad» (Proverbios 15:33).

En esta famosa declaración, hay dos palabras que requieren una explicación: *temor* y *sabiduría*. El sentido común nos llevaría a pensar que el miedo es algo negativo, mientras que la sabiduría es algo positivo. Pero ahí están, una al lado de la otra. ¿Y si el temor es justamente lo que necesitamos para alcanzar la verdadera sabiduría?

Si le pidiéramos a alguien que completara la frase: «El principio de la sabiduría es el _____ de Jehová», probablemente no elegiría *temor*. Quizás diría «amor», «conocimiento» u «obediencia». Sin embargo, en este contexto, *temor*, *conocimiento*, *amor* y *obediencia* son sinónimos. ¿Cómo puede ser esto? Empecemos aclarando qué entiende la Biblia por *sabiduría*.

La sabiduría en la Biblia

A menudo, la palabra *sabiduría* evoca imágenes de personajes como Yoda o de algún gurú sentado con las piernas cruzadas meditando los misterios del universo. Sin embargo, para los judíos de la Biblia, la sabiduría estaba intrínsecamente relacionada con la experiencia cotidiana. En este contexto, la sabiduría se define como la capacidad de vivir de acuerdo con las verdades de Dios, de manera que beneficien no solo a uno mismo, sino también a la familia y la comunidad. Es la habilidad que necesita un constructor para edificar una casa, un general para ganar una guerra y un padre para educar a sus hijos.

Un ejemplo de la visión rabínica sobre la sabiduría se encuentra en Deuteronomio 4:6: «Guardadlos, pues, y ponedlos por obra; porque esta es vuestra sabiduría y vuestra inteligencia ante los ojos de los pueblos, los cuales oirán todos estos estatutos, y dirán: Ciertamente pueblo sabio y entendido, nación grande es esta». Cuando otras naciones observaban la vida de las familias, las comunidades, los negocios y la ética judía, se sentían atraídas hacia Yavé. Las «reglas» que seguían los judíos mejoraban su calidad de vida.

Jesús se alineó con esta tradición de sabiduría en acción. Al responder a sus críticos, declaró: «Vino el Hijo del hombre, que come y bebe, y dicen: "Este es un glotón y un borracho, amigo de recaudadores de impuestos y de pecadores". *Pero la sabiduría queda demostrada por sus hechos*» (Mateo 11:19, NVI).

La sabiduría bíblica se manifiesta siempre en la acción. Por ejemplo, la sabiduría de Josué le permitió liderar al pueblo de Israel (Deuteronomio 34:9) y la de Esdras le otorgó la capacidad de administrar su comunidad (Esdras 7:25). Daniel, por su parte, demostró su sabiduría al vivir éticamente en el exilio, enfrentándose a enemigos (Daniel 1:4).

Sin duda, el sabio más célebre de la Biblia fue Salomón. Cuando sucedió a su padre David, Dios le ofreció un «cheque en blanco» en oración: «Pídeme lo que quieras que yo te dé» (2 Crónicas 1:7). He aquí lo que Salomón pidió: «Dame ahora sabiduría y ciencia, para presentarme delante de este pueblo;

porque ¿quién podrá gobernar a este tu pueblo tan grande?» (versículo 10). La respuesta de Dios fue un sí rotundo: «Y Dios dio a Salomón sabiduría y prudencia muy grandes, y anchura de corazón como la arena que está a la orilla del mar» (1 Reyes 4:29).

> Esta preciosa sabiduría se retrata como una mujer:
> Adquiere sabiduría, adquiere inteligencia;
> no te olvides ni te apartes de las razones de mi boca;
> no la dejes, y ella te guardará;
> ámala, y te conservará.
> Sabiduría ante todo; adquiere sabiduría;
> y sobre todas tus posesiones adquiere inteligencia.
> Engrandécela, y ella te engrandecerá;
> ella te honrará, cuando tú la hayas abrazado.
> (Proverbios 4:5-8)

Dado que la verdadera sabiduría procede de Dios, las Escrituras presentan a la sabiduría no solo como una mujer, sino también como el propio Espíritu de Dios. La sabiduría es un don del Espíritu mismo, no un atributo inanimado, el Espíritu vivo que nos anima y da aliento. La sabiduría tiene lugar cuando el Espíritu de Dios anima y compromete a una persona para el bien de Dios (Deuteronomio 34:9; Isaías 11:2; Hechos 6:3,10; 1 Corintios 2:13; Efesios 1:17; Colosenses 1:9).

Tomemos como ejemplo a Salomón. Cuando pidió sabiduría, Dios se la otorgó a través de la presencia constante del Espíritu, que le ayudó a dirigir en Su nombre.

¿Fue Salomón el hombre más sabio que ha existido? ¿O sería Jesús?

En cierto sentido, ambos podrían llevar este título. Sin embargo, si lo analizamos teológicamente, Salomón fue el hombre más sabio, mientras que Jesús es la encarnación misma de la sabiduría. Si bien Salomón poseía sabiduría gracias a la presencia del Espíritu, Jesús *es* sabiduría porque comparte la misma esencia que el Espíritu. Por eso, Pablo pudo afirmar que «Cristo [es] poder de Dios, y sabiduría de Dios» (1 Corintios 1:24) y que en Jesús «están escondidos todos los tesoros de la sabiduría y del conocimiento» (Colosenses 2:3).

Hagamos una pausa y volvamos a considerar el *temor*, otra palabra clave en Proverbios 1:7.

El temor de Dios

Si Dios es amor, ¿por qué habríamos de temerle? ¿Acaso no dice la Biblia que «el perfecto amor echa fuera el temor» (1 Juan 4:18)?

Ningún cristiano debe temer el castigo, ya que Cristo pagó nuestra deuda. Tampoco debemos temer el fracaso, pues contamos con el poder del Espíritu Santo. Sin embargo, el temor y el amor no son opuestos. Un ejemplo claro de esto es que podemos a la vez temer y adorar a un padre terrenal. ¿Recuerdas cuando eras niño y tu padre te lanzaba al aire? La misma fuerza que te impulsaba hacia arriba también te consolaba en la oscuridad.

Lo mismo sucede con nuestro Padre celestial: «Como el padre se compadece de los hijos, se compadece Jehová de los que le temen» (Salmos 103:13). A menudo, el *temor* y el *amor* coexisten en el mismo versículo: «Los ojos del Señor están sobre los que le temen; de los que esperan en su gran amor» (Salmos 33:18, NVI). «Tan grande es su amor por los que le temen como alto es el cielo sobre la tierra» (Salmos 103:11, NVI). Se puede temer a alguien por respeto a su poder sin acobardarse ante él por su capacidad de ira. Sin embargo, esto requiere una relación correcta.

La cuestión crucial no es si el miedo y otras emociones pueden coexistir, sino cómo debo actuar cuando temo a alguien. La respuesta es sencilla: obedezco a esa persona. Esta combinación se resume en la siguiente afirmación: «Ahora, pues, Israel, ¿qué pide Jehová tu Dios de ti, sino que *temas* a Jehová tu Dios, que *andes* en todos sus caminos, y que lo *ames*, y *sirvas* a Jehová tu Dios con todo tu corazón y con toda tu alma» (Deuteronomio 10:12).

Si temes y amas a alguien, honrar a esa persona a través de la obediencia se convierte en tu respuesta instintiva.

Este fue el resumen de Salomón en su último libro: «El fin de todo el discurso oído es este: Teme a Dios, y guarda sus mandamientos; porque esto es el todo del hombre» (Eclesiastés 12:13).

Si la sabiduría es la capacidad de vivir bien, su cúspide radica en la obediencia a los mandatos de Dios: «He aquí que el temor del Señor es la sabiduría, y el apartarse del mal, la inteligencia» (Job 28:28). «El principio de la sabiduría es el temor del Señor; buen juicio demuestran quienes cumplen sus preceptos» (Salmos 111:10, NVI). Este concepto era tan central en la cosmovisión hebrea que el temor de Dios se convirtió en el distintivo del israelita fiel (Hechos 13:16,26; 2 Corintios 5:11). Por el contrario, no temer a Dios es la característica de una persona injusta (Salmos 36:1, citado en Romanos 3:18).

El temor de Dios no es solo lo que hacemos; define quiénes somos.

La ventaja de temer a Dios

El mandato «teme a Dios» no es el más popular de la Biblia. Sin embargo, temer a Dios conlleva una serie de grandes ventajas.

Como se menciona en el Salmo 25:14, NVI: «El Señor brinda su *amistad* a quienes le temen…». La palabra hebrea traducida como *amistad* podría interpretarse también como *consejo secreto*. Cuando le temes, se te permite entrar en Su círculo íntimo.

Temer a Dios te da *valor*. La Biblia contiene cientos de versículos sobre el temor, y uno de los hilos conductores de este tema es que al pueblo de Dios se le instruye a temer solo dos cosas: a Dios y a nada más. «No los temáis; porque Jehová vuestro Dios, él es el que pelea por vosotros» (Deuteronomio 3:22). Una y otra vez se nos anima a ser valientes. ¿Por qué? Porque una vez que temes a Dios, ya no hay nada más que temer.

Junto con el temor del Padre, viene la *fortaleza* del Espíritu: «Entonces las iglesias tenían paz por toda Judea, Galilea y Samaria; y eran edificadas, andando en el *temor* del Señor, y se acrecentaban *fortalecidas* por el Espíritu Santo» (Hechos 9:31).

El temor también fomenta la *santidad*: «Así que, amados, puesto que tenemos tales promesas, limpiémonos de toda contaminación de carne y de espíritu, perfeccionando la santidad en el temor de Dios» (2 Corintios 7:1). Además, el temor promueve la *salud*: «El temor de Jehová aumentará los días; mas los años de los impíos serán acortados» (Proverbios 10:27). Y también: «El temor de Jehová es manantial de vida para apartarse de los lazos de la muerte» (Proverbios 14:27).

Por último, el temor de Dios y la *alabanza a Dios* van de la mano (Salmos 22:23,25; 40:3; Apocalipsis 19:5). El temor se transforma en reverencia; y la reverencia, en asombro; y el asombro, en adoración. Nuestra alabanza se eleva a las alturas no solo por amor, sino también por el honor que proviene del reconocimiento del poder, la majestad y la omnipotencia de Dios.

> El ángel de Jehová acampa alrededor de los que le temen,
> y los defiende.
> Gustad, y ved que es bueno Jehová;
> dichoso el hombre que confía en él.
> Temed a Jehová, vosotros sus santos,
> pues nada falta a los que le temen.
> (Salmos 34:7-9)

Puntos clave

- La sabiduría es la capacidad práctica para tener éxito en la vida.
- El temor de Dios es como el respeto a los padres: no es antitético al amor.
- El temor de Dios se demuestra con la obediencia a Sus mandamientos.

Esta semana

- [ ] **Día 1:** Lee el ensayo.
- [ ] **Día 2:** Memoriza Proverbios 1:7.
- [ ] **Día 3:** Lee 1 Reyes 3; 10–11.
- [ ] **Día 4:** Medita en Deuteronomio 10:12; Eclesiastés 12:13; Santiago 1:5.
- [ ] **Día 5:** Ora para obtener sabiduría cuando la necesites: «Y si alguno de vosotros tiene falta de sabiduría, pídala a Dios, el cual da a todos abundantemente y sin reproche, y le será dada» (Santiago 1:5).

Desafío de superación: Memoriza Santiago 1:5.

Lectura adicional: Mark DeMoss, *The Little Red Book of Wisdom* [El pequeño libro rojo de la sabiduría].

15

La expiación

> Mas él herido fue por nuestras rebeliones, molido por nuestros pecados; el castigo de nuestra paz fue sobre él, y por su llaga fuimos nosotros curados.
>
> —Isaías 53:5

Pregunta: ¿Cómo cubre mi pecado la muerte de Jesús?

La afirmación «Jesús murió por mí» es común en los círculos cristianos: en canciones, sermones y conversaciones. Pero ¿qué significa realmente?

El gran término teológico es *expiación*. Este concepto aparece ocasionalmente en las Escrituras y en los sermones. Más de la mitad de sus usos en la Biblia se encuentran en un solo libro, Levítico, que describe la función del sacrificio para cubrir los pecados del pueblo. La expiación significa, básicamente, que tenías una deuda y alguien la pagó por ti.

Según las Escrituras, el pecado implica una pena de muerte: «Porque la vida de toda criatura está en la sangre. Yo mismo se la he dado a ustedes sobre el altar, para que obtengan el perdón de sus pecados, ya que el perdón se obtiene por medio de la sangre» (Levítico 17:11, NVI). Para restaurar nuestra relación con Dios, es necesario un sacrificio de sangre. Tal vez esto parezca bárbaro o arcaico. Sin embargo, no estoy seguro de que nuestra evaluación terrenal tenga mucho peso, sobre todo cuando somos nosotros quienes hemos roto el pacto. Somos los que hemos arruinado la buena creación y hemos sido envenenados por nuestro propio orgullo y las seducciones de Satanás.

Quizás nuestra respuesta a esta verdad bíblica debería ser la sumisión en lugar de la crítica. A la luz de esto, hay tres ideas presentes en Isaías 53 que nos ayudarán a comprender mejor este gran tema de la expiación en la Biblia.

La gran sorpresa de Isaías 53 para la América moderna

La expiación es colectiva, no solo individual. El pecado de Israel no fue un simple problema personal; fue una crisis nacional que los llevó al exilio.

Nos demos cuenta o no, nuestra propia nación está experimentando niveles sin precedentes de bancarrota moral. No soy solo yo quien necesita un Salvador, sino «nosotros el pueblo». A nuestras comunidades, a nuestras iglesias y a nuestra nación les vendría bien un poco de salvación.

El capítulo 53 es una de las cuatro secciones poéticas del libro de Isaías conocidas como los cantos del «siervo sufriente» (42:1-9; 49:1-13; 50:4-11; 52:13–53:12). Este capítulo describe cómo el siervo sufre en nombre de la nación y trae sanidad al pueblo de Dios. Algunos han identificado al siervo sufriente como toda la nación de Israel, el pueblo de Dios que sufre por su causa. Sin embargo, el problema radica en que los mismos que sufren son los que necesitan un Salvador. Puesto que la nación misma era el problema, no se puede esperar que la nación se salve a sí misma.

En Hechos 8, encontramos a un eunuco etíope que regresaba a casa desde el templo de Jerusalén. Estaba leyendo Isaías 53 justo cuando se encontró con un cristiano llamado Felipe y le pidió que le explicara el pasaje: «Te ruego que me digas: ¿de quién dice el profeta esto; de sí mismo, o de algún otro?» (Hechos 8:34). Felipe, por supuesto, aprovechó la oportunidad para proclamar a Jesús como el siervo sufriente.

Moisés prefiguró a Jesús, el siervo sufriente, cuando pidió que su propio nombre fuera borrado por el bien de la nación (Éxodo 32:32):

> «*Por cuanto derramó su vida hasta la muerte*», porque se entregó a la muerte, como se dice: *Y si no, ráeme ahora de tu libro*, etc. «Y fue contado con los pecadores», porque fue contado con los condenados a muerte en el desierto. «Habiendo él llevado el pecado de muchos», porque aseguró la expiación mediante el becerro de oro.[1]

Estaba claro entonces y debería estarlo hoy: necesitamos un Salvador. Lo que no estaba claro era que ese Salvador sufriría en nombre de Su pueblo en lugar de hacer sufrir a Sus enemigos.

Aquí es donde entra Jesús. Era un Salvador muy diferente. Su salvación no era meramente personal; era nacional. No rescataría a un individuo, sino a toda una nación.

La gran sorpresa de Isaías 53 para el antiguo Israel

La idea de que el Salvador sufriría dio un vuelco a la perspectiva judía habitual. En el judaísmo, se creía que los malvados debían ser sacrificados: «Y por los rectos, el prevaricador» (Proverbios 21:18; ver también Isaías 43:3,14). Se esperaba que el Mesías salvara a Israel con poder, no a través del sufrimiento. Debía repartir el dolor, no absorberlo él mismo. Se anticipaba que vencería a los enemigos de Israel, no que entregaría su propia vida.[2]

Mientras que Israel esperaba un rey y recibió un sacrificio, los cristianos estadounidenses esperan un sacrificio y obtienen un rey. El poder y el sacrificio no son antitéticos, siempre que haya una resurrección entre ellos.

Lo que Israel tuvo que aprender fue que su Mesías era un siervo sufriente. Lo que nosotros debemos recordar es que nuestro Salvador es también nuestro Rey.

El gran cumplimiento de Isaías 53 en Jesús

Este canto del siervo (Isaías 52:13–53:12) está lleno de predicciones sobre la vida y el ministerio de Jesús.

- «De tal manera fue desfigurado de los hombres su parecer» (52:14). Esto concuerda con la descripción de las brutales palizas que Jesús sufrió.
- «No hay parecer en él, ni hermosura» (53:2). Esta descripción coincide con la humildad de un carpintero campesino.
- «Despreciado y desechado entre los hombres» (versículo 3). Esto refleja la realidad durante Su ejecución.
- «Ciertamente llevó él nuestras enfermedades, y sufrió nuestros dolores [...]. Mas él herido fue por nuestras rebeliones [...] y por su llaga fuimos nosotros curados [...]. Mas Jehová cargó en él el pecado de todos nosotros [...] como oveja delante de sus trasquiladores [...] y por la rebelión de mi pueblo fue herido» (versículos 4-8). Estas palabras representan vívidamente la cruz.
- «Y se dispuso con los impíos su sepultura, mas con los ricos fue en su muerte» (versículo 9). Esta yuxtaposición poética alude a los criminales crucificados junto a Jesús y a Su entierro en la tumba de José de Arimatea.
- «Cuando haya puesto su vida en expiación por el pecado, verá linaje, vivirá por largos días, y la voluntad de Jehová será en su mano prosperada» (versículo 10). Estas palabras predicen la resurrección de Jesús.

  «Por su conocimiento justificará mi siervo justo a muchos, y llevará las iniquidades de ellos» (versículo 11). Esta es una clara descripción de la expiación sustitutiva de Jesús.

Es notable que, a pesar de la evidente conexión entre Isaías 53 y la figura de Jesús, los autores del Nuevo Testamento no hicieran mayor hincapié en este capítulo. Aun así, lo que se menciona es bastante claro. El propio Jesús citó el versículo 12 de Isaías 53 en Lucas 22:37, diciendo: «Porque os digo que es necesario que se cumpla todavía en mí aquello que está escrito: Y fue contado con los inicuos». Significativamente, Jesús introdujo la cita como un cumplimiento de la profecía, y la concluyó de la misma manera: «En efecto, lo que se ha escrito de mí se está cumpliendo» (NVI). La cita está enmarcada con el peso de una profecía cumplida.

Jesús se veía a sí mismo como el siervo sufriente de Isaías 53. De hecho, Jesús lo explicó claramente en Marcos 10:45 como Su propósito vocacional, vinculando el liderazgo nacional con el sacrificio personal: «Porque el Hijo del Hombre no vino para ser servido, sino para servir, y para dar su vida en rescate por muchos». Esto refleja lo que Isaías 53:11 afirma: «Verá el fruto de la aflicción de su alma, y quedará satisfecho; por su conocimiento justificará mi siervo justo a muchos, y llevará las iniquidades de ellos».

Marcos 10:45 no es una excepción. Todos los autores del Nuevo Testamento (excepto Santiago y Judas) describen el efecto sustitutivo de la muerte de Jesús (Mateo 20:28; Juan 11:49-52; Hechos 20:28; Romanos 3:23-25; 2 Corintios 5:14-15; Gálatas 3:13-14; 1 Timoteo 2:5-6; Tito 2:14; Hebreos 9:22,28; 1 Pedro 1:18-19; 1 Juan 2:2; y Apocalipsis 5:9).

En cada uno de los Evangelios, Jesús habló de Su muerte como un sacrificio beneficioso para otros (Mateo 20:28; Marcos 10:45; Lucas 22:19-20; Juan 12:24,32). Tres autores clave del Nuevo Testamento resaltan de manera especial la victoria de Jesús a través del sufrimiento.

El apóstol Pablo, por ejemplo, escribió: «Porque la paga del pecado es muerte, mas la dádiva de Dios es vida eterna en Cristo Jesús Señor nuestro» (Romanos 6:23). Y también dijo:

> Porque el amor de Cristo nos constriñe, pensando esto: que si uno murió por todos, luego todos murieron; y por todos murió, para que los que viven, ya no vivan para sí, sino para aquel que murió y resucitó por ellos. (2 Corintios 5:14-15)

El apóstol Pedro escribió sobre los cristianos: «Fuisteis rescatados de vuestra vana manera de vivir, la cual recibisteis de vuestros padres, no con cosas corruptibles, como oro o plata, sino con la sangre preciosa de Cristo, como de un cordero sin mancha y sin contaminación» (1 Pedro 1:18-19).

Por último, el apóstol Juan declaró que Cristo es «la propiciación por nuestros pecados; y no solamente por los nuestros, sino también por los de todo el mundo» (1 Juan 2:2).

Existe una voz clara y unánime en el Nuevo Testamento: mediante el sufrimiento y la muerte de Jesús, se pagó la pena de nuestros pecados. Por lo tanto, podemos vivir libres del pecado.

Puntos clave

- La expiación es un sacrificio de sangre necesario por nuestros pecados.
- Jesús sacrificó Su vida para salvar a una nación, no solo a individuos.
- El sacrificio y la victoria no son antitéticos; el sacrificio es el medio para lograr la victoria.

Esta semana

- [ ] **Día 1:** Lee el ensayo.
- [ ] **Día 2:** Memoriza Isaías 53:5.
- [ ] **Día 3:** Lee Éxodo 7:14–11:10.
- [ ] **Día 4:** Medita en Levítico 17:11; Romanos 6:23; 1 Pedro 1:18-19.
- [ ] **Día 5:** Marca Isaías 53 en tu Biblia para leerlo la próxima vez que tomes la comunión.

Desafío de superación: Memoriza Romanos 6:23.

Lectura adicional: Leon Morris, *The Atonement: Its Meaning and Significance* [La Expiación: Su significado y trascendencia].

16

El nuevo pacto

Pero este es el pacto que haré con la casa de Israel después de aquellos días, dice Jehová: Daré mi ley en su mente, y la escribiré en su corazón; y yo seré a ellos por Dios, y ellos me serán por pueblo. Y no enseñará más ninguno a su prójimo, ni ninguno a su hermano, diciendo: Conoce a Jehová; porque todos me conocerán, desde el más pequeño de ellos hasta el más grande, dice Jehová; porque perdonaré la maldad de ellos, y no me acordaré más de su pecado.

–JEREMÍAS 31:33-34

Pregunta: ¿Qué ventajas tienen los cristianos bajo el nuevo pacto?

Jeremías es conocido como el profeta llorón, y con razón. En primer lugar, sufrió constantemente por decir lo que Dios le ordenaba declarar. Fue golpeado, escarnecido, arrestado y amenazado. Uno de los acontecimientos más memorables de su libro es cuando Jeremías fue arrojado a una cisterna vacía como castigo por predicar (Jeremías 38:6).

Otro motivo de las lágrimas de Jeremías era el profundo dolor que sentía por el destino de su patria. Durante décadas, predijo la destrucción de Jerusalén y, finalmente, la vio caer en manos de Nabucodonosor en el año

586 a. C. Fue una destrucción sin precedentes que dejó a sus ciudadanos devastados y el templo en ruinas.

Muchos estudiosos de la Biblia han señalado las grandes similitudes entre Jeremías y Jesús. Ambos lloraron por la ciudad de Jerusalén (Mateo 23:37-39), y en tiempos de Jesús, la gente lo comparaba con Jeremías (Mateo 16:14). Además, cuando Jesús purificó el templo, citó las palabras de Jeremías, pronunciándolas en el mismo lugar donde el profeta las dijo por primera vez (Mateo 21:13; Jeremías 7:11).

La necesidad de un nuevo pacto

A pesar de todas las lágrimas de Jeremías y de sus sombrías profecías, hubo un rayo de esperanza. Este momento culminante de su carrera es su profecía más famosa. Jeremías 31:31-34 anticipa un nuevo y mejor pacto para el pueblo de Dios. Al explorar esta profecía, descubrimos algunas verdades asombrosas.

El capítulo comienza con un conmovedor poema sobre el profundo y extravagante amor de Dios por Su pueblo: «Con amor eterno te he amado» (versículo 3); «Aún te edificaré» (versículo 4); «El que esparció a Israel lo reunirá y guardará, como el pastor a su rebaño» (versículo 10); «Cambiaré su lloro en gozo» (versículo 13). Estas promesas son extraordinariamente reconfortantes viniendo de un profeta conocido por sus lamentos.

El capítulo culmina en los versículos 33-34, nuestro pasaje central, con una de las joyas más preciosas de las Escrituras.

Con estas palabras, Jeremías expresa uno de los anhelos más profundos de Israel. El pueblo de Dios amaba Su ley, pero era incapaz de cumplirla. Seguían pecando, ofreciendo sacrificios y sufriendo las consecuencias de su rebelión. Era evidente que necesitaban una ley mejor y una relación más íntima con Dios.

Esta esperanza de un nuevo pacto no es exclusiva de Jeremías. También aparece en Ezequiel 36:26-27: «Os daré corazón nuevo, y pondré espíritu nuevo dentro de vosotros; y quitaré de vuestra carne el corazón de piedra, y os daré un corazón de carne. Y pondré dentro de vosotros mi Espíritu, y haré que andéis en mis estatutos, y guardéis mis preceptos, y los pongáis por obra».

Esta promesa resuena también en Joel 2:28,32:

> Y después de esto derramaré mi Espíritu sobre toda carne, y profetizarán vuestros hijos y vuestras hijas; vuestros ancianos soñarán sueños, y vuestros jóvenes verán visiones. [...] Y todo aquel que invocare el nombre de Jehová será salvo...[1]

La conclusión es que los judíos experimentaron el fracaso del antiguo pacto de Moisés. Sin embargo, es importante aclarar que el problema no residía en la ley misma, sino en la humanidad. El pueblo se negó a cumplir la ley y, como resultado, el castigo prometido cayó sobre la nación en los tiempos de Jeremías. Aunque los sacrificios se multiplicaban, los fracasos morales los superaban.

Ventajas del nuevo pacto

Jeremías nos entregó la promesa de un nuevo pacto, diferente y superior en tres aspectos clave.

Primero, *todos conocerían a Dios personalmente, sin necesidad de un mediador*. Ya no habría sacerdotes o profetas entre los hombres y Dios; todos tendrían el mismo acceso a Él: hombres y mujeres, jóvenes y ancianos, ricos y pobres, de todas las naciones, etnias y afiliaciones políticas. Según Hebreos 4:16, esta relación directa con Dios es parte de Su plan desde el principio: «Acerquémonos, pues, confiadamente al trono de la gracia, para alcanzar misericordia y hallar gracia para el oportuno socorro». Dios mismo expresó esta intención cuando dijo: «Y habitaré entre los hijos de Israel, y seré su Dios» (Éxodo 29:45) y «andaré entre vosotros, y yo seré vuestro Dios, y vosotros seréis mi pueblo» (Levítico 26:12).

Pero ¿cómo es esto posible? ¿No nos separa nuestro pecado de un Dios santo? Desde luego que sí. Por eso, Israel nunca alcanzó la confianza necesaria para acercarse a Dios con la intimidad que Él ofrecía. En cambio, los cristianos sí podemos, *porque nuestros pecados han sido perdonados gracias al sacrificio perfecto de Jesús*. Hebreos 10:19-22 lo expresa de una manera poderosa:

> Así que, hermanos, teniendo libertad para entrar en el Lugar Santísimo por la sangre de Jesucristo, por el camino nuevo y vivo que él nos abrió a través del velo, esto es, de su carne, y teniendo un gran sacerdote sobre la casa de Dios, acerquémonos con corazón sincero, en plena certidumbre de fe, purificados los corazones de mala conciencia, y lavados los cuerpos con agua pura.

Este pasaje es realmente extraordinario. Reflexionemos sobre el antiguo pacto, cuando solo el sumo sacerdote podía entrar en el lugar santísimo. Sin el perdón de nuestros pecados, la presencia de Dios es un lugar aterrador.

Jesús aludió a la promesa de Jeremías sobre un nuevo pacto durante la Última Cena, (Lucas 22:20). El apóstol Pablo más tarde citaría esas mismas palabras en sus instrucciones a los creyentes en cuanto a la comunión (1 Corintios 11:25). En resumen, el nuevo pacto se representa simbólicamente en el pan y el vino de la Cena del Señor.

La tercera diferencia del nuevo pacto es la *interiorización de la ley de Dios*, lo cual ocurre a través de la morada del Espíritu Santo en el corazón del creyente. Mientras que el sacrificio de Jesús limpia nuestro pasado, la morada del Espíritu asegura nuestro futuro.

Joel 2:28-32 es una promesa paralela a Jeremías 31:33-34. Este pasaje indica que cualquier persona de cualquier nación y en cualquier momento podría ser perdonada de cualquier cosa invocando el nombre del Señor y recibiendo el Espíritu Santo. Pedro citó la promesa de Joel el día de Pentecostés (Hechos 2:17-21), cuando el Espíritu Santo descendió sobre los apóstoles y les permitió hablar en lenguas extranjeras. Aunque ese milagro atrajo la atención de la multitud, lo más impactante fue la promesa de que los tres mil bautizados ese día también recibirían la presencia permanente del Espíritu Santo (versículos 38-41).

Hoy en día, aquellos que aceptan a Jesucristo por fe no solo reciben el perdón de sus pecados pasados, sino también el don del Espíritu Santo, quien mora en ellos para guiarlos en su vida cristiana. Aunque no siempre obedecemos a la guía del Espíritu, Él está siempre presente, animándonos, enseñándonos y corrigiéndonos.

¿Podemos ser perdonados de nuestros pecados después del bautismo? Por supuesto. La sangre de Jesús fluye en ambas direcciones: hacia nuestro pasado y hacia nuestro futuro.

Debido a nuestra conexión interna con el Espíritu Santo, somos guiados para llevar vidas transformadas en el futuro. Bajo el antiguo pacto, la ley de Moisés era como una cerca eléctrica: sacudía a todo aquel que cruzaba sus límites, y estaba diseñada para proteger mediante el castigo. En cambio, bajo el nuevo pacto, el Espíritu que mora dentro de nosotros es muy diferente. Es más comparable a una brújula que a una cerca eléctrica; en lugar de restringirnos, nos libera, indicándonos la dirección correcta. Por medio del Espíritu, sentimos una atracción magnética hacia la justicia. Por el Espíritu, nuestro corazón es transformado.

Esta nueva forma de vida se describe poderosamente en 1 Corintios 6:19-20: «¿O ignoráis que vuestro cuerpo es templo del Espíritu Santo, el cual está en vosotros, el cual tenéis de Dios, y que no sois vuestros? Porque habéis sido comprados por precio; glorificad, pues, a Dios en vuestro cuerpo y en vuestro espíritu, los cuales son de Dios». Pablo también lo resume en 2 Corintios 3:6, NVI: «La letra mata, pero el Espíritu da vida». Debido al Espíritu en nosotros, no necesitamos una ley externa que nos limite. Nuestro comportamiento ahora está motivado internamente, en lugar de ser regulado desde fuera.

Todo el libro de Hebreos es una exposición de la superioridad del nuevo pacto. Aunque puede resultar confuso, ya que está escrito para judíos conversos, su mensaje es tan profundo (y sorprendente) que mereció un libro completo en el Nuevo Testamento para responder a nuestra pregunta: ¿qué ventajas tienen los cristianos según el nuevo pacto?

Puntos clave

- Jeremías prometió un nuevo pacto durante los días de la destrucción de Jerusalén.
- La esperanza de un nuevo pacto era común en el antiguo Israel debido a su perpetuo pecado y castigo.
- En el nuevo pacto se prometen tres cosas: una relación personal con el Padre, el perdón de los pecados a través del sacrificio del Hijo y la ley de Dios en nuestro corazón por medio del Espíritu Santo.

Esta semana

- [ ] **Día 1:** Lee el ensayo.
- [ ] **Día 2:** Memoriza Jeremías 31:33-34.
- [ ] **Día 3:** Lee Mateo 3; Lucas 4.
- [ ] **Día 4:** Medita en Lucas 22:20; 1 Corintios 6:19-20; Hebreos 9:14-15.
- [ ] **Día 5:** Lee el libro de Hebreos y elabora una lista de las ventajas que el nuevo pacto ofrece a los cristianos.

Desafío de superación: Memoriza 1 Corintios 6:19-20.

Lectura adicional: Watchman Nee y Witness Lee, *El nuevo pacto*.

17

El Hijo del Hombre

> Miraba yo en la visión de la noche, y he aquí con las nubes del cielo venía uno como un hijo de hombre.
>
> —Daniel 7:13

Pregunta: ¿Es Jesús plenamente humano y plenamente divino?

Hijo de hombre es una expresión bastante extraña. Su significado preciso es un poco misterioso, así que empecemos con algunos datos claros.

Los datos

Hijo de hombre aparece 107 veces en el Antiguo Testamento. De estas, 93 se encuentran en un solo libro, Ezequiel, donde Dios llama a su profeta «hijo del hombre». No es exactamente un insulto, pero tampoco un cumplido, ya que le recuerda su fragilidad humana.

La primera vez que oímos la expresión *hijo de hombre* es en boca de Balaam, un profeta pagano que hablaba en nombre de Yavé: «Dios no es hombre, para que mienta, ni hijo de hombre para que se arrepienta» (Números 23:19). También la oímos de Bildad, el amigo de Job, cuando describe la perspectiva de Dios sobre la humanidad: «He aquí que ni aun la misma luna será resplandeciente, ni las estrellas son limpias delante de sus ojos; ¿cuánto menos el hombre, que es un gusano, y el hijo de hombre, también gusano?» (Job 25:5-6). Esto se asemeja a Salmos 8:4: «¿Qué es el hombre, para que tengas de él memoria, y el hijo del hombre, para que lo visites?». Nuevamente, aunque esta expresión no es un insulto, ciertamente pone a las personas en su debido lugar. En general, el término puede ser amistoso, pero nunca es halagador.

Este uso de *hijo de hombre* es consistente en todo el Antiguo Testamento, con la única excepción de Daniel 7:13. En este pasaje singular, Daniel tiene una visión en la que ve a Dios (el Anciano de días), exaltado en Su trono (versículo 9). De repente, aparece una figura divina: «uno como un hijo de hombre» (versículo 13), quien es llevado a la presencia de Dios para llevar a cabo una asombrosa acción de poder. «Y le fue dado dominio, gloria y reino, para que todos los pueblos, naciones y lenguas le sirvieran; su dominio es dominio eterno, que nunca pasará, y su reino uno que no será destruido» (versículo 14). Esto plantea un enigma: ¿Cómo puede un simple mortal alcanzar un estatus tan elevado y compartir la autoridad de Dios?

Esta cuestión era un tema constante de debate entre los rabinos judíos. Les resultaba difícil aceptar que un ser humano pudiera compartir la gloria y la autoridad de Dios. Sin embargo, el Salmo 122:5 ya había establecido un precedente, afirmando que el descendiente de David (el Mesías) compartiría la gloria de Dios: «Porque allá están las sillas del juicio, los tronos de la casa de David». Esto sugiere claramente que Dios tenía la intención de que un ser humano gobernara y juzgara a Su lado.

Si pasamos de Daniel al Nuevo Testamento, nos encontramos con otra perplejidad. *Hijo del Hombre* aparece 85 veces, casi siempre en los Evangelios (las únicas excepciones son Hechos 7:56; Hebreos 2:6; y Apocalipsis 1:13; 14:14). Además, cada uso en los Evangelios (salvo la pregunta de la multitud en Juan 12:34) no es solo *sobre* Jesús, sino que también proviene *de* Él. Es como si solo Jesús tuviera el descaro de llamarse a sí mismo un simple mortal.

Podemos concluir que solo Jesús es el «Hijo del Hombre»: fue prácticamente la única persona que se llamó a sí mismo de esa manera y no de ninguna otra. Sin embargo, si el término tiene connotaciones despectivas (excepto en Daniel, donde implica una exaltación extrema), ¿cómo encaja eso con Jesús? ¿Cómo puede ser Jesús el excelso Hijo del Hombre que se humilla en el plano humano? Esta dualidad es precisamente el sentido de la encarnación (Jesús descendiendo a la tierra en forma humana). Es la promesa del Antiguo Testamento de que Dios vendría a Su pueblo y cambiaría Su destino.

La gran idea

Cuando nos humillamos, Dios nos exalta. Esta es una constante en las Escrituras y un principio espiritual que Jesús modeló durante Su vida. Él vino al mundo mediante la encarnación y resucitó de entre los muertos. Nació en la pobreza, pero ascendió a un trono. Murió en una cruz, pero ahora lleva una corona.

El título *Hijo del Hombre* es, por tanto, el más adecuado para Jesús. Identificarse con seres humanos frágiles y quebrantados le permitió ser exaltado por Dios, como señaló el apóstol Pablo: «Por lo cual Dios también le exaltó hasta lo sumo, y le dio un nombre que es sobre todo nombre» (Filipenses 2:9).

Daniel 7:13 es crucial para comprender por qué Jesús se autodenominaba Hijo del Hombre. Es un título de humildad, pero al mismo tiempo legitima Su posición exaltada a la derecha de Dios.

Esta conexión se manifiesta cuando Caifás, durante el juicio de Jesús, le exigió que dijera si era el Cristo, el Hijo del Bendito (Marcos 14:61). La pregunta era una trampa. Si Jesús decía que sí, sería ejecutado por blasfemia. Jesús respondió: «Yo soy; y veréis al Hijo del Hombre sentado a la diestra del poder de Dios, y viniendo en las nubes del cielo» (versículo 62). Esta combinación única de «sentado a la diestra del poder de Dios» y «viniendo en las nubes del cielo» es una alusión inequívoca a Daniel 7:13-14. También es el trasfondo necesario para que Jesús venga «en la gloria de su Padre con los santos ángeles» (Marcos 8:38). Jesús sabía plenamente quién era como Hijo de Dios, lo que le permitió identificarse con los humanos y convertirse en uno de ellos sin perder de vista Su papel a la diestra de Dios.

El ministerio de Jesús estuvo impregnado de esta paradójica combinación de humanidad y divinidad. Comenzó cuando sanó al paralítico que fue bajado desde el techo. Jesús afirmó: «Pues para que sepáis que el Hijo del Hombre tiene potestad en la tierra para perdonar pecados» (Marcos 2:10). Tal autoridad para perdonar pecados está reservada a Dios. En el mismo capítulo, Jesús proclamó: «El Hijo del Hombre es Señor aun del día de reposo» (versículo 28). Reflexiona por un momento. El día de reposo fue instituido en el Edén, no en el Sinaí. Con esto, Jesús estaba dando una señal de autoridad en un terreno que solo le pertenece a Dios. Estaba reclamando el mismo derecho que tiene el Dios que creó el mundo desde el principio.

Jesús también reclamó la autoridad de arbitrar el juicio final (Mateo 13:41; 16:27) y el trono de gloria en la eternidad (19:28), declaraciones extremadamente audaces.

Por otra parte, el Hijo del Hombre no tenía dónde reclinar la cabeza (Mateo 8:20); comía y bebía como cualquier otro (11:19); fue traicionado por un amigo (26:24,45); y sufrió en manos del Sanedrín (Marcos 8:31; 9:12; 10:33; 14:41). Así, Jesús fue humano en todos los sentidos, pero también reclamó los derechos y privilegios de lo divino.

Esto puede parecer sorprendente. Sin embargo, ¿de qué otra manera podría el Dios del universo relacionarse, conectarse y comunicarse con la humanidad que tanto amaba? Dios hizo todo lo posible para tener una relación contigo.

La consecuencia

Después de la resurrección de Jesús, las limitaciones humanas del Hijo del Hombre ya no aplican. De las cuatro menciones del *Hijo del Hombre* posteriores a los Evangelios, todas lo presentan como una figura divina, libre de cualquier fragilidad humana.

En Hechos 7:56, Esteban vio a Jesús exaltado a la diestra de Dios y exclamó: «He aquí, veo los cielos abiertos, y al Hijo del Hombre que está a la diestra de Dios». Aquí está, en la posición de autoridad prometida al Hijo del Hombre en Daniel 7:13-14.

La siguiente referencia, en Hebreos 2, es un poco más compleja. El autor cita una parte del Salmo 8, que muestra que, aunque solo Dios es exaltado en el cielo, los seres humanos son la cúspide de Su creación en la tierra, destinados a gobernar sobre todo lo demás. Sin embargo, a causa del pecado, la humanidad perdió esa dignidad y falló en su misión de cuidar la creación. Fuimos incapaces de cumplir con el mandato de Dios. Por eso, fue necesario un ser humano perfecto, un hombre modelo, para restaurar nuestra condición al sufrir nuestro destino. Jesús asumió el castigo que nos correspondía para devolvernos la dignidad que Dios había diseñado para nosotros.

Apocalipsis 1:13 retrata a Jesús con las mismas características del Hijo del Hombre de Daniel 7:13. Este pasaje también presenta la imagen de Dios con cabello blanco, ojos como llama de fuego y una voz como el trueno (Apocalipsis 1:14-15; ver también Daniel 7:9-10). Es la encarnación visible del propio Yavé.

Por último, Apocalipsis 14:14 también retrata a Jesús en Su gloria: «Miré, y he aquí una nube blanca; y sobre la nube uno sentado semejante al Hijo del Hombre, que tenía en la cabeza una corona de oro, y en la mano una hoz aguda». Ya no hay fragilidad humana. El Hijo del Hombre y el Dios de la creación son uno y el mismo. Para quienes han crecido en hogares cristianos, esta idea de Dios haciéndose hombre parece natural y razonable. Sin embargo, para la mayoría de las personas, especialmente para judíos y musulmanes, es una idea casi imposible de concebir. Si lo piensas bien, tienen razón: ¿cómo podría el gran Dios del universo reducirse a la fragilidad de la humanidad? Pero ¿acaso no es esa la cuestión? *Dios puede hacer lo imposible.*

Su encarnación no solo es posible, sino también práctica. La encarnación de Jesús es un modelo a seguir. Es el mejor camino hacia el éxito en el trabajo, la familia y otras relaciones. Cuando nos humillemos, Dios nos exaltará. Cuando vivamos entre y para otros seres humanos, Dios nos devolverá nuestra antigua dignidad como cuidadores de la creación.

Puntos clave

- En el Antiguo Testamento, *hijo de hombre* era un título que reflejaba la fragilidad humana.
- En el Nuevo Testamento, solo Jesús se refería a sí mismo como *Hijo del Hombre*, siendo este Su título distintivo.
- *Hijo del Hombre* es el título perfecto para Jesús porque refleja Su humildad, la cual lo llevó a la exaltación. Su humildad también sentó un precedente para nosotros.

Esta semana

- [ ] **Día 1:** Lee el ensayo.
- [ ] **Día 2:** Memoriza Daniel 7:13.
- [ ] **Día 3:** Lee Daniel 3; 6.
- [ ] **Día 4:** Medita en Isaías 9:6; Marcos 14:62; Hebreos 2:6.
- [ ] **Día 5:** Pregúntale a un amigo que no sea seguidor de Cristo cómo cree que sería Dios si viniera a vivir a la tierra.

Desafío de superación: Memoriza Isaías 9:6.

Lectura adicional: San Atanasio, *La encarnación del Verbo*.

18

Bienaventuranzas

> Bienaventurados sois cuando por mi causa os vituperen y os persigan, y digan toda clase de mal contra vosotros, mintiendo. Gozaos y alegraos, porque vuestro galardón es grande en los cielos; porque así persiguieron a los profetas que fueron antes de vosotros.
>
> —Mateo 5:11-12

Pregunta: ¿Cómo puedo ser feliz?

Está claro que todos queremos ser felices. No hay nada de malo en ello. Dios también desea nuestra felicidad. Entonces, ¿qué nos lleva a encontrar esa verdadera felicidad? Si consultas en Google o visitas una librería, verás que este deseo de ser felices es común a todos los seres humanos. No es exclusivo de algunos; es un impulso primordial de la humanidad. Sin embargo, la verdadera cuestión es cómo alcanzarla.

Jesús abordó este tema directamente en la introducción a Su discurso más conocido, el sermón del monte. Las ocho declaraciones que lo inician, llamadas las bienaventuranzas (Mateo 5:2-12), dan un giro radical a las expectativas sociales. Cada una de ellas empieza con la palabra *bienaventurado*, que puede traducirse como *feliz, afortunado* o *dichoso*. Pero el camino a la felicidad que Jesús señaló es contraintuitivo: ser pobres de espíritu, llorar, ser mansos, tener hambre, etc.

La búsqueda humana de la felicidad

Los filósofos griegos dedicaron mucho tiempo a reflexionar sobre la búsqueda de la felicidad. Según su más alta sabiduría, la felicidad requería *virtud*, junto con otras cosas buenas como *riqueza, relaciones, estatus y paz*.[1] La riqueza protegería de las dificultades de la pobreza (hambre, frío y sed). Las relaciones conectarían a las personas con vínculos significativos donde podrían ser valoradas y amadas. El estatus proporcionaría sentido en el trabajo y en la comunidad, mientras que la paz surgiría de estar libre de enemigos en los negocios, en los tribunales y en la guerra.

Quien tuviera estos elementos podría vivir por encima de las presiones y del dolor de la existencia humana común. Se supone que eso nos haría felices. Sin embargo, al observar nuestro entorno, vemos que muchos ricos, populares y poderosos solo incrementan su miseria. Todos comprendemos que obtener las cosas buenas de la manera incorrecta obstaculiza la felicidad.

Tanto en la religión judía como en la filosofía griega había un lado moral en la búsqueda de la felicidad. La obediencia a la ley trae bendiciones: tener hijos (Salmos 127:5), una buena esposa o amigos,[2] y venganza contra los enemigos (Salmos 137:8-9). Bienaventurados los que muestran benevolencia a los pobres (Salmos 41:1) y practican la justicia (Salmos 106:3). La tierra es bendecida cuando los gobernantes son justos (Eclesiastés 10:17), y también son bendecidos los que adquieren sabiduría (Proverbios 3:13).

Sin embargo, ni la religión ni la filosofía han tenido éxito en construir la verdadera felicidad. Quizás sea porque la religión suele estar tan centrada en sí misma como la filosofía. Está claro que necesitamos un enfoque diferente.

La búsqueda cristiana de la felicidad

Las bienaventuranzas de Jesús rompen completamente nuestras expectativas sobre la felicidad. Nadie, excepto Jesús, podría haber transformado de manera tan radical la filosofía de la felicidad. En lugar de decir que aquellos que poseen dinero, poder, amigos o fama son los verdaderamente felices, Jesús afirmó lo contrario: «Bienaventurados los desafortunados».

Las bienaventuranzas son perturbadoras e inesperadas, pero no carecen de precedentes. Cada una de ellas intensifica ideas que ya se encuentran en otras partes de la literatura hebrea. En esencia, Jesús amplificó en un solo poema lo que otros habían mencionado de manera dispersa en diversas afirmaciones. Comencemos por examinar cómo Jesús extrajo y profundizó estas ideas a partir de la literatura hebrea anterior.

1. «Bienaventurados los pobres en espíritu» (Mateo 5:3).
   «Mejor es humillar el espíritu con los humildes que repartir despojos con los soberbios» (Proverbios 16:19; ver también Salmos 34:6; Proverbios 29:23; Isaías 57:15; 61:1).
   ¿No es cierto que aquellos que tienen una profunda conexión con Dios parecen experimentar paz incluso sin prosperidad?
2. «Bienaventurados los que lloran» (Mateo 5:4). «Consolar a todos los enlutados» (Isaías 61:2). ¿No es cierto que Dios a menudo parece estar más cerca en los momentos difíciles?
3. «Bienaventurados los mansos» (Mateo 5:5). «Los mansos heredarán la tierra» (Salmos 37:11). ¿No es cierto que aquellos con una fuerza humilde y tranquila eventualmente superan a los bulliciosos y arrogantes?
4. «Bienaventurados los que tienen hambre y sed de justicia» (Mateo 5:6). «Pero corra el juicio como las aguas, y la justicia como impetuoso arroyo» (Amós 5:24; ver también 1 Reyes 10:9; Job 29:14; Salmos 89:14; Proverbios 29:7; Isaías 9:7). ¿No es cierto que la pasión por la justicia es más gratificante que las pasiones mundanas?
5. «Bienaventurados los misericordiosos» (Mateo 5:7). En el Antiguo Testamento, salvo raras excepciones, solo Dios es

descrito como misericordioso. Por lo tanto, mostrar misericordia refleja la naturaleza misma de Dios y nos coloca en una posición para recibir Su misericordia. Esto explica la exhortación rabínica: «Mientras seáis misericordiosos, Él tendrá misericordia de vosotros».[3] ¿No es cierto que las personas misericordiosas suelen ser más respetadas que las poderosas?

6. «Bienaventurados los de limpio corazón» (Mateo 5:8). «El limpio de manos y puro de corazón [...] recibirá bendición de Jehová» (Salmos 24:4-5; ver también Salmos 73:1; Proverbios 22:11). ¿No es cierto que tener un corazón puro es, en sí mismo, una recompensa?

7. «Bienaventurados los pacificadores» (Mateo 5:9). «Cuando los caminos del hombre son agradables a Jehová, aun a sus enemigos hace estar en paz con él» (Proverbios 16:7; ver también Números 25:12; Ezequiel 34:25). ¿No es cierto que los Premios Nobel se otorgan a los pacificadores y no a los guerreros?

8. «Bienaventurados los que padecen persecución» (Mateo 5:10). Uno de los libros escritos entre el Antiguo y el Nuevo Testamento declara que los mártires son bienaventurados por Dios: «Por la muerte bendita de mis hermanos, por la destrucción eterna del tirano y por la vida eterna del piadoso, no renunciaré a nuestros nobles lazos familiares».[4]

Es evidente que cada una de las bienaventuranzas tiene un enunciado comparable en algún lugar de la literatura judía. Por tanto, las bienaventuranzas de Jesús no eran desconocidas. Sin embargo, nadie más había agrupado afirmaciones tan contraculturales en una sola estrofa impactante.

La mayor sorpresa llegó al final. Jesús añadió una explicación únicamente para el versículo final: «Bienaventurados los que padecen persecución».

Bienaventurados los perseguidos

No es descabellado pensar que Dios recompensaría a aquellos que sufren por su nombre. En la literatura judía entre el Antiguo y el Nuevo Testamento, se afirmaba que los perseguidos por cumplir las leyes de Dios recibirían una recompensa después de la muerte. Su destino se invertiría, haciendo que su sufrimiento valiera la pena.

Por ejemplo, en el 165 a. C., Eleazar fue asesinado por negarse a comer carne de cerdo, prohibida por Dios. Al ser perseguido, respondió con estas palabras: «Nosotros, oh Antíoco, que hemos sido persuadidos a regir nuestras vidas por la ley divina, creemos que no hay coacción más poderosa que nuestra obediencia a la ley».[5] Siete hermanos también fueron martirizados durante este período. Al morir, uno de ellos dijo: «El Rey del universo nos resucitará a una vida eterna, porque hemos muerto por sus leyes».[6] Los héroes históricos de la revuelta judía bajo los macabeos (168-164 a. C.), así como los zelotes contemporáneos de Jesús, gozaban de gran estima. Se les prometió una recompensa gloriosa en la otra vida.

«Bienaventurados los que padecen persecución» se convirtió, por tanto, en una expresión común en los siglos entre los Testamentos. Sin embargo, la bendición era específicamente para aquellos que sufrían por guardar la ley de Dios. Imagínate de pie en medio de la multitud cuando Jesús afirmó que seremos bendecidos si sufrimos por Su nombre: «Bienaventurados sois cuando *por mi causa* os vituperen y os persigan, y digan toda clase de mal contra vosotros, mintiendo» (Mateo 5:11). ¿Acaso Jesús se colocó en la misma frase donde históricamente se había mencionado a Yavé? Así es. Jesús se presentó como el igual de Dios o, quizás más precisamente, como la personificación de la Torá de Dios.

No es de extrañar, entonces, que Jesús siguiera las bienaventuranzas con comentarios sobre seis leyes específicas del Antiguo Testamento: «Oísteis que fue dicho [...]. *Pero yo os digo*...» (versículos 21-22, 27-28, 31-32, 33-34, 38-39, 43-44). Estaba mostrando cómo Sus palabras eran más importantes que las de Dios a través de Moisés. Esto fue *audaz*. Las palabras de Moisés eran, de hecho, las mismas palabras de Dios. Por lo tanto, uno podría preguntarse con razón: «¿Quién se cree Jesús que es?». Las bienaventuranzas ofrecen una respuesta muy clara: Moisés *recibió* la ley; Jesús *es* la ley. Cuando Jesús hablaba, tenía la misma autoridad que Dios mismo. Por eso, aquellos que sufren por seguir a Jesús están a la altura de los que fueron perseguidos por seguir a Dios.

No te pierdas esto: la verdadera felicidad no se encuentra en la filosofía ni en la ética de los griegos o de Israel. La verdadera felicidad está en Jesús. La lealtad a Jesús ofrece nada menos que la herencia del reino de Dios. Conocer a Dios y seguir Sus mandamientos siempre conduce a la vida bienaventurada.

Este tema recorre todo el sermón del monte. Vemos la misma enseñanza al final del sermón. Jesús comenzó el sermón con una bienaventuranza, comparándose a sí mismo con la palabra de Dios, y luego lo concluyó comparando Sus palabras con la piedra angular de la palabra de Dios: «Cualquiera, pues, que me oye estas palabras, y las hace, le compararé a un hombre prudente, que edificó su casa sobre la roca» (Mateo 7:24). Jesús afirmaba que Sus palabras son el fundamento de una vida feliz.

No es de extrañar que las multitudes se quedaran atónitas al final de este mensaje: «Y cuando terminó Jesús estas palabras, la gente se admiraba de su doctrina; porque les enseñaba como quien tiene autoridad, y no como los escribas» (versículos 28-29).

El gran tema del sermón revolucionó la cultura. Los desafortunados son considerados afortunados siempre que se alineen con las palabras de Jesús. Los cristianos forman parte de un reino al revés en el que los perdedores son ganadores, los muertos viven, los pobres son ricos y quienes cargan una cruz experimentan la resurrección.

¿Por qué funciona esto realmente? Aquí está el secreto: *la felicidad proviene de tener un propósito más elevado, no de las posesiones o la protección.*

Puntos clave

- Tanto los hebreos como los griegos consideraban que la bendición provenía de tener amigos, riqueza y salud, así como de poseer sabiduría y moralidad para vivir correctamente.
- Jesús, al ampliar temas ya expresados en la literatura judía, alteró las normas sobre quiénes eran considerados bendecidos, incluyendo a los pobres, los mansos, los que lloran y los oprimidos.
- En la tradición judía, los mártires eran considerados bendecidos por obedecer los mandatos de Dios; en la tradición cristiana, somos bendecidos por obedecer los mandatos de Jesús, quien se presenta como igual a Dios.

Esta semana

- [ ] **Día 1:** Lee el ensayo.
- [ ] **Día 2:** Memoriza Mateo 5:11-12.
- [ ] **Día 3:** Lee Juan 3:1; 4:42.
- [ ] **Día 4:** Medita en Santiago 1:2,12; 4:10; 1 Pedro 4:13-14.
- [ ] **Día 5:** Visita www.icommittopray.com, la página web de *The Voice of the Martyrs*. Lee una historia de un cristiano que sufra persecución. Ora por esa persona durante tres días consecutivos.

Desafío de superación: Memoriza Santiago 4:10.

Lectura adicional: James Hefley y Marti Hefley, *By Their Blood: Christian Martyrs of the Twentieth Century* [Por su sangre: Mártires cristianos del siglo XX].

19

Una moralidad más profunda

Porque os digo que si vuestra justicia no fuere mayor que la de los escribas y fariseos, no entraréis en el reino de los cielos.
—Mateo 5:20

Pregunta: **¿Qué se necesita para ser una «buena» persona?**

Jesús hizo una afirmación sorprendente en el sermón del monte. Dijo que, para entrar en el reino de Dios, tenemos que ser más justos que los fariseos. Esto parece imposible, ya que estos líderes religiosos ayunaban dos veces por semana, diezmaban las hierbas de sus huertos y se detenían a orar tres veces al día. Si eso es lo que se necesita para impresionar a Dios, todos estamos fracasando. ¿Es realmente posible superar la rectitud de la facción más fiel de la época de Jesús? Esta es una pregunta importante y práctica. A veces, los sermones hacen parecer que nunca podremos estar a la altura de las expectativas de Dios. Los cristianos nos sentimos a menudo paralizados por nuestro pasado. ¿Podemos realmente vivir una vida que Dios considere «justa»?

La respuesta es un sí rotundo. No porque podamos lograr más mejoras personales, sino porque podemos transformar nuestros motivos personales. Jesús no nos pide una justicia más amplia, sino una más profunda. No espera que asistamos a la iglesia con más frecuencia, que diezmemos un porcentaje mayor o que oremos durante más minutos. Más bien, nos está llamando a tener un corazón justo. ¿Cómo funciona esto?

La práctica de una justicia más profunda

La ley puede medir las *acciones*, pero la verdadera justicia nace de las *motivaciones*. Si cumplo la ley no matando, aún puedo ser culpable de destruir una vida con chismes. Si amo a mi prójimo, es probable que sea beneficioso para mí, pero si amo a mis enemigos, es probable que sea porque algo en mí ha sido transformado. La ley solo puede controlar el comportamiento, pero Jesús quiere cambiar nuestro carácter.

En la segunda mitad de Mateo 5, Jesús dio seis ejemplos de una justicia más profunda. En esencia, dijo: «El meollo del asunto es el meollo del asunto». Aquí están los seis ejemplos y por qué son tan importantes:

1. Matar está prohibido no solo por la ley mosaica, sino por prácticamente todos los códigos legales conocidos por la humanidad. Sin embargo, este es solo un síntoma. La ira es la raíz real del asesinato. Por eso, Jesús nos exigió que tratáramos con nuestra ira (versículos 21-26). Si no lo hacemos, terminamos cayendo en lo que Él predijo: insultos, calumnias, acusaciones y divisiones. Aunque calumniar no sea un delito, es más destructivo que el asesinato. Hay más familias destrozadas por chismes que por homicidios, y más empresas fracasan por las calumnias que por los homicidios involuntarios. Jesús tenía razón al abordar el problema de fondo, no solo la acción resultante.

2. El adulterio puede ser visto como incorrecto, pero la lujuria es generalmente aceptada como inevitable. Para Jesús, esto representaba una negligencia peligrosa (versículos 27-30). Tratar con nuestra lujuria es tan esencial que Jesús sugirió metafóricamente que amputáramos los miembros ofensivos.

Obviamente, esta hipérbole no debe tomarse literalmente, pero tampoco debe ser minimizada, especialmente en una era donde la pornografía está al alcance de todos. Nuestra sociedad saturada de sexualidad ha sido alimentada por la lujuria, lo que ha dado lugar a niveles sin precedentes de disfunción sexual. El llamado de Jesús a la pureza personal nunca ha sido más relevante ni urgente. No se trata de proteger un puritanismo exagerado; es una cuestión de bienestar familiar, salud mental, dignidad humana e incluso estabilidad social.

3. El divorcio era perfectamente legal en el judaísmo, y por casi cualquier motivo. Jesús quiso poner fin a la destrucción matrimonial cuando afirmó: «Pero yo os digo que el que repudia a su mujer, a no ser por causa de fornicación, hace que ella adultere; y el que se casa con la repudiada, comete adulterio» (versículo 32). Desgraciadamente, este dicho se ha utilizado para causar dolor, cuando la intención de Jesús era reducir el dolor de los divorciados. Es importante recordar que lo que Jesús proponía no era una ley más estricta, sino una moral más profunda.

Los fariseos enseñaban que un hombre podía divorciarse impunemente de una mujer, siempre y cuando no cometiera adulterio. Sin embargo, Jesús señalaba que el divorcio provoca el mismo daño y abuso que el adulterio. Aunque las dos transgresiones —el divorcio y el adulterio— no son exactamente lo mismo, tienen consecuencias similares. De hecho, muchas mujeres divorciadas, aunque fueran mayormente inocentes, sufrían los mismos efectos que una mujer adúltera: ambas perdían la seguridad económica, ambas eran condenadas al ostracismo como pecadoras y ambas quedaban vulnerables ante hombres depredadores. Aquellos fariseos que justificaban sus divorcios como legales habrían tenido que explicarle a Jesús en qué se diferenciaban las consecuencias de sus acciones de obligar a sus cónyuges a cometer adulterio.

4. Los juramentos intentan diferenciar las situaciones que requieren honestidad de aquellas en las que no es necesaria. En circunstancias normales, podríamos distorsionar la verdad o incluso mentir abiertamente. Pero, bajo juramento, parece que una varita mágica nos obligara a ser más morales de lo habitual. Jesús señaló lo absurdo de esta idea (versículos 33-37). O somos honestos o no lo somos. Los juramentos daban una falsa impresión de confiabilidad. ¿Por qué? Porque algunos juramentos se consideraban vinculantes y otros no. Específicamente, según Mateo 23:16-18, los juramentos vinculantes eran aquellos que involucraban una garantía que se podía pagar. Por ejemplo, si jurabas por el templo, no podías cumplir ese juramento porque el templo no te pertenecía, era de Dios. Por tanto, no era un juramento vinculante. Lo mismo sucedía si jurabas por el altar. Sin embargo, si jurabas por el oro del templo o la ofrenda del altar, podrías ser responsable de pagar ese juramento, y por ello estos sí eran vinculantes. Si no conocías las distinciones legales, eso era problema tuyo. Esta hipocresía era enorme. Jesús ofreció una idea mejor: di lo que realmente piensas y sé coherente con tus palabras. O, como dijo el hermano de Jesús, Jacobo: «Que vuestro sí sea sí, y vuestro no sea no» (Santiago 5:12).

5. La ley de Moisés limitaba las represalias a acciones equivalentes: «Ojo por ojo, y diente por diente» (Mateo 5:38; ver Éxodo 21:24). Sin embargo, Jesús ofreció una alternativa mucho más eficaz a la venganza: la resistencia no violenta. La idea es simple: en lugar de someterte a tus opresores, comprométete a interactuar de manera que expongas sus verdaderas intenciones; de esta forma, las multitudes verán su crueldad y se pondrán de tu lado.

Su imagen más famosa es la de poner la otra mejilla. Pero observa bien: «A cualquiera que te hiera en la mejilla *derecha*, vuélvele también la otra» (Mateo 5:39). Si tu agresor (presumiblemente diestro) te golpea en la mejilla derecha, al ofrecerle la izquierda le obligas a golpearte de nuevo, esta vez con la mano abierta y con más fuerza. De esta manera, la multitud que observa verá claramente la verdadera agresividad y violencia del opresor. Otro ejemplo de Jesús es: «Al que quiera ponerte a pleito y quitarte la túnica, déjale también la capa» (versículo 40). Para un judío del siglo I, esto significaba darle a tu agresor tanto tu prenda interior (túnica) como tu prenda exterior (capa), dejándote desnudo. Esta vergüenza pública revela la verdadera intención del opresor: despojarte de todo y dejarte expuesto. La última imagen sigue la misma lógica: «A cualquiera que te obligue a llevar carga por una milla, ve con él dos» (versículo 41). Las fuerzas imperiales romanas tenían el derecho legal de forzar a los locales a cargar sus pertenencias durante una milla. Al ofrecerte a caminar dos millas, mostrabas que su verdadera intención no era simplemente obtener ayuda, sino esclavizarte. Esta estrategia de resistencia no violenta es brillante y su eficacia ha sido probada a lo largo del tiempo, como lo demostraron figuras como Mahatma Gandhi y Martin Luther King Jr.

6. Todos estamos de acuerdo en que debemos amar a nuestro prójimo, a la familia y a los amigos. Pero Jesús dijo: «Amad a vuestros enemigos, bendecid a los que os maldicen, haced bien a los que os aborrecen, y orad por los que os ultrajan y os persiguen» (versículo 44). Este es, quizás, su mandamiento más desafiante. No solo es contrario a nuestra naturaleza, sino que también puede parecer culturalmente absurdo. Recuerda que Jesús pronunció estas palabras en el Oriente Medio, una región

donde el terrorismo era frecuente. Amar a tus enemigos no significaba simplemente tener buenos sentimientos hacia ellos, sino actuar en su favor. Podría implicar dar refugio a un fugitivo, alimentar a un refugiado o proteger a un adversario. Esto nos lleva a la séptima bienaventuranza: «Bienaventurados los pacificadores, porque ellos serán llamados hijos de Dios» (versículo 9). Ser llamado hijo de alguien significa actuar como esa persona, reflejar su carácter y sus acciones. En resumen, «de tal palo, tal astilla». Jesús explicó la razón detrás de este mandamiento radical de amar a nuestros enemigos: «Para que seáis hijos de vuestro Padre que está en los cielos, que hace salir su sol sobre malos y buenos, y que hace llover sobre justos e injustos» (versículo 45). Las bendiciones de Dios en esta tierra recaen sobre todos los que la habitan. Si compartimos el carácter de nuestro Padre celestial, ¿debería ser diferente nuestro comportamiento?

Para enfatizar este punto, Jesús nos exhorta: «Por tanto, sean perfectos como su Padre celestial es perfecto» (versículo 48, NVI). No se trata de un llamado a la perfección moral en un sentido absoluto. Más bien, la palabra *perfecto* en este contexto implica ser 'maduro' o 'íntegro'. Jesús estaba diciendo que debemos amar de manera íntegra, madura y abierta, como lo hace Dios, si queremos cumplir con Su propósito en el mundo. Para Jesús, el amor incondicional es el corazón de la moralidad. Y justo cuando sentimos la tentación de resistir esta enseñanza, recordamos Su propio ejemplo al orar por los enemigos en Su último aliento: «Padre, perdónalos, porque no saben lo que hacen» (Lucas 23:34).

Puntos clave

- Jesús nos llamó a una justicia más profunda, no más amplia.
- En cada una de las seis ilustraciones de Jesús, nos vemos obligados a llegar a la raíz de la moralidad: nuestras motivaciones.
- Amar a nuestros enemigos no solo es la declaración más provocadora y la exigencia moral más desafiante de Jesús, sino también la causa a la que dedicó Su vida y Su muerte.

Esta semana

- [ ] **Día 1:** Lee el ensayo.
- [ ] **Día 2:** Memoriza Mateo 5:20.
- [ ] **Día 3:** Lee Jueces 15–16.
- [ ] **Día 4:** Medita en Mateo 5:32,44,48.
- [ ] **Día 5:** Escríbete una nota en la que identifiques a tu enemigo más cercano y ámalo como lo hace Jesús.

Desafío de superación: Memoriza Mateo 5:44.

Lectura adicional: Bob Goff, *El amor hace: Descubre una vida secretamente increíble en un mundo ordinario.*

20

La oración

Padre nuestro que estás en los cielos, santificado sea tu nombre. Venga tu reino. Hágase tu voluntad, como en el cielo, así también en la tierra. El pan nuestro de cada día, dánoslo hoy. Y perdónanos nuestras deudas, como también nosotros perdonamos a nuestros deudores. Y no nos metas en tentación, mas líbranos del mal.

—Mateo 6:9-13

Pregunta: ¿Cómo debo orar?

La comunicación es la base de toda relación, y esto también se aplica a nuestra relación con Dios. Si queremos tener una conexión significativa con Él, debemos aprender a hablarle. Aunque puede parecer intimidante, tenemos una invitación abierta a la oración. Jesús mismo dijo: «Pedid, y se os dará; buscad, y hallaréis; llamad, y se os abrirá. Porque todo aquel que pide, recibe; y el que busca, halla; y al que llama, se le abrirá» (Mateo 7:7-8).

Además, Dios nos creó con el instinto de orar. Con un mínimo de entrenamiento y práctica, cualquiera puede llegar a dominar la oración.

El modelo de oración más famoso procede de Jesús, en lo que hoy llamamos el padrenuestro. Esta sencilla oración nos da cinco ideas importantes para dominar la práctica.

«Padre»: aprovecha tu conexión

Sin duda, la lección más importante sobre la oración está en la primera frase: «Padre nuestro que estás en los cielos, santificado sea tu nombre» (Mateo 6:9). Parece sencillo dirigirse a Dios como Padre, pero antes de Jesús, nadie lo hacía de manera consistente. Jesús, casi siempre, comenzaba Sus oraciones con «Padre» o con su equivalente arameo, «Abba». La única excepción fue su oración desde la cruz, cuando citó el Salmo 22:1: «Dios mío, Dios mío, ¿por qué me has desamparado?» (Mateo 27:46).

Este es un punto poderoso. Reconocer a Dios como un Padre amoroso transforma nuestra conversación con Él. Solo este reconocimiento puede compensar cualquier deficiencia en nuestras oraciones. Tras conocer a Dios como nuestro Padre cariñoso, aquellos que no oran lo suficiente se volverán más expresivos, y los que oran solo por obligación, dejarán de ser formales y empezarán a hablar con aquel que los ama. Por su parte, quienes oren de manera superficial, encontrarán en el Padre un recordatorio de que Sus capacidades y propósitos superan nuestras insignificantes demandas y deseos.

Llamar «Padre» a Dios puede ser difícil para quienes han tenido una infancia traumática. Sin embargo, incluso aquellos que no han tenido un padre (o han tenido uno cruel) anhelan un buen padre, lo que es parte del diseño de Dios. Los buenos padres en la tierra modelan al Padre ideal en el cielo.

¿Cómo reconocemos la naturaleza divina de Dios como Padre? «Santificado sea tu nombre» (Mateo 6:9). Esta es una expresión poética que significa: «Dios, nos comprometemos a honrar tu nombre y tu carácter». Este tipo de promesa también se conoce como alabanza. Alabar a Dios es mucho más común de lo que pensamos. Lo hacemos con frecuencia en nuestras relaciones diarias, ya sea con seres queridos, amigos o colegas, al completar simplemente una o ambas de estas frases:

- Eres (nombra un atributo).
- Hiciste (nombra la acción) con excelencia.

Si deseas practicar la alabanza a Dios, llena los espacios en blanco con tantos atributos y acciones de Dios como puedas pensar. A Dios le encantará escuchar tus alabanzas tanto como a ti te agrada escuchar cuando alguien te alaba.

El padrenuestro comienza con una alabanza, y así debería empezar también nuestra oración. Cuando magnificamos la naturaleza y santidad de Dios, la oración cambia de ser una simple petición a una adoración profunda; de la expectativa a la exaltación. Este enfoque transforma nuestra visión de Dios, de ser un proveedor de deseos a un Padre celestial, cuya sabiduría y amor guían nuestra conversación.

La oración de Ezequías en un momento de crisis grave (2 Reyes 19:15-19; Isaías 37:16-20) muestra claramente cómo comenzar con alabanza puede transformar nuestras oraciones. Cuando reconocemos la soberanía del Padre y lo ponemos en el trono de nuestro corazón, encontramos valentía para expresarnos, especialmente en los momentos más oscuros de la vida. Como dice Hebreos 4:16: «Así que acerquémonos confiadamente al trono de la gracia para recibir la misericordia y encontrar la gracia que nos ayuden oportunamente» (NVI).

«Reino»: abraza la voluntad de Dios

Jesús nos enseñó a orar: «Venga tu reino. Hágase tu voluntad, como en el cielo, así también en la tierra» (Mateo 6:10). El poder de la oración no radica simplemente en pedirle a Dios lo que queremos, sino en alinear nuestra vida con Su voluntad. Cuando conocemos el propósito de Dios, podemos orar por cosas, y entonces Él responderá afirmativamente.

Dios nunca responderá a una oración que lo obligue a contradecir lo que ya ha dicho en la Biblia. Por lo tanto, si le pedimos que elimine la guerra, la respuesta será negativa; la Biblia dice que habrá «guerras y rumores de guerras» hasta el final de los tiempos (24:6). Jesús también afirmó que los pobres siempre estarán con nosotros (26:11), así que es mejor no gastar aliento orando para eliminar toda la pobreza.

Sin embargo, hay oraciones a las que Dios promete responder con un sí, si simplemente se lo pedimos. Estas incluyen peticiones de sabiduría (Santiago 1:5), del Espíritu Santo (Lucas 11:13), de fuerza para resistir la tentación (Lucas 22:40; 1 Corintios 10:13) y de ayuda para promover el mensaje de Jesús (Mateo 9:37-38). Para practicar esta parte de la oración, elige dos de estos aspectos y haz una pausa para pedirlos a Dios ahora mismo. Usa tu propio lenguaje. No te preocupes por impresionar a Dios con palabras elaboradas; lo que importa es la sinceridad y honestidad de tu corazón.

Solo cuando entendamos bien estas dos primeras áreas de la oración, podremos empezar a pedir a Dios lo que realmente necesitamos.

«Dánoslo»: adquiere recursos

Al decidir qué peticiones hacer, debemos hacernos la siguiente pregunta: «¿Qué necesito para cumplir con mi misión?». Cuando nos alineamos con el propósito de Dios en nuestra vida, Jesús prometió que nos daría todo lo necesario para realizar lo que Él desea que hagamos: «Si algo pidiereis en mi nombre, yo lo haré» (Juan 14:14). Dios está dispuesto a responder afirmativamente a nuestras oraciones. El mayor error al orar no es pedir demasiado, sino pedir demasiado poco. Es cierto que algunas personas pueden orar de manera egoísta. Sin embargo, el hermano de Jesús lo expresó claramente: «… no tenéis lo que deseáis, porque no pedís. Pedís, y no recibís, porque pedís mal, para gastar en vuestros deleites» (Santiago 4:2-3). Muchas veces, nuestra manera de orar carece de imaginación y audacia.

Para practicar este aspecto de la oración, elabora una lista de deseos para Dios. Elimina lo que sea egoísta y conserva lo que te convertiría en un embajador más eficaz de Jesús. Luego, pide con confianza. Al lado de cada petición, anota la fecha en la que oraste por primera vez y deja espacio para registrar la fecha en que Dios responde. (Precaución: esta lista puede extenderse durante décadas, y cada petición puede tener múltiples respuestas a lo largo del tiempo).

¿Por qué Dios no responde inmediatamente a todas nuestras oraciones? Algunas respuestas se retrasan porque aún no es el momento adecuado o porque no estamos preparados. Sin embargo, muchas de nuestras oraciones se posponen debido a las barreras que hemos impuesto a la aprobación de Dios. Los dos últimos puntos del padrenuestro revelan las barreras más comunes que pueden retrasar un «sí».

«Perdónanos»: elimina las barreras

A menudo, nuestras oraciones se ven obstaculizadas por la falta de perdón hacia quienes nos han herido. La ira, el resentimiento y la amargura actúan como barreras que nos separan tanto de Dios como de los demás. No importa si la ofensa fue reciente o si ocurrió hace tiempo; tampoco es relevante si consideras que tu enojo está justificado. Por eso, Jesús nos dijo: «Y cuando estéis orando, perdonad, si tenéis algo contra alguno, para que también vuestro Padre que está en los cielos os perdone a vosotros vuestras ofensas» (Marcos 11:25).

Perdonar a los demás nos permite mantener una relación abierta con Dios. Cuando extendemos el perdón a otros como Dios nos lo ha dado a nosotros, nuestras oraciones fluyen con mayor libertad y son respondidas más prontamente.

Tómate un momento para reflexionar si hay alguien (vivo o muerto) con quien estés enemistado. Menciona el nombre de esa persona ante Dios y pide la fortaleza para perdonarla. Si todavía no puedes perdonar, pide el deseo de hacerlo. Y si ni siquiera sientes ese deseo, agradece a Dios por el perdón que te ha otorgado y pídele a su Espíritu que transforme tu corazón. Recuerda: tu Padre desea responder afirmativamente a esta oración.

El perdón es tan crucial que es la única parte de la oración que Jesús comentó específicamente: «Porque si perdonáis a los hombres sus ofensas, os perdonará también a vosotros vuestro Padre celestial; mas si no perdonáis a los hombres sus ofensas, tampoco vuestro Padre os perdonará vuestras ofensas» (Mateo 6:14-15).

«Líbranos»: sigue una guía

El pecado representa otra barrera que puede impedir la respuesta a nuestras oraciones. Cuando nos involucramos deliberadamente en comportamientos que deshonran a Dios y menoscaban nuestra dignidad humana, se vuelve difícil mantener una comunicación abierta con Él.

Un claro ejemplo de esto se encuentra en el siguiente pasaje: «Vosotros, maridos, igualmente, vivid con ellas sabiamente, dando honor a la mujer como a vaso más frágil, y como a coherederas de la gracia de la vida, para que vuestras oraciones no tengan estorbo» (1 Pedro 3:7).

Para practicar este aspecto de la oración, simplemente cuéntale a Dios lo que Él ya conoce. Confiesa en voz alta uno o dos hábitos o actividades de las que no estés orgulloso. Pide perdón de corazón y solicita a Dios la fortaleza necesaria para resistir la tentación. Este no es un momento para castigarte, ya que la muerte de Jesús en la cruz te liberó de esa carga. Sin embargo, si no te confiesas, ese peso puede ser abrumador.

> He aquí que no se ha acortado la mano de Jehová para salvar, ni se ha agravado su oído para oír; pero vuestras iniquidades han hecho división entre vosotros y vuestro Dios, y vuestros pecados han hecho ocultar de vosotros su rostro para no oír. (Isaías 59:1-2)

Dios elimina el pecado de nuestra vida cuando lo confesamos y hacemos restitución siempre que sea posible. La Biblia se refiere a esto como *arrepentimiento*, el cual viene acompañado de la promesa de perdón: «Si confesamos nuestros pecados, él es fiel y justo para perdonar nuestros pecados, y limpiarnos de toda maldad» (1 Juan 1:9). Este principio nos conecta profundamente con la paternidad de Dios. Él no desea que estemos aislados o separados de Él. Esta verdad nos da confianza para orar, incluso cuando nuestro comportamiento ha fallado.

Puntos clave

- La lección más importante sobre la oración es reconocer a Dios como Padre.
- Cuando nuestras oraciones están alineadas con la voluntad de Dios, nuestras peticiones son respondidas.
- Nuestras oraciones se verán obstaculizadas por retener el perdón hacia los demás y por continuar con hábitos pecaminosos.

Esta semana

☐ **Día 1:** Lee el ensayo.

☐ **Día 2:** Memoriza Mateo 6:9-13.

☐ **Día 3:** Lee Juan 17.

☐ **Día 4:** Medita en Números 6:24-26; 2 Crónicas 7:14; Mateo 7:7-8.

☐ **Día 5:** Utiliza el padrenuestro como modelo para guiar tus oraciones de hoy.

Desafío de superación: Memoriza Mateo 7:7-8.

Lectura adicional: Timothy Keller, *La oración: Experimentando asombro e intimidad con Dios.*

21

El dinero

> No os hagáis tesoros en la tierra, donde la polilla y el orín corrompen, y donde ladrones minan y hurtan; sino haceos tesoros en el cielo, donde ni la polilla ni el orín corrompen, y donde ladrones no minan ni hurtan. Porque donde esté vuestro tesoro, allí estará también vuestro corazón.
>
> —Mateo 6:19-21

Pregunta: ¿Es espiritual el dinero?

A muchas personas les incomodan los sermones sobre el dinero. «La iglesia siempre está pidiendo dinero», comentan, aunque en realidad no suele ser así. La mayoría de las iglesias dedican solo un sermón al año sobre el tema financiero, que puede durar entre tres y cuatro semanas. Esto representa aproximadamente el 7 % de los sermones anuales. Ahora, imagina la reacción si los predicadores hablaran del dinero tan a menudo como lo hizo Jesús. Aproximadamente el 10 % de los versículos en los Evangelios tratan sobre el dinero, y 16 de las 38 parábolas de Jesús abordan temas relacionados con las finanzas y las posesiones.

Jesús no está solo en las Escrituras. En toda la Biblia, hay más de 2,300 versículos sobre el dinero, comparados con solo 500 sobre la oración y aún menos sobre la fe.[1] Dios entiende que el dinero es un tema profundamente espiritual. De hecho, hay una correlación directa entre la gestión financiera y el crecimiento de la fe.

Quizás el resumen más claro de la opinión de Dios sobre el dinero se encuentra en Mateo 6:19-21. Este pasaje, junto con Hechos 20:35, nos brinda tres principios que nos permiten ver nuestras finanzas desde la perspectiva de Dios.

Dios quiere nuestro corazón, no nuestro dinero

Jesús dijo: «Porque donde esté vuestro tesoro, allí estará también vuestro corazón» (Mateo 6:21). Muchos piensan que nuestro dinero sigue los deseos del corazón, es decir, que invertimos en lo que nos importa. Si bien esto es cierto en parte, *siempre* es verdad que nuestro corazón sigue al dinero.

Por ejemplo, si alguna vez has invertido en acciones, ¿cuántas veces al día revisabas el mercado? Nuestro tiempo, atención, energía y entusiasmo siguen a nuestras finanzas. Siguiendo la pista del dinero, se puede rastrear dónde está nuestra fe.

La forma en que administramos el dinero revela si «en Dios confiamos». En definitiva, *Dios es el dueño de todo*. El Salmo 24:1 lo deja claro: «De Jehová es la tierra y su plenitud, el mundo, y los que en él habitan». Todo lo que tenemos —nuestra familia, hogar, trabajo y posesiones— son recursos que Dios nos ha confiado. Incluso tu tarjeta de crédito, tu cuenta bancaria y tus acciones están en la misma categoría que la Vía Láctea, la energía nuclear y el Amazonas: todo es suyo. Como Dios es el creador, también es el propietario.

¿Dónde te deja esto? Simplemente como un administrador. Esto, en realidad, quita mucha presión, aunque a la vez acumula responsabilidades. Nuestra tarea con las «cosas» es administrarlas, no apropiarnos de ellas.

De esta verdad fluye otro principio financiero-espiritual esencial. Si todas nuestras posesiones son un préstamo de Dios, reclamar su propiedad es, en realidad, una malversación. Tomar control de los recursos de Dios reemplaza Su gobierno con el nuestro. Cuando quitamos a Dios de Su trono, los objetos que poseemos se convierten en ídolos que terminan por poseernos a nosotros.

Si el dinero es tu señor, Dios no puede serlo. Esta es una idea de Jesús, no mía: «Ninguno puede servir a dos señores; porque o aborrecerá al uno y amará al otro, o estimará al uno y menospreciará al otro. No podéis servir a Dios y a las riquezas» (Mateo 6:24).

La administración es espiritual

El dinero suele considerarse algo secular, no sagrado. Colocamos la iglesia, la oración y las Escrituras en una categoría, y el dinero, las facturas y la hipoteca en otra. Sin embargo, esa no es la perspectiva de Dios. Reconozcámoslo o no, la forma en que administramos el dinero influye directamente en nuestro progreso espiritual. Puede obstaculizar o acelerar nuestras oraciones, reemplazar o promover nuestra adoración, acercarnos o alejarnos de la iglesia, e incluso cegarnos a la Palabra de Dios o abrirnos a Su sabiduría.

Desde la perspectiva divina, nuestro dinero es un recurso eterno. Aunque no podemos llevarlo con nosotros cuando partamos de este mundo, podemos enviarlo por adelantado. Jesús lo expresó de la siguiente manera: «No os hagáis tesoros en la tierra, donde la polilla y el orín corrompen, y donde ladrones minan y hurtan; sino haceos tesoros en el cielo, donde ni la polilla ni el orín corrompen, y donde ladrones no minan ni hurtan» (Mateo 6:19-20). Por eso, debemos gestionar nuestras finanzas como un recurso destinado a la construcción del reino de Dios.

Uno de los encuentros más significativos en la vida de Jesús fue con un joven rico (Mateo 19:16-22). Este joven le preguntó cómo heredar la vida eterna, ¡una excelente pregunta! Jesús le respondió de manera directa: «Guarda los mandamientos» (versículo 17), y enumeró algunos de los Diez Mandamientos: «No matarás. No adulterarás. No hurtarás. No dirás falso testimonio. Honra a tu padre y a tu madre; y, amarás a tu prójimo como a ti mismo» (versículos 18-19). Es importante destacar que estos mandamientos se refieren a las relaciones horizontales. El joven ya cumplía con esos requisitos, pero lo que le faltaba era una relación profunda con Dios (representada en los primeros cuatro mandamientos). Para solucionar esta falta, Jesús le pidió: «Vende lo que tienes; [...] y ven y sígueme» (versículo 21). Solo despojándose de sus riquezas, el joven sería libre para seguir a Jesús. Como muchos de nosotros, este joven estaba atado a sus posesiones, lo que le impedía correr con libertad tras los pasos de Jesús.

No obstante, sería injusto suponer que el mandato de Jesús de venderlo todo se aplica a todos por igual. Sin embargo, si estás leyendo esto, es probable que, comparado con los estándares globales, seas considerado rico. Casi todas las personas que conoces disfrutan de las ventajas del Occidente moderno y pertenecen a la élite económica. Esto nos pone en peligro de convertir el dinero en un ídolo.

Si esta afirmación parece exagerada, recuerda las palabras de Pablo en Colosenses 3:5: «Haced morir, pues, lo terrenal en vosotros: fornicación, impureza, pasiones desordenadas, malos deseos y *avaricia, que es idolatría*». La búsqueda insaciable de posesiones y seguridad es uno de los mayores impedimentos para seguir completamente a Jesús. Al final, lo que poseemos termina por poseernos.

No solo nuestras posesiones afectan nuestra relación con Dios; también influyen en nuestra capacidad para dar a conocer a Jesús. El apego a nuestras posesiones y recursos puede desviar nuestro enfoque del propósito que Dios tiene para nuestra vida.

Pablo es un excelente ejemplo a seguir. Durante sus viajes, hubo momentos en que disfrutaba de suficiente apoyo financiero y comodidad, mientras que en otras ocasiones tuvo un segundo empleo para subsistir. Su evaluación sobre este equilibrio se resume en Filipenses 4:13: «Todo lo puedo en Cristo que me fortalece». Aunque a menudo se interpreta este versículo como una declaración de dependencia en el poder sobrenatural, el contexto revela que se trata más bien de una afirmación sobre la libertad financiera de Pablo a lo largo de sus viajes misioneros. No se trata de una fuerza espiritual sobrenatural, sino de la gestión del dinero. El contexto es claro: ya fuera que

Pablo tuviera suficiente o insuficiente apoyo financiero, logró cumplir con el llamado de Dios. En otras palabras, usó el dinero para llevar a cabo su ministerio, sin dejar que este fuera un obstáculo, como ocurrió con el joven rico. Pablo utilizó sus recursos para invertir en el reino de Dios, en lugar de invertir en su propia comodidad. En este sentido, la administración es siempre espiritual.

La generosidad trae bendición

A menudo, nos enfocamos en cómo la generosidad beneficia a quienes la reciben, pero Dios se centra en las bendiciones que reciben quienes dan.

Le debemos a Pablo una cita de Jesús en Hechos 20:35 (una de las pocas palabras de Jesús no registradas en los Evangelios): «Más bienaventurado es dar que recibir». Todos sabemos que esto es cierto; incluso en la mañana de Navidad, la mayor alegría suele llegar cuando vemos a otros desenvolviendo los regalos que les hemos dado.

Dar no solo te bendice, sino que también abre las compuertas de las bendiciones de Dios sobre tu vida. Es como si Dios nos confiara riquezas para redistribuirlas, esperando que nuestras manos vacías se llenen nuevamente para dar aún más. Cuanto más utilizamos los recursos de Dios para edificar Su reino, más Él canaliza en nuestra dirección. Como lo expresó el sabio rey Salomón: «Honra a Jehová con tus bienes, y con las primicias de todos tus frutos; y serán llenos tus graneros con abundancia, y tus lagares rebosarán de mosto» (Proverbios 3:9-10). Jesús también parafraseó este principio: «Dad, y se os dará; medida buena, apretada, remecida y rebosando darán en vuestro regazo; porque con la misma medida con que medís, os volverán a medir» (Lucas 6:38). Por ello, a menudo escuchamos: «No se puede ser más generoso que Dios».

La Biblia resume este principio de redistribución en dos conceptos: diezmos y ofrendas.

El diezmo representa el primer 10 % de nuestros ingresos. Al entregarlo a Dios, estamos afirmando Su propiedad sobre el otro 90 %. Es importante no cometer el error de dar lo que queda al final; eso es como dar una propina de agradecimiento. El diezmo, en cambio, es una declaración de sumisión, un reconocimiento de que todo lo que tenemos es de Dios. Como dice Levítico 27:30: «Y el diezmo de la tierra, así de la simiente de la tierra como del fruto de los árboles, de Jehová es; es cosa dedicada a Jehová».

Seamos claros: no *damos* el diezmo, lo *devolvemos*. Pertenece a Dios en primer lugar, así que solo podemos devolverlo. ¿Cómo o —quizás más precisamente— dónde deberíamos hacerlo?

Según Malaquías 3:10, los diezmos deben devolverse al granero del templo. La institución más cercana a este concepto en nuestra cultura actual es la iglesia local. Esto es clave. Aunque es valioso apoyar a organizaciones cristianas, el diezmo pertenece a la iglesia. ¿Por qué? Porque solo la iglesia es la verdadera esperanza del mundo. Todas las demás organizaciones cristianas existen para apoyar y fortalecer a la comunidad central del pueblo de Dios.

Más allá del diezmo están las ofrendas, que se dan según tu propia voluntad. Estas pueden incluir limosnas para los necesitados, contribuciones a organizaciones benéficas cristianas o donaciones personales para bendecir a personas que te importan. La generosidad verdadera trasciende el diezmo, y aquí es donde el gozo de dar realmente cobra vida. Pablo lo explicó claramente: «Dios ama al dador alegre» (2 Corintios 9:7). De hecho, la alegría es más a menudo una consecuencia de dar, y no su causa. Sabemos esto por las palabras de Jesús: «Más bienaventurado es dar que recibir» (Hechos 20:35).

Puntos clave

- Dios quiere tu corazón, no tu dinero.
- La administración es espiritual.
- La generosidad bendice al generoso.

Esta semana

☐ **Día 1:** Lee el ensayo.

☐ **Día 2:** Memoriza Mateo 6:19-21.

☐ **Día 3:** Lee Josué 5:13; 7:26.

☐ **Día 4:** Medita en Mateo 19:16-30; Hechos 20:35; Filipenses 4:13.

☐ **Día 5:** Habla con un asesor financiero esta semana para planificar cómo empezar a diezmar o cómo pasar del diezmo a la generosidad.

Desafío de superación: Memoriza Filipenses 4:13.

Lectura adicional: Robert Morris, *Una vida de bendición: El simple secreto para vivir en abundancia cada día.*

22

La regla de oro

> Así que, todas las cosas que queráis que los hombres hagan con vosotros, así también haced vosotros con ellos; porque esto es la ley y los profetas.
>
> —Mateo 7:12

Pregunta: ¿Qué es la verdadera religión?

Cientos de años antes de Jesús, se atribuye a Confucio la frase: «No hagas a los demás lo que no quieras que te hagan a ti». Más tarde, en el intervalo entre los tiempos de Malaquías y Mateo, el libro de Tobías 4:15 afirmaba: «Lo que odias, no se lo hagas a nadie».[1] Posteriormente, un hombre desafió al gran rabino Hillel a explicarle la totalidad de la ley judía mientras se mantenía sobre un pie. Hillel respondió: «Lo que es odioso para ti, no lo hagas a tus semejantes. Esa es toda la Torá, el resto es comentario».[2] Así, parece que varios sabios habían establecido lo que podríamos llamar la «regla de plata» antes del ministerio de Jesús.

Otros habían dicho: «*No hagas* a los demás». Jesús, en cambio, dijo: «*Haz* a los demás». Hay una sutil diferencia entre la regla de plata y la regla de oro: de una formulación negativa a una positiva. Este pequeño cambio transformó no solo la regla, sino también toda la religión.

Mientras lees estas palabras, sentado en silencio, estás cumpliendo a la perfección con los preceptos de la regla de plata. No haces nada a los demás que ellos puedan considerar repugnante. No obstante, al mismo tiempo, no estás cumpliendo con las exigencias de la regla de oro. Esta última exige una acción proactiva. Tal es la diferencia entre las normas de la religión y el llamado de Jesús al servicio sacrificado. La invitación de Jesús a una religión auténtica es tan sencilla que cabe en un tuit, pero abarca toda nuestra existencia. El poder y la pureza de la regla de oro inspiran nuestros mejores esfuerzos para emular a Jesús.

La religión pura y sin mácula

Jacobo se pronunció sobre la regla de oro. En muchos sentidos, su breve carta es un comentario práctico sobre el sermón del monte de Jesús. Esto es natural, dado que Jacobo creció con Jesús, su hermanastro mayor, y estuvo influido por Él durante toda su infancia. Sin embargo, a los veinte años, tuvo serios desacuerdos con Jesús y rechazó Sus afirmaciones de ser el Mesías (Juan 7:5). No se convirtió en creyente hasta después de la resurrección, cuando se encontró cara a cara con Cristo resucitado (1 Corintios 15:7). Para entonces, ya se había perdido gran parte del ministerio público y las enseñanzas de Jesús. Por lo tanto, podemos suponer que el libro de Santiago refleja las enseñanzas de Jesús antes de Su predicación pública, y Jacobo estaba consciente de ello. Cuando leemos el libro de Santiago, estamos escuchando las primeras influencias de Jesús.

Esto aporta mayor claridad a Santiago 1:27, donde escuchamos el corazón de Jesús a través del comentario de Su hermano sobre la regla de oro. Leamos el versículo y establezcamos la conexión: «La religión pura y sin mácula delante de Dios el Padre es esta: Visitar a los huérfanos y a las viudas en sus tribulaciones, y guardarse sin mancha del mundo».

El propósito de la religión *no* es simplemente mantenerse sin mancha del mundo. La religión pura tiene como objetivo, en primer lugar, servir a la comunidad, especialmente a sus miembros más vulnerables. Cualquiera que esté familiarizado con los profetas del Antiguo Testamento reconocerá el tema del cuidado de los huérfanos y de las viudas como una obligación primordial del judaísmo (Isaías 1:17; Ezequiel 22:25; Zacarías 7:10; Malaquías 3:5). ¿Significa esto que la moral personal carece de importancia? Por supuesto que no. Sin embargo, en la práctica, la moralidad personal es más un resultado del servicio que una causa de este. ¿Por qué?

Cuando la moral personal es nuestra única motivación, corremos el riesgo de caer en un enfoque aislacionista. Las personas que adoptan este enfoque evitan lugares como bares para no caer en la tentación de beber, se alejan de vecinos que utilizan un lenguaje inapropiado y evitan áreas urbanas donde la delincuencia y las drogas son comunes. Esta mentalidad se basa en evitar a quienes consideran «pecadores» y, por ende, potenciales obstáculos a su moralidad. Sin embargo, cuando el servicio se convierte en nuestra motivación y en una manera de expresar nuestro amor a Dios, la evasión da paso al compromiso. Nos dirigimos intencionalmente hacia aquellos lugares y relaciones donde el amor de Dios es más necesario, y nos convertimos en Sus embajadores.

¿Y cómo afecta esto nuestra moralidad personal? En lugar de comprometerla, el sentido de responsabilidad nos impulsa a vivir de acuerdo con estándares más altos porque somos conscientes de que otras personas dependen de nosotros espiritualmente. Esto siempre es cierto: la responsabilidad fomenta un mayor crecimiento personal que simplemente el autocontrol. La moralidad personal (o vivir «sin mancha del mundo», para usar la frase de Santiago) es mucho más probable a través del compromiso que de la evasión.

Es importante señalar que ni Jesús ni Jacobo proponen que la ética sea reemplazada por el servicio social. La palabra bíblica *justicia* implica ambas dimensiones. La cuestión es cuál es la forma más efectiva de lograr ambas. Muchas personas suponen que asistir a la iglesia, leer la Biblia y orar son suficientes para llevar una vida que honre a Dios. Sin embargo, estas prácticas, si se realizan sin un corazón dispuesto al servicio, pueden llevar a la arrogancia, al aislacionismo y al juicio hacia los demás. La Biblia deja claro que servir a los demás es uno de los métodos más eficaces para el crecimiento personal.

Ahora que tanto Jesús como Jacobo han presentado sus perspectivas, exploremos el origen de esta idea.

¿Qué pide el Señor de ti?

«Oh hombre, él te ha declarado lo que es bueno, y qué pide Jehová de ti: solamente hacer justicia, y amar misericordia, y humillarte ante tu Dios» (Miqueas 6:8). Esta es una de las afirmaciones más célebres del Antiguo Testamento. Es una de esas raras joyas que reducen la religión a sus elementos más esenciales y tiene enormes implicaciones que forman los cimientos de la regla de oro de Jesús.

Las diez tribus del norte de Israel fueron conquistadas en 722 a. C., justo en el auge del ministerio profético de Miqueas. Esa devastadora derrota marcó su ministerio, dando forma a su mensaje y advertencias. Durante este mismo periodo, los griegos llevaron a cabo los primeros Juegos Olímpicos (776 a. C.) y los romanos fundaron su nación (753 a. C.). Asiria se erguía como la superpotencia local, pero en ese mismo período, dos actores importantes emergían, mientras las fronteras de Israel comenzaban a reducirse.

Por lo tanto, el mensaje de Miqueas sirve como una advertencia: si Israel no se arrepentía, la historia se repetiría y su nación caería como ya había sucedido antes con otras naciones.

¿Te suena familiar? Nos encontramos en un punto similar de la historia: una gran nación cuyo fracaso moral puede ser su propia perdición. Esto plantea una pregunta crítica: ¿cómo debemos arrepentirnos?

La respuesta puede sorprenderte. No se trata de ir al templo, orar o hacer sacrificios. El pueblo en la época de Miqueas estaba haciendo todo eso. En palabras de Miqueas: «¿Con qué me presentaré ante Jehová, y adoraré al Dios Altísimo? ¿Me presentaré ante él con holocaustos, con becerros de un año? ¿Se agradará Jehová de millares de carneros, o de diez mil arroyos de aceite?» (6:6-7). Este es un principio fundamental a lo largo de las Escrituras: *las acciones correctas con un corazón equivocado son ofensivas para Dios*. ¿Por qué? Porque cuando vamos a la iglesia, decimos nuestras oraciones y cumplimos con nuestros deberes religiosos sin el corazón adecuado, nuestro sacrificio se convierte en un soborno para Dios, no en una bendición para Su pueblo.

Vemos este principio cuando el profeta Samuel le dijo al rey Saúl: «Ciertamente el obedecer es mejor que los sacrificios...» (1 Samuel 15:22). El rey David cantó una canción sobre esto: «Sacrificio y ofrenda no te agradan; [...] holocausto y expiación no has demandado» (Salmos 40:6). Este mismo salmo es citado nuevamente en Hebreos 10:5-6. Era un asunto de gran importancia.

El hijo de David, Salomón, afirmó: «Hacer justicia y juicio es a Jehová más agradable que sacrificio» (Proverbios 21:3). Pero probablemente el pasaje más similar es el del contemporáneo de Miqueas, el profeta Isaías, quien abrió su libro con esta devastadora crítica de parte de Dios:

> ¿Para qué me sirve, dice Jehová, la multitud de vuestros sacrificios? Hastiado estoy de holocaustos de carneros y de sebo de animales gordos; no quiero sangre de bueyes, ni de ovejas, ni de machos cabríos.
> ¿Quién demanda esto de vuestras manos, cuando venís a presentaros delante de mí para hollar mis atrios? No me traigáis más vana ofrenda; el incienso me es abominación; luna nueva y día de reposo, el convocar asambleas, no lo puedo sufrir; son iniquidad vuestras fiestas solemnes. [...] Lavaos y limpiaos; quitad la iniquidad de vuestras obras de delante de mis ojos; dejad de hacer lo malo; aprended a hacer el bien; buscad el juicio, restituid al agraviado, haced justicia al huérfano, amparad a la viuda. (Isaías 1:11-13,16-17)

Eso nos lleva de nuevo a Miqueas 6:8. ¿Qué pide el Señor de nosotros?
1. *Hacer justicia*. Esta frase significa literalmente 'actuar con justicia'. No es solo una actitud interna, sino un llamado a transformar la estructura social. Usamos nuestra influencia y

recursos para reconstruir nuestras comunidades, de manera que los pobres y oprimidos puedan tener oportunidades reales.

2. *Amar la misericordia*. La palabra *misericordia* es una de las más significativas del Antiguo Testamento. Se refiere a la *lealtad al pacto* de Dios, algo que hoy relacionaríamos con compromisos como el matrimonio, la adopción o los testamentos. Es mucho más que el comportamiento de ese «buen chico» del cubículo de al lado o de la amable cajera de la tienda; implica un pacto de lealtad.

3. *Humillarte ante tu Dios*. ¿Por qué la humildad es esencial? Un vistazo rápido a un último pasaje lo dejará claro.

- En Mateo 23, durante Su última semana de vida terrena, Jesús criticó a los líderes religiosos en el mismo templo de Dios. He aquí Su acusación: «¡Ay de vosotros, escribas y fariseos, hipócritas! porque diezmáis la menta y el eneldo y el comino, y dejáis lo más importante de la ley: la justicia, la misericordia y la fe. Esto era necesario hacer, sin dejar de hacer aquello» (versículo 23). Vemos que Su preocupación es la misma que la de Isaías y Miqueas. La gente cumplía sus deberes con motivos equivocados y sus actos religiosos se convertían en sobornos en lugar de sacrificios.

- El orgullo puede cegarnos a los motivos que Dios ve. Creemos que somos muy religiosos por nuestros comportamientos, pero Dios juzga el corazón.

¿Cómo ve Dios nuestras actividades religiosas? ¿Son sacrificios o sobornos? La forma más rápida de saberlo es si nuestras obras religiosas mejoran la situación de los pobres en nuestras comunidades. Si nuestra iglesia no se interesa por la comunidad por la que Dios se preocupa, la historia inevitablemente se repetirá.

Puntos clave

- Jesús transformó la regla de plata en la regla de oro, lo que produjo una profunda transformación en la religión.
- Cuando Jacobo mencionó la religión como el cuidado de viudas y huérfanos, mostró que su perspectiva estaba en armonía con la de su hermano mayor, Jesús.
- Tanto Jacobo como los profetas del Antiguo Testamento nos llaman a practicar la justicia, la misericordia y la humildad como las verdaderas expresiones de la religión.

Esta semana

- [ ] **Día 1:** Lee el ensayo.
- [ ] **Día 2:** Memoriza Mateo 7:12.
- [ ] **Día 3:** Lee Lucas 10:25-37.
- [ ] **Día 4:** Medita en Isaías 1:11-17; Miqueas 6:8; Santiago 1:27.
- [ ] **Día 5:** Programa hoy una hora para vivir en total consonancia con la regla de oro.

Desafío de superación: Memoriza Santiago 1:27.

Lectura adicional: Dale Carnegie, *Cómo ganar amigos e influir sobre las personas.*

23

La cruz

> Entonces Jesús dijo a sus discípulos: Si alguno quiere venir en pos de mí, niéguese a sí mismo, y tome su cruz, y sígame. Porque todo el que quiera salvar su vida, la perderá; y todo el que pierda su vida por causa de mí, la hallará.
>
> –Mateo 16:24-25

Pregunta: ¿Quién dices que es Jesús?

A mediados de Sus tres años de ministerio, Jesús llevó a Sus apóstoles a un momento clave. Caminaron hasta la frontera norte de Israel, cerca de Cesarea de Filipo, donde Jesús planteó una pregunta crucial: «¿Quién dicen los hombres que es el Hijo del Hombre?» (Mateo 16:13). Las respuestas de la gente variaban: algunos decían Juan el Bautista, otros Jeremías o Elías, todos profetas ya fallecidos.

Luego, Jesús lo hizo personal: «Y *vosotros*, ¿quién decís que soy yo?» (versículo 15).

La confesión

Pedro respondió por el grupo y superó con creces las opiniones populares: Jesús es el Mesías, «el Cristo, el Hijo del Dios viviente» (versículo 16). Pedro acertó, y Jesús le dijo rápidamente que esa verdad le había sido revelada por Dios. (Está claro que Pedro, por sí solo, no era *tan* bueno).

Esta confesión tan esperada fue anticipada en los primeros capítulos de los cuatro Evangelios (Mateo 1:1; 2:4; Marcos 1:1; Lucas 1:31-35; 2:11; Juan 1:17,49). Finalmente, los apóstoles confesaron lo que quizás ya sabías: Jesús es el Cristo. En este momento crucial, Jesús no solo afirmó la confesión de Pedro, sino que la aclaró (Marcos 8:31-32). Ellos esperaban un rey que derrotara a sus enemigos, pero lo que obtuvieron fue un Salvador que moriría por sus pecados. Jesús no mataría a sus enemigos, sino que moriría por ellos, algo completamente inesperado.

La objeción

Cuando Jesús reveló Su destino divino en la muerte, Pedro reaccionó bruscamente: «Señor, ten compasión de ti; en ninguna manera esto te acontezca» (Mateo 16:22). El griego original es más enfático que la traducción al español, algo más cercano a «¡Cuando la Gehena se congele!» (una respuesta típica de un pescador impulsivo como Pedro). Jesús lo reprendió con una de Sus palabras más duras: «¡Quítate de delante de mí, Satanás!» (Marcos 8:33). En ese momento, equiparó a Su mano derecha con el diablo.

Curiosamente, la multitud ignorante estaba más cerca en su confesión que Pedro. Mientras el pueblo elogiaba débilmente a Jesús, la objeción de Pedro tenía el potencial de desbaratar Su misión. La severa respuesta de Jesús colocó a Pedro en la misma categoría que los demonios a los que Jesús había silenciado previamente cuando confesaban Su identidad (Marcos 3:11-12; 5:7). La dureza de Jesús no fue injustificada, ya que el propio Satanás había intentado desviar a Jesús de Su misión durante la tentación, persuadiéndolo de usar su poder para evitar la cruz. En vez del espantoso llamado al sacrificio, tanto Satanás como Pedro instaban a Jesús a hacer valer sus prerrogativas divinas y evitar el sufrimiento humano.

Esta tentación no es nueva. Se remonta a la división del reino de Israel (en el 930 a. C.). Un repaso a esta historia pone en perspectiva la agenda política de Jesús.

Tras la muerte de Salomón, su hijo Roboam asumió el trono. Los ciudadanos se reunieron para pedirle que redujera los impuestos, ya que Salomón había construido su reino a costa de los plebeyos, y el pueblo deseaba alivio de esta carga opresiva. Antes de dar una respuesta, Roboam buscó consejo. Sus jóvenes y agresivos asesores le sugirieron que mostrara su firmeza (una política común en el Cercano Oriente). Roboam siguió su consejo y dijo a la multitud: «Mi padre agravó vuestro yugo, pero yo añadiré a vuestro yugo...» (1 Reyes 12:14). En resumen, su carga no se aligeraría, sino que se haría más pesada.

A raíz de esa respuesta insolente, las diez tribus del norte eligieron a otro rey: Jeroboam. Este erigió becerros de oro en Betel y Dan para que el pueblo los adorara (versículos 26-29), lo que condujo a las tribus del norte a una idolatría catastrófica. Fue un intento de Jeroboam de mantener a su pueblo dentro de sus fronteras y alejarlos de la adoración en Jerusalén, una estrategia política que resultó en una herejía religiosa.

Avanzando hasta el tiempo de Jesús, Él y Sus discípulos se encontraban precisamente en la sombra del altar de Jeroboam en Dan, ahora en ruinas. Esta es la razón por la cual Jesús llevó a sus discípulos al norte, hasta esa frontera. Los apóstoles habrían comprendido bien dónde estaban y lo que había ocurrido allí más de novecientos años antes: el momento en que Israel se había desviado. Jesús regresó al lugar donde el rey de Israel siguió el consejo equivocado.

Volvamos a Roboam y a los ancianos cuyos consejos despreció. Esta era su sabiduría: «Si tú fueres hoy siervo de este pueblo y lo sirvieres, y respondiéndoles buenas palabras les hablares, ellos te servirán para siempre» (1 Reyes 12:7). Aunque Roboam despreció ese consejo, Jesús tenía la intención de seguirlo, como podemos ver en Su respuesta a Pedro. Jesús pretendía devolver a Israel a ese momento crucial y reunificar las tribus bajo un tipo de liderazgo muy diferente.

El llamado

Tras la reprimenda de Pedro, Jesús pronunció lo que sería Su frase más citada en los Evangelios: «Si alguno quiere venir en pos de mí, niéguese a sí mismo, y tome su cruz, y sígame. Porque todo el que quiera salvar su vida, la perderá; y todo el que pierda su vida por causa de mí, la hallará» (Mateo 16:24-25).

Esto sí que es curioso. Jesús ya no hablaba de Su propia muerte inminente, sino de la de Sus discípulos. El requisito fundamental de un cristiano es la crucifixión. Nosotros no solemos pensar así. Recordamos la muerte de Jesús cuando tomamos la comunión. Llevamos *Su* cruz como un accesorio. Seguimos Sus pasos en la Vía Dolorosa (el camino que Jesús tomó hacia donde sería crucificado). También nosotros somos llamados a tomar una cruz.

Sin embargo, antes de Su propia crucifixión, Jesús ordenó a Sus seguidores que llevaran sus propias cruces. Mucho después de Su muerte, Pablo identificó el discipulado con el acto de cargar la cruz. Por ejemplo, escribió: «Con Cristo estoy juntamente crucificado, y ya no vivo yo, mas vive Cristo en mí; y lo que ahora vivo en la carne, lo vivo en la fe del Hijo de Dios, el cual me amó y se entregó a sí mismo por mí» (Gálatas 2:20). La cruz no es solo lo que Jesús *hizo* por nosotros, sino también el *modelo* que nos dejó para seguir. Ser discípulo no es únicamente recibir lo que Jesús hizo; es imitar cómo vivió.

La cruda realidad de la crucifixión es un tema difícil de tratar. De hecho, sabemos sorprendentemente poco sobre este antiguo método de ejecución, debido a que era una práctica extremadamente vergonzosa y no se hablaba de ella en conversaciones amenas. Quizás por eso la descripción más vívida de esta práctica, fuera de los Evangelios, proviene de Salmos 22, que Jesús citó mientras estaba en la cruz: «Dios mío, Dios mío, ¿por qué me has desamparado?» (Mateo 27:46; cita de Salmos 22:1). Aunque este salmo fue escrito mil años antes de la crucifixión de Jesús (y unos quinientos años antes de que los persas inventaran este método de ejecución), este poema contiene detalles gráficos impresionantes: la perforación de manos y pies, el corazón derretido como cera, los huesos dislocados, los enemigos que lo rodean, el escarnio público, la exposición al desnudo, las apuestas por Sus vestiduras y la sed extrema. Esta profecía es sorprendentemente precisa, aunque su descripción sea incómoda.

Igualmente incómoda es nuestra propia ejecución simbólica. Puede que no sea un tema del que queramos hablar, pero debemos hacerlo. Jesús dijo que, si no tomamos nuestra cruz, no somos dignos de seguirlo (Mateo 10:38). Estamos llamados a vivir como los muertos vivientes. Solo de esta manera podemos vencer nuestras pasiones pecaminosas.

Esta es una verdad que sentimos en nuestro interior. Pero hay algo más, algo más importante e impactante: la muerte de Jesús salvó nuestra alma. Lo cantamos en la iglesia y lo escuchamos desde los púlpitos. Agradecemos a Dios por Su gracia al enviar a Su Hijo para salvarnos por la eternidad. Eso está claro. Entonces, ¿cuál es el propósito de *nuestras* cruces?

No se trata simplemente de negarse a uno mismo para desarrollar autocontrol ni de mejorar nuestra versión personal. Al igual que la muerte de Jesús, nuestro sufrimiento y sacrificio tienen un poder redentor, no para el alma individual, sino para la sociedad en su conjunto. Así como Jesús murió para expiar nuestros pecados personales, nosotros morimos para revertir los efectos del pecado en nuestras familias, comunidades y sociedad.

Si la Iglesia realmente se sacrificara, tendríamos el poder de erradicar el sistema de acogida. Si enfocáramos nuestros esfuerzos médicos en combatir la malaria, podríamos eliminar una de las mayores causas de mortalidad en la historia humana. Solo en la Iglesia existe la esperanza real de erradicar el racismo. Solo en Cristo, judíos y griegos, esclavos y libres, hombres y mujeres pueden unirse en comunión y propósito (Gálatas 3:28). La lista de lo que podemos lograr es extensa.

Sabemos que esto es cierto porque la Iglesia tiene un historial impresionante. Desde sus inicios en el siglo I, los mayores avances sociales en cultura, arte, medicina, compasión, educación, alivio de la pobreza y protección de mujeres, niños y marginados ha venido mayormente de los seguidores de Jesús, que llevan cruces en sus espaldas.

Esto nos trae de regreso a la pregunta inicial: ¿quién dices que es Jesús? Si solo lo consideramos un profeta del pasado o un héroe de nuestra fe, es probable que no hayamos comprendido el propósito del Mesías. Su sufrimiento y sacrificio fueron Sus mayores logros, y como discípulos suyos, también serán los nuestros.

Si lo confesamos como Señor, estamos llamados a seguir su ejemplo. No podemos celebrar a un Señor al que no imitamos.

Puntos clave

- El reconocimiento de Jesús como el Mesías incluye Su sufrimiento y muerte.
- El liderazgo de Jesús no solo busca la reunificación de Israel, sino también del mundo entero, a través del sacrificio y el sufrimiento.
- Jesús establece un modelo de liderazgo, que invita a Sus seguidores a cargar con sus propias cruces y servir a la sociedad y la comunidad mediante el sacrificio personal.

Esta semana

☐ **Día 1:** Lee el ensayo.

☐ **Día 2:** Memoriza Mateo 16:24-25.

☐ **Día 3:** Lee Marcos 15.

☐ **Día 4:** Medita en 1 Reyes 12:7; Salmos 22; Gálatas 2:20.

☐ **Día 5:** Identifica un área de tu vida que aún no has sometido al señorío de Jesús. Luego, piensa en el primer paso para darle a Dios el control de esa área.

Desafío de superación: Memoriza Gálatas 2:20.

Lectura adicional: Brennan Manning, *La firma de Jesús.*

24

Elección y predestinación

Porque muchos son llamados, y pocos escogidos.
—Mateo 22:14

Pregunta: ¿Para qué me eligió Dios?

Las historias de Jesús eran ficciones que reflejaban realidades espirituales. Aquí tenemos una que se cuenta en Mateo 22:2-13 y que nos atañe a todos.

La parábola

Érase una vez un rey que dio un banquete para celebrar la boda de su hijo. Todos los invitados se negaron a asistir y algunos de ellos incluso asesinaron a los mensajeros que los invitaban.

El rey, por supuesto, se enfureció. En un arrebato de venganza, destruyó a los asesinos y arrasó su ciudad. Pero el salón de bodas seguía vacío. Así que envió a otros sirvientes a invitar a todos sin distinción. Nadie habría sospechado que estas personas podrían asistir a una fiesta tan grandiosa. Pero acudieron en masa, y la mayoría estaban encantadas.

Sin embargo, hubo un asistente que no se molestó en vestirse para la ocasión. Eso fue una afrenta a su majestad. Ese insensible invitado fue expulsado y castigado gravemente.

Este es, pues, el resumen de la historia: «Porque muchos son llamados, y pocos escogidos» (versículo 14).

La palabra *escogidos* (que también podría traducirse como *elegidos*) está cargada de significado teológico. Por ello, a menudo se le dan a la parábola complejas interpretaciones teológicas. Antes de profundizar en ello, comencemos por el contexto más sencillo. La parábola de Jesús ilustra el proceso básico de la elección: fueron invitados y acudieron. Así de simple. Muchas personas importantes fueron invitadas, pero se negaron a asistir. *No* fueron escogidas. Otros, que no merecían la invitación, la recibieron y aceptaron con gusto. Ellos *fueron* los escogidos. Un hombre asistió con la actitud equivocada y sin la vestimenta adecuada de respeto. Fue rechazado.

En resumen, ese es el significado de la elección. Veamos ahora algunas otras afirmaciones importantes sobre este concepto.

El principio

A riesgo de simplificar demasiado, existen dos puntos de vista fundamentales sobre la elección: (1) Dios es quien decide quién irá al cielo y quién no, y (2) Dios ha establecido los parámetros para la salvación, y nosotros podemos decidir si queremos aceptarlos o no.

Personas muy inteligentes (y piadosas) discrepan sobre la definición de la elección, y con razón. Con el debido respeto a otros puntos de vista, comenzaremos con la propia definición de elección según Jesús, tal como se extrae de la parábola anterior: la invitación de Dios y nuestra respuesta. Dios establece el momento, el lugar y las condiciones del banquete. Nosotros decidimos si aceptamos la invitación.

Aclaremos algunos puntos importantes.

- *Todos están invitados.* Tanto ricos como pobres en la parábola recibieron una invitación. Algunos de los oyentes de Jesús habían heredado cierta influencia religiosa, mientras que otros eran campesinos, jornaleros o marginados, cuyas ocupaciones diarias a menudo los hacían impuros. Desde los más altos niveles de la sociedad hasta los más bajos, todos estaban invitados.

Después de la época de Jesús, la Iglesia se expandió más allá de las fronteras geográficas y culturales. El mensaje se trasladó de los judíos a los gentiles. La Iglesia primitiva quedó asombrada ante la amplitud de la invitación: incluía a gentiles, esclavos y mujeres. Todos estaban invitados. ¿No es esa, después de todo, la implicación de Juan 3:16? Esto se explica en 2 Pedro 3:9: «El Señor no retarda su promesa, según algunos la tienen por tardanza, sino que es paciente para con nosotros, no queriendo que ninguno perezca, sino que todos procedan al arrepentimiento». Según las Escrituras, Dios «quiere que todos los hombres sean salvos...» (1 Timoteo 2:4).

Este mensaje no es nuevo con el evangelio. Ya en Ezequiel 18:32, Dios revelaba Su deseo: «Porque no quiero la muerte del que muere, dice Jehová el Señor; convertíos, pues, y viviréis».

- *No todos reciben la misma invitación.* Dios incluye a todos, pero no es igualitario. Según la parábola, la invitación comienza con la élite. En términos históricos, esto significa que los judíos tuvieron un acceso privilegiado a Dios a través de la Torá y el templo. En términos teológicos, significa que Dios eligió al pueblo judío para portar la promesa y, más tarde, a la Iglesia cristiana para extenderla al mundo. En términos sociológicos, esto implica que todos los grupos económicos, todas las tribus, lenguas y afinidades políticas tienen acceso a la elección, pero no necesariamente un acceso *igualitario*. La realidad es que los nacidos en el Occidente moderno tienen más oportunidades de escuchar el evangelio y responder libremente que los nacidos en Oriente Medio o en otras épocas. ¿Significa esto que Dios no es justo? En cierto sentido, sí. Dios no es justo en el sentido humano de la igualdad; es misericordioso *con todos*. Por razones que van más allá de nuestra comprensión, Dios eligió a un hombre, Abraham, como el padre de una nación. Eligió a esa nación para construir el templo y preservar la ley. De esa nación surgió un Mesías que, con el tiempo, sería proclamado Señor en todos los continentes. Este plan preestablecido de Dios fue inmensamente misericordioso, pero no precisamente igualitario.

- *Hay que responder a la invitación.* La elección no es solo recibir la invitación, sino también es dar una respuesta concreta a ella. Solo Dios invita, pero los seres humanos, bajo la soberanía de Dios, tienen la responsabilidad de responder.

    Por eso, la Biblia anima constantemente a los invitados a RSVP. Jesús mismo nos exhortó: «Esforzaos a entrar por la puerta angosta...» (Lucas 13:24). El escritor de Hebreos imploró: «Acerquémonos» (Hebreos 10:22; ver también 4:16; 7:25; 11:6).

    Está claro que la mayor parte de la responsabilidad recae en Dios. Sin embargo, Su invitación no está completa sin nuestra respuesta.

    Una vez más, esto no es nada nuevo. Después de que Josué condujo al pueblo elegido a la tierra prometida, les planteó este famoso desafío: «Y si mal os parece servir a Jehová, escogeos hoy a quién sirváis; si a los dioses a quienes sirvieron vuestros padres, cuando estuvieron al otro lado del río, o a los dioses de los amorreos en cuya tierra habitáis; pero yo y mi casa serviremos a Jehová» (Josué 24:15).

- *Dios sabe quién responderá.* Dios no fuerza tu jugada, pero ve tus cartas debajo de la mesa. En otras palabras, sabe lo que harás antes de que lo hagas.

    Esto puede sonar misterioso, pero todos los padres han tenido una experiencia similar. Puedes observar a tu hija y *saber* que está a punto de saltar, tocar, llorar o lograr algo. Lo mismo sucede con Dios, solo que Él ve mucho más allá.

El Nuevo Testamento llama a esto presciencia. La palabra griega significa literalmente 'conocer de antemano'. Pedro dirigió su primera carta «a los expatriados [...] *elegidos* según la *presciencia* de Dios Padre...» (1 Pedro 1:1-2). Los elegidos que responden a la invitación de Dios ya son conocidos por Él mucho antes de llegar a Él, incluso antes de nacer. Aquí es donde entra la palabra *predestinar*. Es una palabra griega poco común (*proorizō*), usada solo seis veces en el Nuevo Testamento. Significa 'determinar de antemano'. Su raíz es de donde obtenemos la palabra *horizonte*, y básicamente significa 'fijar límites'. Dios establece los límites de la salvación. Él sabe quién responderá y quién no. Su llamado es para todos, pero Su elección es para aquellos que Él sabe que entrarán en los límites predeterminados de la salvación.

Pablo lo resumió así:

Porque a los que *antes conoció*, también los *predestinó* para que fuesen hechos conforme a la imagen de su Hijo, para que él sea el primogénito entre muchos hermanos. Y a los que *predestinó*, a estos también *llamó*; y a los que llamó, a estos también justificó; y a los que justificó, a estos también glorificó. (Romanos 8:29-30)

El propósito

Todo esto parece tener sentido, salvo por un detalle. Si la predestinación de Dios establece los límites de la salvación, entonces Su elección debería ser colectiva, no individual. En otras palabras, Dios define de antemano el *tipo* de personas que serán salvas. Sin embargo, si Dios empieza a *nombrar* a personas específicas para salvarlas, parecería que está favoreciendo a unos sobre otros. Los que le agradan van al cielo; los que no, descienden.

Para ser justos, Dios es Dios. Él puede hacerlo si así lo desea. Pero, según la Biblia, Él no es así. Su amor es perfecto y universal (Mateo 5:48;

Juan 3:16). En el lenguaje común de las Escrituras, «Dios no hace acepción de personas» (Hechos 10:34; Romanos 2:11; ver también Deuteronomio 10:17; 2 Crónicas 19:7; Job 34:19; Efesios 6:9; 1 Pedro 1:17).

Entonces, ¿cómo entender la predestinación individual? Tanto el Antiguo como el Nuevo Testamento mencionan nombres específicos de personas a quienes Dios eligió y predestinó. La lista es larga:

- Abraham (Nehemías 9:7)
- Jacob (Génesis 25:19-34; 27:1-41; Malaquías 1:2-3; Romanos 9:10-13)
- Faraón (Éxodo 9:16; Romanos 9:17)
- David (1 Samuel 16:1-13)
- Josías (1 Reyes 13:1-3)
- Ciro (Isaías 41:25; 44:28; 45:1-13; 2 Crónicas 36:22-23)
- Jeremías (Jeremías 1:5)
- Juan el Bautista (Isaías 40:3; Malaquías 4:5-6; Lucas 1:17)
- Jesús (Isaías 42:1; Mateo 12:18; Lucas 9:35; Hechos 2:23; 4:28)
- Judas Iscariote (Salmos 41:9; 69:25; 109:8; Marcos 14:10; Hechos 1:20)
- Los doce apóstoles (Lucas 6:13; Juan 6:70; 15:16)
- Pablo (Hechos 9:15; 13:2; Romanos 1:1; Gálatas 1:15-16; Efesios 3:7)
- Rufo (Romanos 16:13)

Primero, debemos notar que Dios llama a los individuos a una *tarea*, no a un destino (con la posible excepción de Judas Iscariote). Abraham fue llamado para fundar una nación, y el faraón, para liberar a esa nación. David fue elegido para gobernar un reino, y Ciro, para restaurarlo tras el cautiverio. Juan fue designado para preparar la venida de Jesús, y Jesús, para morir en la cruz. Judas Iscariote estaba destinado a traicionar a Jesús, mientras que los otros apóstoles fueron llamados a dar testimonio de su resurrección. Pablo y Jeremías fueron elegidos desde su nacimiento para predicar un mensaje por el cual sufrirían.

Si Dios *te* llama a una tarea, la *llevarás* a cabo, ya sea a la manera de Dios o a la tuya. Sin embargo, *harás* lo que Dios te ha llamado a hacer.

En segundo lugar, debemos reconocer que no todos reciben la misma invitación, pero todos son invitados. No todos reciben el mismo llamado, pero todos son llamados. Dios tiene un propósito práctico para tu vida. Esto no significa que Dios tenga una única cosa específica que debas hacer en tu vida. Más bien, en cada etapa de tu vida, Dios quiere encontrarte en la intersección de tus dones, pasiones y experiencias y utilizar tu singularidad para glorificarle. Hay algo aquí y ahora que solo tú puedes hacer para la honra de Dios. Descúbrelo y encontrarás tu voz, tu pasión y tu propósito.

Puntos clave

- Según Jesús, la elección es la invitación de Dios junto con la respuesta de la persona.
- La predestinación es Dios fijando los límites de la salvación y viendo de antemano quién entrará en ella.
- Las personas son predestinadas a una tarea, no a un destino.

Esta semana

☐ **Día 1:** Lee el ensayo.

☐ **Día 2:** Memoriza Mateo 22:14.

☐ **Día 3:** Lee Hechos 9:1-31.

☐ **Día 4:** Medita en Josué 24:15; Romanos 8:29-30; 2 Pedro 3:9.

☐ **Día 5:** Identifica lo que solo tú estás capacitado para hacer por Dios. Compártelo con un amigo o mentor que pueda ayudarte a identificar los pasos para llevarlo a cabo.

Desafío de superación: Memoriza Josué 24:15.

Lectura adicional: Robert Shank, *Elect in the Son: A Study of the Doctrine of Election* [Elegidos en el Hijo: Un estudio de la doctrina de la elección].

25

Lo sobrenatural

> Entonces dirá también a los de la izquierda: Apartaos de mí, malditos, al fuego eterno preparado para el diablo y sus ángeles.
>
> –Mateo 25:41

Pregunta: ¿Existe realmente un mundo espiritual activo a mi alrededor?

El cielo y el infierno, los demonios y los ángeles suelen ser material para la ciencia ficción y las películas de terror. Pero eso no los hace menos reales. Solo con la autoridad de Jesús podemos afirmar su existencia. De hecho, este versículo abarca todas las facetas del mundo sobrenatural.

Este ensayo es una sencilla reflexión con un único propósito: hacernos conscientes de que no estamos solos en este mundo. Hay una realidad invisible que se despliega a nuestro alrededor.

Datos rápidos sobre el cielo

La mayoría de las personas creen en una versión caricaturesca del cielo: querubines desnudos cubriéndose con arpas, flotando entre nubes y entonando cánticos delicados al estilo de los monjes medievales. Si ese fuera el verdadero cielo, no es de extrañar que a los no creyentes no les resulte tan desagradable la idea del infierno.

Esa visión del cielo es poco atractiva e insostenible. Según las Escrituras, el cielo no es un lugar monocromático ni «esponjoso». La descripción vívida de Apocalipsis 21-22 incluye cuerpos resucitados, una ciudad resplandeciente de 3,625 kilómetros cuadrados (1,400 mi^2), gigantescas puertas de perlas, calles pavimentadas con oro puro y, por supuesto, la presencia tangible de Dios, que evoca la belleza del Edén. Además de música, parece haber comida, placer, descanso, aprendizaje, celebración y creatividad. Lo que sorprende a muchos es que nuestro verdadero destino eterno es una *tierra* nueva, donde viviremos eternamente en cuerpos físicos no contaminados por el pecado.

Aún hay muchas cosas que no sabemos sobre el cielo, como cuál será la naturaleza de nuestros nuevos cuerpos o si mantendremos recuerdos dolorosos de esta vida. Sin embargo, lo que sí sabemos es convincente. No habrá policías, soldados, médicos, abogados ni predicadores. No necesitaremos pañuelos, relojes, cerraduras, ataúdes ni tribunales. Ya no existirán entidades como el IRS, el ICE, la CIA, el FBI, la AARP ni el CDC. Y lo más extraordinario es que, sin Satanás, sin una cultura corrupta, sin las limitaciones del tiempo ni la arrogancia, experimentaremos una impecabilidad real. Piénsalo bien: tendremos la capacidad genuina de eliminar por completo el pecado en nuestros nuevos cuerpos.

Nadie habita actualmente la tierra nueva. Todos los que han muerto en Cristo esperan la resurrección, al igual que nosotros. Varios pasajes del Nuevo Testamento nos ofrecen información sobre este lugar temporal de consuelo y paz. Según la parábola de Jesús sobre el hombre rico y Lázaro, los justos están «al lado de Abraham» (Lucas 16:22, NVI). Pablo simplemente afirmó que la muerte lo llevaría a la inmediata presencia de Jesús (Filipenses 1:21-24). Por último, en Apocalipsis 6:9-11, los santos mártires visten túnicas blancas y esperan ante el trono de Dios. En resumen, quienes mueren en Cristo, aunque consolados, siguen anhelando cuerpos nuevos y la justicia definitiva del juicio final.

Datos rápidos sobre el infierno

El infierno es un tema incómodo. ¿Quién quiere hablar de él? Para muchos, es tan ofensivo que dicen con aire de superioridad: «No puedo creer en un Dios capaz de enviar a alguien al infierno». ¿De verdad? Yo no puedo creer en un Dios que no lo hiciera. A pesar de todos nuestros desacuerdos culturales sobre la justicia social, ¿cómo podríamos ignorar la justicia eterna? ¿Cómo podría un Dios remotamente bueno ignorar el dolor y el mal de este mundo? Por esta razón, la descripción bíblica del infierno hace hincapié en la justicia y en la rectitud.

Según las Escrituras, el infierno es un lugar real de tormento, descrito con metáforas de llamas, azufre, gusanos, oscuridad y crujir de dientes (Isaías 66:24; Mateo 22:13; 25:41,46; Marcos 9:48; 2 Tesalonicenses 1:8-9; Apocalipsis 14:11; 20:10). Dado que estos pasajes describen realidades futuras y espirituales, es difícil saber hasta qué punto hay que tomar esos detalles al pie de la letra.

A la mayoría de la gente le sorprende que nuestras imágenes más comunes del infierno provengan más de una obra maestra poética del siglo XIV, la sección "El Infierno" de la *Divina comedia* de Dante, que de las páginas de las Escrituras. La descripción imaginativa de Dante era más literariamente creativa que teológicamente precisa. Así que pongamos las cosas en su contexto.

Técnicamente hablando, el infierno (o el «Hades», para usar el término griego) es solo una celda de detención temporal, mientras que la prisión definitiva, aún no habitada, es el lago de fuego mencionado en Apocalipsis 20:10. Este lago de fuego es el lugar de castigo eterno por nuestros pecados en la tierra. Esto puede parecer excesivo, pero quizás se deba a que no vemos el pecado desde la perspectiva de Dios: como un motín contra la santidad perfecta.

Otra verdad que, a menudo, se nos escapa es que la condenación de una persona no es el deseo de Dios, sino la propia decisión de esa persona.

Técnicamente, Dios no arroja a la gente al infierno. Las personas rechazan la presencia de Dios; ¿adónde más van a ir sino a un lugar habitado por quienes rechazan el gobierno de Dios? Seamos francos: las personas que rechazan a Dios en esta tierra han creado aquí su propio infierno. Tal vez las descripciones de la Biblia tienen menos que ver con el diseño de Dios que con el ambiente que los incrédulos crean para sí mismos, sin el control del Espíritu Santo.

Datos rápidos sobre los demonios

Los demonios son reales y no son una broma. Saben quién es Jesús (Marcos 1:24,34) y creen en Dios (Santiago 2:19), pero eligen seguir a Satanás, que es un ángel caído (Apocalipsis 12:7-9). Intentan habitar en los seres humanos (Mateo 12:43). Sin embargo, son destructivos por naturaleza y causan ceguera (Mateo 12:22), sordera y mutismo (Marcos 9:25), deformidades (Lucas 13:11), convulsiones (Mateo 17:14-18), enfermedades mentales (Mateo 11:18; Lucas 7:33; Juan 7:20; 8:48,52; 10:20,21) e impulsos suicidas (Mateo 17:15; Marcos 5:5). Tienden a ser ruidosos (Marcos 1:26) y están organizados en una fuerza global (Apocalipsis 16:14). Aunque ejercen una influencia considerable (Marcos 8:33), al final serán destruidos (Apocalipsis 20:1-10). Si bien pueden realizar algunos milagros (Apocalipsis 16:14), su poder está limitado por Dios (Romanos 8:38-39; Apocalipsis 9:20).

Los demonios tienden a infiltrarse en el alma humana a través de cuatro vías: las actividades sectarias (como las sesiones de espiritismo) y la tríada clásica de sexo, drogas y cualquier estilo musical que honre al oscuro mundo espiritual. La participación en estas actividades no garantiza el acceso de un demonio. Sin embargo, son los conductos más comunes.

El término bíblico correcto para el control demoníaco de una persona no es *posesión demoníaca*, sino *demonización*. Hay múltiples niveles o gradaciones de influencia demoníaca:

1. Tentación: situaciones externas que aumentan tu acceso al pecado.

2. Opresión: daño físico o emocional causado por un ataque externo (un accidente, una enfermedad, la muerte, etc.).
3. Influencia: influencia mental hacia la ira, la depresión, la violencia o la autolesión.
4. Posesión: control total o parcial del cuerpo físico (manos, voz, ojos, fuerza muscular sobrenatural, etc.).

Cuanto más profundo sea el nivel de influencia o control, más agresiva debe ser la respuesta. Si alguien se encuentra en el nivel 3 o 4, puede ser necesaria la intervención de un exorcista experimentado. Es complicado y confuso. (Un recurso útil es *Rompiendo las cadenas*, de Neil Anderson).

Para la gran mayoría de nosotros, hay tres pasos sencillos para minimizar la influencia demoníaca: leer o citar en voz alta la Escritura, escuchar música de adoración y orar en voz alta en el nombre de Jesús. Estas tres actividades vuelven locos a los demonios. Puedes irritarlos y alejarlos, no de forma completa ni permanente, pero te ofrecerán un respiro. Cuanto más arraigado esté el punto de apoyo de un demonio, más radicales serán las medidas necesarias para repelerlo.

Esto nos lleva a Efesios 6:12: «Porque no tenemos lucha contra sangre y carne, sino contra principados, contra potestades, contra los gobernadores de las tinieblas de este siglo, contra huestes espirituales de maldad en las regiones celestes». Pablo luego enumeró el armamento específico que tenemos como cristianos (versículos 13-18). La única arma ofensiva que menciona es «la espada del Espíritu, que es la palabra de Dios» (versículo 17). Curiosamente, el término *palabra* no se refiere al texto impreso de la Biblia, sino a la palabra hablada. No basta con conocer teología; debemos verbalizar las promesas de Dios. Cuando abrimos la boca para dar testimonio de Jesús, especialmente en la evangelización, los demonios huyen, o al menos entienden que sus tácticas no tendrán éxito.

La otra arma ofensiva del pasaje (aunque no parte de la armadura en sí) es la oración (versículo 18). Los creyentes que hablan la verdad de Dios, cantan alabanzas a Él y hacen peticiones al Dios vivo tienen muchas más probabilidades de salir menos heridos en las batallas espirituales que enfrentan. No juegues a la defensiva con los demonios; ¡juega a la ofensiva!

Datos rápidos sobre los ángeles

Los ángeles aparecen a lo largo de toda la Biblia. El Nuevo Testamento contiene más de 170 menciones de ángeles, y la palabra *ángel* se utiliza 67 veces solo en Apocalipsis.

Los ángeles tienen tres funciones principales. En primer lugar, son mensajeros, que es precisamente el significado de la palabra griega *aggelos*. Observa cómo los ángeles están presentes en torno a la venida de Jesús, ya sea Su primera o segunda venida.

En segundo lugar, los ángeles sirven a Jesús (Marcos 1:13) y a Su pueblo (Salmos 91:11-12). Consolaron a Jesús en Getsemaní (Lucas 22:43), llevaron a Lázaro junto a Abraham (Lucas 16:22) y liberaron a los apóstoles de la cárcel (Hechos 5:19; 12:7-11). Un ángel guio a Felipe hacia el eunuco etíope (Hechos 8:26); otro mató a Herodes Agripa (Hechos 12:23); y otro predijo la llegada segura de Pablo a Roma (Hechos 27:23-24). De hecho, Hebreos 1:14 dice: «¿No son todos los ángeles espíritus dedicados al servicio divino, enviados para ayudar a los que han de heredar la salvación?» (NVI).

En tercer lugar, los ángeles validan a los hombres de Dios por simple asociación. En otras palabras, si pones a un ángel al lado de una persona, de repente esa persona parece más santa. Esto fue cierto para Moisés (Hechos 7:35) y para Cornelio, el primer gentil convertido (Hechos 10:3-4). Estar en compañía de un ángel identifica a alguien como de Dios. De hecho, los ángeles se regocijan en el cielo cada vez que un pecador se arrepiente (Lucas 15:10).

Puntos clave

- El cielo y el infierno son lugares reales descritos en la Biblia con las mejores metáforas disponibles.

- Los demonios obtienen mayor acceso a través de lo oculto, el sexo, las drogas y la música oscura. Por el contrario, se ven obstaculizados mediante la Escritura, la alabanza y la oración.
- Los ángeles anuncian la venida de Jesús, ayudan a los creyentes a cumplir su llamado y afirman a quienes Dios aprueba.

Esta semana

- [ ] **Día 1:** Lee el ensayo.
- [ ] **Día 2:** Memoriza Mateo 25:41.
- [ ] **Día 3:** Lee Apocalipsis 12–13.
- [ ] **Día 4:** Medita en Efesios 6:12; Hebreos 1:14; Apocalipsis 20:10.
- [ ] **Día 5:** Pregunta a tres amigos cristianos si alguna vez han tenido un encuentro con un ángel o un demonio. Intenta averiguar cómo se ajusta su experiencia a las descripciones bíblicas.

Desafío de superación: Memoriza Efesios 6:12.

Lectura adicional: Neil T. Anderson, *Rompiendo las cadenas*.

26

Nuestra comisión

Toda potestad me es dada en el cielo y en la tierra. Por tanto, id, y haced discípulos a todas las naciones, bautizándolos en el nombre del Padre, y del Hijo, y del Espíritu Santo; enseñándoles que guarden todas las cosas que os he mandado; y he aquí yo estoy con vosotros todos los días, hasta el fin del mundo.

−Mateo 28:18-20

Pregunta: ¿Cuál es la misión de la Iglesia?

La evangelización mundial no es *nuestra* misión; es la misión de *Dios*. Nosotros simplemente colaboramos en ella, por eso la llamamos la Gran Comisión. No intentamos evangelizar el mundo por nuestra cuenta; sino que buscamos asociarnos con Dios en lo que Él ya está haciendo para rescatar al mundo que ama.

Este es un concepto crucial para los cristianos: el mundo no es nuestra responsabilidad, sino la de Dios. Nuestra tarea es estar disponibles para ir donde Dios nos necesite y ser quienes ya somos, influyendo en aquellos con quienes ya tenemos una relación. Esa es la implicación de la palabra griega para *ir*, que literalmente podría traducirse como *mientras vas*. En otras palabras, «mientras sigues con tu vida, haz que Jesús sea conocido». No necesitamos habilidades de *marketing*, tácticas de venta ni respuestas intelectuales a las preguntas de la gente. Solo necesitamos seguir a Jesús y ayudar a otros a caminar con nosotros.

La Gran Comisión es sencilla: camina con la gente mientras caminas con Jesús. Con el tiempo, ellos también llegarán a conocerlo.

Aunque no es complicada, la Gran Comisión es sumamente importante. De hecho, los cuatro Evangelios presentan su propia versión de esta comisión, al igual que el apóstol Pablo:

Y [Jesús] les dijo: Id por todo el mundo y predicad el evangelio a toda criatura. El que creyere y fuere bautizado, será salvo; mas el que no creyere, será condenado. (Marcos 16:15-16)

Y que se predicase en su nombre el arrepentimiento y el perdón de pecados en todas las naciones, comenzando desde Jerusalén. Y vosotros sois testigos de estas cosas. (Lucas 24:47-48)

Como me envió el Padre, así también yo os envío. Y habiendo dicho esto, sopló, y les dijo: Recibid el Espíritu Santo. A quienes remitiereis los pecados, les son remitidos; y a quienes se los retuviereis, les son retenidos. (Juan 20:21-23)

Pero recibiréis poder, cuando haya venido sobre vosotros el Espíritu Santo, y me seréis testigos en Jerusalén, en toda Judea, en Samaria, y hasta lo último de la tierra. (Hechos 1:8)

Así que, somos embajadores en nombre de Cristo, como si Dios rogase por medio de nosotros; os rogamos en nombre de Cristo: Reconciliaos con Dios. (2 Corintios 5:20)

El llamado para todos

Es evidente que la Gran Comisión requiere «todas las manos a la obra». Cada cristiano, en cualquier vocación y en todo momento, participa en la expansión del plan global de Dios. Pero ¿cómo?

Compartir nuestra fe puede parecer intimidante. ¿Y si alguien nos hace una pregunta que no sabemos responder? ¿Y si nuestra vida no es un buen ejemplo que respalde nuestras palabras? ¿Y si nuestros amigos nos rechazan por nuestro testimonio o perdemos nuestro trabajo? Todas estas son preocupaciones válidas que Jesús abordó en la comisión.

«*Toda potestad* me es dada en el cielo y en la tierra» (Mateo 28:18). Gracias a la vida impecable de Jesús, Su muerte sacrificial y Su resurrección victoriosa, Dios lo nombró gobernante y juez del mundo. Cuando entramos a Su servicio, llevamos Su autoridad. Como Sus embajadores, nuestras palabras tienen peso. Pablo lo dejó claro en 2 Corintios 5:20: es «como si Dios rogase por medio de nosotros». Por lo tanto, tenemos la autoridad de ofrecer el perdón de los pecados en nombre de Jesús.

Por supuesto, esto solo es posible a través del canal autorizado de la gracia mediante la fe. En otras palabras, no podemos ofrecer perdón a alguien que no ha jurado lealtad a Jesús. Sin embargo, no debemos subestimar la magnitud de esta autoridad. Ofrecemos la gracia de Dios a través de la sangre de Jesús. No es una tarea reservada únicamente para sacerdotes u obispos, sino que es el derecho y la responsabilidad de todo seguidor de Cristo.

En términos políticos, somos embajadores de Cristo (2 Corintios 5:20). Nuestras palabras no son simples comentarios vacíos. Los embajadores llevan consigo la autoridad del gobierno que los respalda. Como embajador de Cristo, puedes declarar si una persona es amiga o enemiga de Dios, según cómo responda a Jesús.

Entonces, si alguien te hace una pregunta que no puedes responder, eso no disminuye el poder de la declaración que haces. Pero ¿qué sucede si la pregunta es esencial y requiere una respuesta?

Imagina que eres un embajador sentado en una conferencia con líderes extranjeros. Te preguntan sobre un proceso de paz, y no tienes la respuesta. Sin embargo, tu presidente está escuchando la conversación. ¿No crees que te enviaría un correo electrónico o mensaje con la respuesta adecuada? Por supuesto que lo haría.

Esta es precisamente la promesa de Jesús: «Mas cuando os entreguen, no os preocupéis por cómo o qué hablaréis; porque en aquella hora os será dado lo que habéis de hablar. Porque no sois vosotros los que habláis, sino el Espíritu de vuestro Padre que habla en vosotros» (Mateo 10:19-20). Si el miedo a no tener respuestas nos impide compartir nuestra historia, es porque nos falta fe en que Jesús cumplirá Su palabra. Es imposible que Dios te abandone cuando abres la boca en su nombre. ¿Por qué? Porque esta es *Su* misión, y *tu* comisión. Él está mucho más comprometido con el proceso de lo que nosotros jamás estaremos.

«Haced discípulos a *todas las naciones*» (Mateo 28:19). Una de las cosas más extraordinarias de Jesús son Sus aspiraciones globales. Probablemente no habrías podido predecir eso durante Sus tres años de ministerio. Después de todo, se centró en Israel, no en los extranjeros. Antes de Su muerte, nunca envió a Sus discípulos a tierras extranjeras ni viajó fuera de las fronteras tradicionales de Israel. Entonces, ¿por qué, de repente, apuntaría a una conquista global?

Lo cierto es que Jesús siempre tuvo eso en mente. Comenzó con Su propio pueblo y cultura porque la nación de Israel era la esperanza del mundo. Sin embargo, incluso desde Sus primeras etapas, el ministerio de Jesús siempre estuvo orientado hacia el exterior. Sus sanaciones, predicaciones y mandatos nos empujan constantemente más allá del centro.

Esto contrasta fuertemente con la mayoría de las tradiciones religiosas, que empujan a sus fieles cada vez más hacia adentro. A través de una devoción más profunda, rituales más exigentes o conocimientos más elevados, el discípulo del islam, judaísmo, budismo o cualquier otra religión busca una posición más elevada en la jerarquía religiosa. Sin embargo, para los cristianos, es el enfoque hacia el exterior, mediante la evangelización y el servicio social, lo que cumple nuestras obligaciones más profundas en Cristo Jesús.

«Enseñándoles que guarden *todas las cosas que os he mandado*...» (versículo 20). Al principio, esto puede parecer abrumador. ¿Quién puede recordar, y mucho menos obedecer, todos los mandamientos de Jesús?

Bueno, no son tan difíciles de recordar, ya que Jesús resumió todos los mandamientos del Antiguo Testamento en dos simples instrucciones: amar a Dios y amar al prójimo (Mateo 22:37-40). Aunque es fácil de memorizar, es imposible de cumplir a la perfección. Por eso requiere enseñanza. El papel de cada cristiano es ayudar a aplicar estos mandamientos. Es la responsabilidad de la madre con sus hijos, del esposo con su esposa, del empleador con sus trabajadores, del entrenador con sus jugadores. Dondequiera que Dios te ponga, tu propósito es claro: ayudar al menos a una persona a dar un paso más hacia Dios y hacia los demás.

Para que no pensemos que esto es demasiado pedir, Jesús añadió una promesa a la comisión: «He aquí *yo estoy con vosotros todos los días*, hasta el fin del mundo» (Mateo 28:20). Dado que esta es la misión de Dios y nuestra comisión, Él está completamente dispuesto a estar presente en todo momento. Jesús mismo continuará con nosotros a través del Espíritu Santo, quien nos guiará, corregirá y proveerá la sabiduría, el poder y las oportunidades.

El cumplimiento de este mandato abrirá la puerta a la nueva era de la eternidad. Cuando nuestra completa obediencia cumpla Su comisión, Su presencia se volverá tangible, y nuestros problemas llegarán al final de los tiempos.

Hacer discípulos

Mateo 28:18-20 es una declaración poderosa. La Gran Comisión se compone de una sola frase con un solo verbo, que resulta estar en imperativo. No es «bautizar», ya que esa no es nuestra orden. Tampoco es «ir», pues podríamos ser enviados o no a lugares lejanos. El mandato singular en esta comisión es «hacer discípulos».

Este mandato conlleva una gran responsabilidad, sin duda. Existen estanterías de libros sobre el discipulado, y diversos autores proponen diferentes métodos. La mayoría de estos recursos pueden ser útiles y muchos ofrecen valiosas perspectivas. Sin embargo, en este momento, vamos a simplificarlo. En términos sencillos, *un discípulo es un aprendiz*, un estudiante, por así decirlo.

En la cultura judía, el aprendizaje no se centraba tanto en la adquisición de información, como en la transformación personal. Se trataba más sobre el comportamiento que sobre los libros. Algo como lo que hoy llamaríamos mentoría o *coaching* de vida. Un aprendiz observaba e imitaba las prácticas que un mentor modelaba. Este es el corazón de la comisión y la obligación de cada seguidor de Cristo.

Aunque todos tenemos diferentes niveles de madurez espiritual, siempre hay alguien que nos admira o sigue. Para algunos, es un niño; para otros, un atleta o un nuevo compañero de trabajo. Cada uno de nosotros puede aprovechar esas relaciones para ayudar a alguien a caminar un poco más cerca de Cristo.

Antes de dejar esta tierra, Jesús nos dio una última orden. El «llamado para todos» exige que «cada persona alcance a una». Desde el momento en que salimos del baptisterio hasta que cruzamos el umbral de la eternidad, nuestra comisión —nuestra coparticipación con Dios— es hacer conocido a Jesús.

Puntos clave

- La Gran Comisión es la misión de Dios, no la nuestra.
- Este mandato es universal: alcanzar a *todas* las personas en *todos* los lugares y en *todo* tiempo.
- Nuestra directriz principal es hacer discípulos, guiando a otros hacia la lealtad a Jesús.

Esta semana

- ☐ **Día 1:** Lee el ensayo.
- ☐ **Día 2:** Memoriza Mateo 28:18-20.
- ☐ **Día 3:** Lee Hechos 10–11.
- ☐ **Día 4:** Medita en Marcos 16:15-16; Juan 20:21-23; 2 Corintios 5:20.
- ☐ **Día 5:** Identifica por su nombre a una persona a la que podrías acercar al menos un paso más a Jesús.

Desafío de superación: Memoriza 2 Corintios 5:20.

Lectura adicional: Bill Bright, *¿Cómo puede usted ayudar a cumplir la Gran Comisión?*

27

El evangelio

> Principio del evangelio de Jesucristo, Hijo de Dios.
> —Marcos 1:1

Pregunta: ¿Qué es el evangelio?

La palabra *evangelio* significa literalmente 'buena noticia'. En cierto sentido, el evangelio es el resumen del mensaje cristiano. Es decir, el evangelio es el contenido de lo que predicamos. Pablo lo utilizó así en Romanos 1:16: «No me avergüenzo del evangelio, porque es poder de Dios para salvación a todo aquel que cree; al judío primeramente, y también al griego». En un sentido más amplio, el evangelio es una biografía. En concreto, es la historia de la vida y la muerte de Jesús.

El Nuevo Testamento se abre con cuatro Evangelios, narraciones individuales del ministerio de Jesús. Así que *evangelio* puede ser un mensaje o puede ser la narración de la vida, muerte y resurrección de Jesús. Ambos son cristianos. Sin embargo, *evangelio* no era originalmente una palabra religiosa. Surgió como un término político.

El evangelio y la política

En todas las grandes ciudades del mundo romano había mensajeros que traían buenas noticias de la capital. Las multitudes prestaban su atención porque sabían que se trataba de un anuncio importante. Las buenas noticias de los heraldos romanos solían referirse al máximo dirigente del país. Cuando el emperador se casaba, por ejemplo, la buena nueva era transmitida por embajadores oficiales a todas las partes del imperio. Querían que los ciudadanos supieran que el emperador podría transmitir su herencia a la siguiente generación. Del mismo modo, cuando el soberano tenía un hijo, el mensaje se proclamaba por todas partes.[1]

Aparte de los emperadores, los generales también difundían buenas noticias tras una victoria militar.[2] Los correos llevaban el guion oficial a ciudades y suburbios: «Buenas noticias: hemos ganado la guerra».

El éxito militar, el matrimonio y la procreación eran el núcleo común de estos evangelios políticos. Su contenido se inscribía en pergaminos, piedras y pilares para que el pueblo pudiera celebrar y unirse en torno a su gobernante. Esa es una frase importante. Vuelve a leer la última cláusula: ¡para que el pueblo pudiera celebrar y unirse en torno a su gobernante!

Un ejemplo del año 9 a. C. se encontró en la ciudad de Priene. Una inscripción sobre Octavio dice así:

> Dado que la providencia ha ordenado nuestra vida de manera divina […] y puesto que el emperador, con su epifanía, ha superado las esperanzas de las anteriores buenas nuevas [*euaggelia*, la palabra griega para *evangelio*], sobrepasando no solo a los benefactores que le precedieron, sino también dejando sin esperanza a quienes pudieran superarle en el futuro, y dado que el nacimiento del dios fue para el mundo el comienzo de sus buenas nuevas [que se decrete, por tanto, que]…[3]

Dejemos a un lado por un momento la evidente blasfemia y la propaganda política. Esta inscripción aclara el propósito de todo evangelio. La buena nueva debía unificar al pueblo en torno a una figura política que pudiera promoverlo y protegerlo.

Los cristianos adoptaron este término exactamente por la misma razón: deseaban exaltar a su emperador, Jesús, quien podía promover y proteger su prosperidad espiritual. Al hacerlo, los cristianos hacían esta afirmación en oposición directa a la pretensión del emperador romano de ser el gobernante del mundo. Con el simple uso del término, afirmaban una contranarrativa a la de la Roma imperial, sugiriendo que el emperador había sido superado por el Mesías. Según lo que sabemos, esta afirmación fue hecha por primera vez por el joven Juan Marcos mientras escribía su Evangelio, bajo la influencia de Pedro, en la capital de Roma.

El evangelio y los Evangelios

Marcos no perdió tiempo en confrontar a los poderes imperiales. Abrió su libro con estas palabras: «Principio del evangelio de Jesucristo, Hijo de Dios» (1:1). Esta declaración establece el tono para el resto de la obra. En este inicio, ofrece dos títulos políticos para Jesús: «Mesías» e «Hijo de Dios». El primero es de origen judío, y el segundo, romano; ambos, en esencia, significan lo mismo.

Todo judío conocía el significado básico de *mesías*. La palabra significa literalmente 'ungido' y se refería sobre todo al hijo real de David, el rey más famoso de Israel. Se esperaba que restaurara el reino judío a su antigua gloria bajo David, conquistando a los enemigos de Israel, sentándose en un trono real y restableciendo el orden y la pureza del templo. Sería rey, libertador y héroe nacional. *Mesías* puede significar más, pero no puede significar menos.

Los lectores romanos de Marcos sabían poco sobre las esperanzas mesiánicas judías o la historia del antiguo Israel. Sin embargo, lo que sí entenderían es el término *Hijo de Dios*, un título comúnmente utilizado para referirse al emperador. Este gobernante mundial tenía derechos divinos, y su predecesor tenía un estatus divino. En la época en que Marcos escribió su Evangelio, los emperadores eran adorados como dioses. Por ello, la introducción de Marcos podría haberlo llevado a prisión; estaba proclamando a un nuevo gobernante mundial.

¿Por qué hablaría Juan Marcos de esta manera? La siguiente reconstrucción histórica ofrece una explicación plausible. Según la tradición, era un adolescente cuando Jesús celebró la Última Cena en el piso superior de su casa. En esa ocasión, cuando los apóstoles se reunieron, los padres de Marcos pusieron a su disposición una sala en la planta superior. Sin duda, el joven Marcos se esforzaba por escuchar el discurso de despedida de Jesús. Más tarde, vio a los apóstoles partir hacia el huerto. Así que, cuando los soldados llegaron para arrestar a Jesús, Marcos corrió hacia el huerto para advertirle. A pesar de sus esfuerzos por adelantarse a las tropas, llegó demasiado tarde para avisarle a Jesús de su inminente arresto. Había salido de su casa con tanta prisa que solo llevaba puesta su ropa interior. Cuando un soldado lo agarró del cuello, se soltó y escapó corriendo para salvar su vida. Marcos 14:51-52 registra este extraño incidente de un joven que huye desnudo. ¿Quién más podría ser sino Juan Marcos? Aunque su intento pudo haber sido imprudente, también fue valiente. Jesús era su héroe nacional y valía la pena intentar rescatarlo.

Si Juan Marcos arriesgó su vida en el huerto para proteger a Jesús, no es de extrañar que en Roma proclamara a Jesús como gobernante político. Este joven también acompañó a Pablo y Bernabé en el primer viaje misionero de Pablo (Hechos 13-14). Sin embargo, una vez más, no logró completar lo que había comenzado, por lo que Pablo se negó a llevarlo en su segundo viaje (Hechos 15:36-38). Como resultado, Bernabé y Pablo se separaron, y Bernabé se llevó a Juan Marcos consigo (versículo 39). Con el tiempo, Juan Marcos llegó a Roma como ayudante de Pedro, el otro apóstol «pilar». Como muchos de nosotros, Juan Marcos tenía una historia de fracasos, pero un corazón comprometido con promover a Jesús. Esta vez lo hizo bien. Su Evangelio comienza donde terminó la vida de Jesús, abordando una de las preguntas más desafiantes para cualquier individuo y sociedad: ¿quién tiene el derecho de gobernar?

El evangelio y la Iglesia

Los Evangelios emplean veintitrés veces alguna variante de la palabra *evangelio* ('buena noticia'). En el resto del Nuevo Testamento, después de la resurrección de Jesús, aparece más de cien veces. El evangelio no es simplemente la historia de Jesús *para* la Iglesia, sino la proclamación de la salvación *a través* de la Iglesia. En resumen, el propósito de la Iglesia es anunciar a Jesús como emperador, Rey de reyes y gobernante del cielo y de la tierra. El evangelio es la buena noticia de que cada uno de nosotros puede obtener la redención de sus pecados. Sin embargo, es más que una buena nueva para un individuo; es la buena noticia de una nueva nación.

Llamamos a esta nación el reino de Dios porque es una obra global y eterna. Jesús es nuestro emperador, y nosotros somos Sus enviados. No es solo nuestro mensaje, es también nuestra responsabilidad. Pablo lo expresó de esta manera: «Pues si anuncio el evangelio, no tengo por qué gloriarme; porque me es impuesta necesidad; y ¡ay de mí si no anunciare el evangelio!» (1 Corintios 9:16).

Dado que este anuncio es de suma importancia, Satanás trabaja constantemente para asegurarse de que no reciba la audiencia adecuada. Desde la escritura de los Evangelios hasta nuestros días, ha habido un ataque concertado, tanto satánico como cultural, contra el mensaje del reinado de Jesús. Debemos estar vigilantes, no solo para proclamar el evangelio, sino también para preservarlo en su pureza. Escucha la crítica de Pablo a los gálatas, quienes habían alterado su predicación:

> Estoy maravillado de que tan pronto os hayáis alejado del que os llamó por la gracia de Cristo, para seguir un evangelio diferente. No que haya otro, sino que hay algunos que os perturban y quieren pervertir el evangelio de Cristo. Mas si aun nosotros, o un ángel del cielo, os

anunciare otro evangelio diferente del que os hemos anunciado, sea anatema. Como antes hemos dicho, también ahora lo repito: Si alguno os predica diferente evangelio del que habéis recibido, sea anatema.
(Gálatas 1:6-9)

Solo hay un verdadero evangelio de Jesús. Por lo tanto, debemos hacer todo lo posible para entronizarlo. Esto no es una mera metáfora. A través de Su Iglesia, Jesús *reina* en este mundo. Es nuestra responsabilidad y privilegio ser Sus mensajeros, anunciando en todos los rincones del mundo esta verdad singular: tenemos un rey llamado Jesús, que está sentado en el trono del cielo de Dios para traer sanidad a la tierra.

Este mensaje es sumamente necesario. Esta buena noticia parece esperada con urgencia. Haz tuya la declaración del apóstol Pablo: «Pero de ninguna cosa hago caso, ni estimo preciosa mi vida para mí mismo, con tal que acabe mi carrera con gozo, y el ministerio que recibí del Señor Jesús, para dar testimonio del evangelio de la gracia de Dios» (Hechos 20:24).

Puntos clave

- La palabra *evangelio* significa literalmente 'buena noticia' y, originalmente, era un término de naturaleza política.
- Marcos fue el primer escritor cristiano en utilizar este término, haciéndolo en oposición directa a las pretensiones del emperador de ser el gobernante del mundo.
- Más que una simple narración de la vida de Jesús, el evangelio es la proclamación de la Iglesia. Nuestra primera misión es anunciar a Jesús como el único y verdadero Rey del mundo.

Esta semana

- [ ] **Día 1:** Lee el ensayo.
- [ ] **Día 2:** Memoriza Marcos 1:1.
- [ ] **Día 3:** Lee Juan 2.
- [ ] **Día 4:** Medita en Hechos 20:24; Romanos 1:16; Gálatas 1:6-9.
- [ ] **Día 5:** Hazte dos preguntas: (1) si declararas que Romanos 1:16 es cierto en tu vida, ¿tendrían tus amigos y familiares suficientes evidencias para defender tu afirmación?, y (2) ¿qué pasos prácticos puedes dar para hacer de Hechos 20:24 una realidad en tu agenda esta semana?

Desafío de superación: Memoriza Romanos 1:16.

Lectura adicional: Scot McKnight, *The King Jesus Gospel: The Original Good News Revisited* [El evangelio del Rey Jesús: La buena nueva original revisitada].

28

La fe

El tiempo se ha cumplido, y el reino de Dios se ha acercado; arrepentíos, y creed en el evangelio.

—Marcos 1:15

Pregunta: ¿Qué es la fe?

Parece extraño que tengamos que hacernos esta pregunta. ¿No es obvio? En realidad, no. Para muchos, y durante demasiado tiempo, la fe se ha reducido a una creencia. El reconocimiento racional de que Jesús murió y resucitó no siempre se traduce en una vida transformada. Después de todo, hasta los demonios lo creen (Santiago 2:19).

Ahora, para ser claros, no hay nada malo en creer; simplemente no es suficiente.

El racionalismo equipara la fe con el razonamiento correcto. Los existencialistas la equiparan con la experiencia personal. Ninguno de los dos alcanza la profundidad de la fe bíblica.

Comencemos con la definición bíblica de *fe*: «Es, pues, la fe la certeza de lo que se espera, la convicción de lo que no se ve» (Hebreos 11:1). Esto es importante porque unos versículos más adelante leemos: «Pero sin fe es imposible agradar a Dios; porque es necesario que el que se acerca a Dios crea que le hay, y que es galardonador de los que le buscan» (versículo 6).

La fe como fidelidad

No hay razón para permitir que los racionalistas o existencialistas se apropien de la fe. Podemos interceptar una conversación judía del siglo I para centrarnos en el verdadero significado de la fe. Flavio Josefo, un aristócrata judío, contemporáneo del apóstol Pablo, fue general durante la revuelta contra los romanos. Luchó contra Vespasiano, quien más tarde se convertiría en emperador. Vespasiano venció a Josefo y, en lugar de matarlo, lo utilizó como herramienta de propaganda política.

En las décadas siguientes, Josefo escribió dos libros que se consideran las fuentes históricas más confiables sobre los judíos y su tierra natal durante ese período. El primero, *La guerra de los judíos,* fue un intento deliberado de convencer a sus compatriotas de la invencibilidad de Roma y de la inutilidad de la revuelta. Su segundo libro, *Antigüedades de los judíos,* era propaganda dirigida en la dirección opuesta, intentando presentar el judaísmo de manera favorable para su público romano. Aunque algo tendenciosos, sus escritos se cuentan entre los mejores testimonios de los acontecimientos críticos que rodearon la destrucción de Jerusalén.

En su autobiografía, Josefo relató un incidente con una verborrea casi idéntica a la de Marcos 1:15. Era el año 67 d. C. La rebelión había comenzado y varias facciones se disputaban el poder. Josefo, nombrado general, fue enviado desde Jerusalén a Galilea para dialogar con los líderes rebeldes. Aquellos que se oponían al liderazgo de Josefo contrataron a un hombre —que (confusamente) también se llamaba Jesús— para asesinarlo. Josefo descubrió el complot y lo frustró. En lugar de eliminar a su atacante, trató de convertirlo. Así lo relata Josefo con sus propias palabras:

> Entonces llamé aparte a Jesús y le dije que no ignoraba la conspiración urdida contra mí ni quiénes la habían organizado, pero que le

perdonaría lo que había hecho si se *arrepentía* y estaba dispuesto a *serme fiel* en adelante.[1]

Josefo le ofreció al hombre la oportunidad de cambiar su destino transfiriendo sus lealtades. Es un excelente resumen de lo que representa la fe bíblica.

Las palabras *arrepentirse* y *ser fiel* en el relato de Josefo son las mismas palabras griegas que se encuentran en Marcos 1:15. Josefo no le estaba diciendo a su enemigo que sienta pena por lo que había hecho, ni lo estaba llamando a un camino moral más elevado. En lugar de eso, lo desafió a una nueva lealtad. A partir de este entendimiento, podemos comprender mejor el llamado de Jesús.

Primero, su llamado al arrepentimiento no consistía simplemente en lamentarse. Era un compromiso a largo plazo para cambiar la lealtad a un nuevo amo. Segundo, Jesús no nos invitaba a renunciar a nuestras habilidades o pasiones, sino a llevarlas, junto con todas las aspiraciones que representan, y ofrecerlas al servicio de Dios. Tercero, la fe no es simplemente lo que Jesús nos llamó a creer, sino una promesa de lealtad que nos pidió hacer.

La fe es fidelidad, lealtad y compromiso. Cualquier otra cosa es superficial e ineficaz. Así como Josefo pidió a su adversario que le mostrara lealtad, Jesucristo nos pide que le juremos fidelidad. Él *es* la buena noticia. Él es el nuevo emperador y Rey. Es el Salvador y el Señor soberano.

Todo soldado, esposo o hermano de fraternidad conoce el peso de un juramento. Esta es la lealtad que Jesucristo exige de nosotros.

La fidelidad como obediencia

Cuando hablamos de agregar la obediencia a la fe, muchos teólogos se ponen nerviosos. Parece que estamos sugiriendo que la salvación se obtiene por las obras y no solo por la fe.

Reconocemos esta preocupación. Después de todo, la mayor diferencia entre el cristianismo y las otras religiones es que *Dios* nos salvó; no tuvimos que esforzarnos para salvarnos. Sin embargo, cuando se entiende correctamente, la obediencia no se añade a la fe, sino que es la respuesta natural de la fidelidad.

Una vez más, seamos claros: no estamos diciendo que la obediencia nos salva. Tampoco estamos afirmando que la obediencia valida nuestra fe, como si confirmara la intensidad adecuada de nuestra creencia. Más bien, sostenemos que la fe, en esencia, es lealtad. *La obediencia es la expresión de esa lealtad, no una prueba de ella.* Nuestras «obras» son la manifestación natural e inevitable de la fidelidad que prometemos a nuestro Rey.

Esto se expresa de manera clara en la epístola del propio hermano de Jesús, Jacobo: «Así también la fe, si no tiene obras, es muerta en sí misma. Pero alguno dirá: Tú tienes fe, y yo tengo obras. Muéstrame tu fe sin tus obras, y yo te mostraré mi fe por mis obras» (Santiago 2:17-18). A continuación, menciona dos ejemplos de personas que vivieron una vida de lealtad. En primer lugar, Abraham, el padre de la fe, demostró con su obediencia que verdaderamente creía en Dios: «¿No fue justificado por las obras Abraham nuestro padre, cuando ofreció a su hijo Isaac sobre el altar? ¿No ves que la fe actuó juntamente con sus obras, y que la fe se perfeccionó por las obras?» (versículos 21-22). En segundo lugar, Rahab, una prostituta, demostró su fe cuando su lealtad pasó de los habitantes de Jericó a los invasores israelitas. «Asimismo también Rahab la ramera, ¿no fue justificada por obras, cuando recibió a los mensajeros y los envió por otro camino?» (versículo 25).

Esto de ninguna manera significa que Abraham se ganara la salvación cumpliendo la ley. De hecho, Abraham es el mismo ejemplo que Pablo utilizó para demostrar que *no* somos salvos por las reglas que cumplimos: «Porque si Abraham fue justificado por las obras, tiene de qué gloriarse, pero no para con Dios. Porque ¿qué dice la Escritura? Creyó Abraham a Dios, y le fue contado por justicia» (Romanos 4:2-3). Pablo reafirma esto en Gálatas 2:16:

> Sabiendo que el hombre no es justificado por las obras de la ley, sino por la fe de Jesucristo, nosotros también hemos creído en Jesucristo,

para ser justificados por la fe de Cristo y no por las obras de la ley, por cuanto por las obras de la ley nadie será justificado.

Ni Jacobo ni Pablo descartaron las obras. Ambos insistieron en que deben ocupar el lugar que les corresponde. Las obras fracasan cuando intentan ganarse la gracia de Dios. Sin embargo, cuando las buenas obras se realizan «en Cristo», demuestran nuestra fe en el don gratuito de la salvación de Dios. Pablo afirmó que fuimos «creados en Cristo Jesús para buenas obras...» (Efesios 2:10). Las buenas obras en Cristo son una expresión inevitable de nuestra fe. Además, cuando obedecemos a Dios, nuestra vida mejora. En este sentido, la obediencia es más un favor que Dios nos concede que una ofrenda hacia Él. Esta es una sabiduría antigua: «Fíate de Jehová de todo tu corazón, y no te apoyes en tu propia prudencia. Reconócelo en todos tus caminos, y él enderezará tus veredas» (Proverbios 3:5-6).

Vemos esto claramente cada vez que se describe el juicio final en el Nuevo Testamento. Son nuestras obras las que se juzgan, pues son la expresión tangible y visible de nuestra fidelidad. Jesús lo dijo primero: «No os maravilléis de esto; porque vendrá hora cuando todos los que están en los sepulcros oirán su voz; y los que hicieron lo bueno saldrán a resurrección de vida; mas los que hicieron lo malo, a resurrección de condenación» (Juan 5:28-29). Pablo confirmó las palabras de Jesús:

El cual pagará a cada uno conforme a sus obras: vida eterna a los que, perseverando en bien hacer, buscan gloria y honra e inmortalidad, pero ira y enojo a los que son contenciosos y no obedecen a la verdad, sino que obedecen a la injusticia. (Romanos 2:6-8)

Pedro, el otro gran apóstol, también estuvo de acuerdo: «Y si invocáis por Padre a aquel que sin acepción de personas juzga según la obra de cada uno, conducíos en temor todo el tiempo de vuestra peregrinación» (1 Pedro 1:17). Juan concluyó el Apocalipsis con la misma afirmación: «Y vi a los muertos, grandes y pequeños, de pie ante Dios; y los libros fueron abiertos, y otro libro fue abierto, el cual es el libro de la vida; y fueron juzgados los muertos por las cosas que estaban escritas en los libros, según sus obras» (Apocalipsis 20:12).

En conclusión, aquí hay una sencilla prueba de fuego para medir tu fe. Aquellos que intentan ganarse la salvación mediante las obras se preguntan: «¿Esto es todo lo que tengo que hacer?». Pero aquellos que viven en lealtad a Dios formulan una pregunta diferente: «¿Qué más puedo hacer?».

En pocas palabras, la fe es puesta por *obra*.

Puntos clave

- La *fe* (la misma palabra griega que *creencia*) debe entenderse como *fidelidad* o *lealtad*.
- Somos salvos «por gracia [...] por medio de la fe [...] para buenas obras» (Efesios 2:8-10).
- La obediencia (o «buenas obras») no es un medio para obtener la salvación, sino una expresión inevitable de la lealtad de quienes ya han sido salvos.

Esta semana

- [ ] **Día 1:** Lee el ensayo.
- [ ] **Día 2:** Memoriza Marcos 1:15.
- [ ] **Día 3:** Lee Génesis 6:9–9:17.
- [ ] **Día 4:** Medita en Proverbios 3:5-6; Hebreos 11:1; Santiago 2:17-18.
- [ ] **Día 5:** Ve una película patriótica como *El patriota*, *Cuestión de honor* o *Capitán América: El primer vengador*, y pregúntate cómo se definiría la fe a través de esa película.

Desafío de superación: Memoriza Santiago 2:17-18.

Lectura adicional: Dietrich Bonhoeffer, *El costo del discipulado*.

29

El descanso

> También les dijo: El día de reposo fue hecho por causa
> del hombre, y no el hombre por causa del día de reposo.
> Por tanto, el Hijo del Hombre es Señor aun del día
> de reposo.
>
> —Marcos 2:27-28

Pregunta: ¿Cómo puedo encontrar descanso?

En un mundo tan frenético como el nuestro, el descanso es exiguo. Las personas trabajadoras corren a la oficina para enfrentar un aluvión de reuniones y tareas. Luego, regresan a casa en plena hora pico, justo a tiempo para asistir a un evento infantil, antes de caer rendidas en un sillón reclinable, solo para repetir el ciclo al día siguiente.

Necesitamos desesperadamente salir de esta rutina.

El *sabbat* es el último Edén que nos queda

Puedes reorganizar tu horario tantas veces como quieras, pero hasta que no cambies de amo, nunca encontrarás descanso para tu alma.

Como sociedad, estamos en crisis. No tenemos tiempo para lo que realmente importa. Desde el principio, Dios conocía nuestra necesidad de descanso y estableció una práctica radical para garantizar su disfrute. Se llama el *sabbat* o día de reposo, y hoy lo necesitamos más que nunca.

Para muchos, el *sabbat* parece arcaico e irrelevante. Pero el *sabbat* no es solo uno de los Diez Mandamientos. Es un ritmo que se originó en el Edén:

> Y acabó Dios en el día séptimo la obra que hizo; y reposó el día séptimo de toda la obra que hizo. Y bendijo Dios al día séptimo, y lo santificó, porque en él reposó de toda la obra que había hecho en la creación. (Génesis 2:2-3)

Dios no descansó porque estuviera agotado; descansó para celebrar la creación e incorporó el principio del *sabbat* a la tierra física. La tierra debe permanecer en barbecho cada séptimo año (Levítico 25:3-4). Los animales duermen como parte de su ciclo diario, y los seres humanos deben cesar su trabajo un día a la semana (Éxodo 23:12).

El principio es sencillo: la mayor productividad de la creación se encuentra dentro de un ciclo que incluye el descanso. Para los humanos, esto significa que realizamos más en seis días de trabajo que en siete. Nuestra mente, nuestras emociones y nuestro cuerpo necesitan tiempo para reflexionar, despejar el desorden, soñar y reorganizarse. Sin descanso, nuestro trabajo se ve obstaculizado, ya que nuestra creatividad se ahoga. Los estudios demuestran que, después de trabajar más de cincuenta horas a la semana, nuestra productividad cae drásticamente.[1]

En los Diez Mandamientos, las dos prohibiciones contra la idolatría y el trabajo en el día de reposo constituyen apenas el 20 % de los mandamientos (Éxodo 20:3-17). Sin embargo, esos mandamientos y el comentario que Dios ofreció sobre ellos representan más del 60 % del texto. En otras palabras, Dios tenía más que decir sobre estos dos mandamientos que sobre todos los demás juntos. ¿Por qué? Porque sabe que la idolatría del materialismo y nuestro rechazo a descansar del trabajo van de la mano. También conoce los efectos devastadores que esto tiene en nuestras familias, nuestro cuerpo y nuestras iglesias. Típicamente, los mandamientos relacionados con el día de reposo y la idolatría son violados en tándem.

Cuando reconocemos que Dios es el dueño de nuestro tiempo y de nuestro tesoro —nuestros dos bienes más valiosos— vivimos más, somos más productivos y más generosos.

Como consecuencia del pecado de Adán y Eva, los seres humanos fueron expulsados del huerto. Nos alejamos de Dios y el uso de la tierra se volvió más difícil e, incluso, maldito. Nuestros matrimonios se deterioraron (irreparablemente para muchos) y nuestros cuerpos envejecieron y murieron. La única parte del Edén a la que aún tenemos pleno acceso es el *sabbat*. Si volvemos al descanso que teníamos en el Edén, el resto de nuestra vida será más libre de la maldición del pecado de Adán.

Jesús es el Señor del *sabbat*

Jesús tuvo conflictos con los líderes religiosos por diversas razones. Comía con pecadores, no cumplía con todos los rituales de lavado y afirmaba ser el Hijo de Dios, entre otros. Sin embargo, su confrontación más frecuente giró en torno a las normas del *sabbat*. La orden dominante judía tomó el simple mandamiento «Acuérdate del día de reposo» y lo convirtió en una compleja enciclopedia de prohibiciones.

Por ejemplo, un reglamento establecía que abrocharse las sandalias con una mano no se consideraba trabajo. Pero si era necesario usar ambas manos, sí era «trabajo» y, por lo tanto, estaba prohibido. Una persona podía llevar hasta dos bellotas de peso. Pero si llevaba tres, debía comerse una antes de continuar. A las mujeres se les prohibía mirarse en el espejo en *sabbat*, por si acaso veían una cana y no podían resistir la tentación de arrancársela.

Estas son regulaciones bastante triviales, pero ninguna fue tan arbitraria como esta: un huevo puesto en *sabbat* estaba prohibido. Podías incubar ese huevo y comerte la gallina, o comer los huevos de una gallina que había nacido de un huevo puesto en *sabbat*. Pero no podías comer el huevo que había sido puesto ese día.

Con razón Jesús rechazó esas reglas. Ellas convertían la bendición del descanso en una lista de normas que obligaban a andar con pies de plomo.

Jesús desestimó sistemáticamente las normas tradicionales del *sabbat*. En la sinagoga, sanó a un hombre con una mano atrofiada (Marcos 3:1-6), a una mujer encorvada (Lucas 13:10-17), a un hombre con hidropesía (Lucas 14:1-6), a un cojo en Betesda (Juan 5:1-9) y a un ciego de nacimiento (Juan 9:1-7,14). El sentido de cada uno de estos eventos puede resumirse de manera sencilla: *el* sabbat *debe servir a la humanidad, no agobiarla*. O, para usar la memorable frase de Jesús: «El día de reposo fue hecho por causa del hombre, y no el hombre por causa del día de reposo. Por tanto, el Hijo del Hombre es Señor aun del día de reposo» (Marcos 2:27-28). Jesús estaba reclamando el sábado a la religión y devolviéndoselo a la humanidad.

Ahora bien, cualquier profeta podría haber afirmado: «El *sabbat* debe ser una bendición, no una carga». Sin embargo, la segunda afirmación cruzó la línea hacia la blasfemia: «El Hijo del Hombre es Señor aun del día de reposo». Para ser claros, Jesús no estaba reclamando el control de un ritual esotérico. El *sabbat*, junto con la circuncisión y las normas dietéticas, definía las fronteras sociales entre Israel y el mundo pagano. En otras palabras, el *sabbat* era un elemento fundamental de la identidad judía. Cualquiera que alterara un mandamiento mosaico tendría que pretender estar a la altura de Moisés. Sin embargo, pretender tener autoridad sobre el día de reposo era pretender estar a la altura de Dios. ¡Ese es el punto!

Jesús ejerció Su señorío con relación al *sabbat* al asumir directamente una de las prácticas centrales de Israel y reclamar su control. Al mismo tiempo, utilizó esa misma autoridad para ejercer compasión, especialmente a través de la sanidad. Esto es precisamente lo que esperaríamos del Rey de reyes, quien declaró: «Porque el Hijo del Hombre no vino para ser servido, sino para servir...» (Marcos 10:45).

Una advertencia crítica sobre la observancia del *sabbat*

En el judaísmo de la época de Jesús, el don divino del día de reposo se transformó en ley a través de reglamentos humanos. Estas normas meticulosas se convirtieron en una carga en lugar de una bendición, ya que el principio del descanso se utilizó como una medida de rectitud. El *sabbat* no debe considerarse simplemente como otra regla que se debe añadir a nuestras disciplinas espirituales; más bien, es un principio de creación que debe celebrarse como un don. La vida cristiana no es una competición para ver quién puede seguir más reglas.

Pablo nos ofrece una advertencia importante sobre las normas legales que deberíamos aplicar a la observancia del *sabbat* (y a otras normas religiosas): «Pues si habéis muerto con Cristo en cuanto a los rudimentos del mundo, ¿por qué, como si vivieseis en el mundo, os sometéis a preceptos tales como: No manejes, ni gustes, ni aun toques» (Colosenses 2:20-21). La aguda percepción de Pablo en este pasaje revela la vacuidad del legalismo. Lo que evitamos no nos hace justos, al igual que las prácticas religiosas que seguimos. Lo que realmente nos justifica es la sangre de Jesús. Las actividades religiosas son valiosas únicamente en la medida en que nos capacitan para servir a los demás. Además, las cosas que evitamos no son trofeos que adornan nuestra vida. Las viejas reglas de la religión eran como muletas que usábamos para atravesar la semana, pero ya no son necesarias, ya que estamos fortalecidos por el Espíritu de Cristo.

Seamos claros: nuestros actos religiosos —asistir al culto, orar, leer la Biblia y guardar el día de reposo— son un regalo de Dios para nosotros, no nuestro regalo hacia Él. Y nuestra decisión de evitar ciertas cosas no proviene de la creencia de que lo externo es malo y nosotros somos superiores. Lo que evitamos son viejos hábitos que han perdido relevancia porque han sido reemplazados por cosas mucho mejores, más profundas y duraderas.

El *sabbat* nos ofrece una pausa en nuestra semana para recordar esto. Así, nuestra práctica del día de reposo se convierte en un regalo que recibimos, un tiempo para descansar del trabajo, refrescar nuestra alma, adorar a Dios con otros creyentes y reconectar con la familia y amigos, lo que nos permite invertir en nuestras comunidades. Cuando el ritmo del descanso marque nuestro trabajo, experimentaremos mayor productividad en nuestras labores y una conexión más fuerte en nuestros hogares. Esta es la vida que Dios desea para ti tanto como tú.

Puntos clave

- El *sabbat* fue instituido en el Edén como parte del orden de la creación.
- Jesús reclamó autoridad sobre el *sabbat* para restaurar su verdadero propósito.
- El legalismo convierte el *sabbat* en una carga, no en una bendición.

Esta semana

- ☐ **Día 1:** Lee el ensayo.
- ☐ **Día 2:** Memoriza Marcos 2:27-28.
- ☐ **Día 3:** Lee Marcos 2–3.
- ☐ **Día 4:** Medita en Génesis 2:2; Mateo 11:28-30; Colosenses 2:20-21.
- ☐ **Día 5:** Los amigos y la familia pueden conocernos mejor de lo que nos conocemos a nosotros mismos. Pregúntales en qué áreas de tu vida necesitas descansar. Comunícales tu intención de practicar el *sabbat* de manera concreta y permíteles que te hagan responsable de ello.

Desafío de superación: Memoriza Colosenses 2:20-21.

Lectura adicional: Richard Swenson, *Margen: Restauración de las reservas emocionales, físicas, financieras y de tiempo en vidas sobrecargadas.*

30

El liderazgo

Porque el Hijo del Hombre no vino para ser servido, sino para servir, y para dar su vida en rescate por muchos.

—Marcos 10:45

Pregunta: ¿Cómo puedo alcanzar la grandeza?

Los discípulos esperaban que Jesús reinara como un rey literal sobre Jerusalén y contaban con ocupar posiciones en su gabinete. Después de todo, Jesús ya les había prometido que se sentarían en doce tronos (Mateo 19:28). Estas esperanzas avivaron una competencia ya existente entre ellos, ya que cada uno codiciaba un nombramiento especial.

La petición de Jacobo y Juan

Mientras se dirigían a Jerusalén, Jacobo y Juan se acercaron a Jesús con la vista puesta en los asientos de honor a Su derecha e izquierda. Se atrevieron a pedirle que les concediera lo que deseaban (Marcos 10:35). El rey Herodes había usado antes esta misma frase para hacerle una oferta a su hijastra adolescente: «Pídeme lo que quieras, y yo te lo daré» (Marcos 6:22). Como recordarás, esa imprudente oferta le costó caro a Herodes, quien consecuentemente decapitó a un profeta que respetaba. Jesús, sin embargo, es un rey muy diferente a Herodes y nunca se sometería a una petición tan inapropiada.

En una cultura marcada por el honor y la vergüenza, los puestos de poder que Jacobo y Juan ansiaban ofrecían enormes ventajas para sus amigos y familiares. Por esta razón, Salomé, madre de ambos, apoyó la ambición de sus hijos (Mateo 20:20-21). Dado que Jesús ya había otorgado privilegios especiales a Jacobo y Juan, no era descabellado esperar que accediera a su petición. Sin embargo, debían actuar con rapidez, no fuera que Pedro se adelantara a Jacobo. Pedro, después de todo, era parte del círculo íntimo de los tres principales ayudantes de Jesús. Incluso Judas Iscariote podría intentar maniobrar en su favor como director financiero del grupo.

Toda la historia política que conocían los discípulos fomentaría esa búsqueda de rango. Desde Alejandro hasta Augusto, y desde los «hombres poderosos» de David hasta los Macabeos, este era el camino hacia el poder político.

Sin embargo, Jesús no accedió a la petición de Jacobo y Juan, y dejó esa decisión en manos de Dios. En lugar de ello, les preguntó si estaban dispuestos a sufrir. Las metáforas de la «copa» y el «bautismo» prefiguran el sufrimiento. La «copa» simboliza a menudo el juicio de Dios (Jeremías 25:15-29; Zacarías 12:2). De manera similar, el bautismo era una metáfora de ser sumergido en el dolor o el sufrimiento: «De un bautismo tengo que ser bautizado; y ¡cómo me angustio hasta que se cumpla!» (Lucas 12:50).

Los discípulos pensaban que Jesús se refería a «pagar el precio por ser el jefe». Muchos cambios de régimen requieren grandes sacrificios, incluso la pérdida de la vida. Aseveraron estar a la altura del desafío. Sin embargo, lo que sucedió a continuación dejó claro que Jesús tenía en mente algo diferente. El sufrimiento no es el costo que se debe pagar para alcanzar los puestos de poder; más bien, el sufrimiento —especialmente a través del servicio— es la vocación de todos los líderes en el reino de Dios.

Grandeza en el reino

La petición de Jacobo y Juan enfureció a los demás apóstoles (Marcos 10:41), no porque fuera inapropiada, sino por envidia. Todos deseaban esos asientos. Jesús también se escandalizó por su solicitud, pero por una razón diferente. Su respuesta es reveladora. Nuestras traducciones sugieren que los gobernantes son reconocidos como tales por aquellos a quienes gobiernan: «los que se consideran gobernantes» (versículo 42, NVI). Sin embargo, el griego original parece insinuar un significado distinto: «Los que dan la impresión [o tienen la reputación] de gobernar». Aquellos que proyectan esa imagen son los verdaderos gobernantes, no los gobernados. Así, la afirmación de Jesús implica que quienes están en el poder se *autoproclaman* gobernantes y buscan el apoyo popular para justificar su posición. ¿No resulta más realista? Los gobernantes compiten por la posición y la aclamación popular, intentando parecer «presidenciales» o impresionando a la gente con su poder. Estos líderes que se promocionan a sí mismos dan la impresión de que están gobernando, aunque Jesús enseñó que solo Dios es el verdadero gobernante. Jesús, por supuesto, ha sido descrito como un gobernante en Marcos. Sin embargo, esto es lo fundamental (y un modelo claro para cualquiera de nosotros que aspire a ser un líder cristiano): cada vez que Jesús ejerció Su autoridad —ya sea enseñando a las multitudes, sanando a las personas o expulsando demonios (Marcos 1:22,27; 2:10-12; 3:15)—, lo hizo en beneficio de los humildes.

Jesús identificó a los líderes mundanos como «gobernantes de las naciones» (10:42). En el libro de Marcos, hay dos figuras que se ajustan a este perfil: Herodes y Pilato. Marcos calificó a Herodes de rey cuando en realidad no lo era. Herodes buscó ese título por instigación de su esposa, Herodías. Sin embargo, en lugar de recibir una corona, fue desterrado por el emperador en el año 39 d. C. debido a sus ambiciones. En el Evangelio de Marcos, Herodes mató a Juan el Bautista por causa de las maquinaciones de su mujer y de la trampa de su hijastra adolescente (6:21-28). Así, Herodes fue dominado por un par de mujeres «sin poder» en su propia casa, que lo obligaron a hacer lo que nunca habría hecho voluntariamente de no haber sido adicto a la percepción del poder.

En cuanto a Pilato, crucificó a Jesús en contra de su buen juicio (15:12-15). Cedió ante las multitudes cuando estas lo chantajearon bajo el argumento de que no sería amigo del césar si no condenaba a Jesús (Juan 19:12).

Ni Herodes ni Pilato estaban realmente en control, a pesar de su poder. Ambos sucumbieron ante la presión de sus subordinados, temerosos de perder su estatus o influencia. Aquí se revela una regla universal sobre los gobernantes: *quienes se presentan como tales son, en realidad, gobernados por su deseo de ser vistos como gobernantes.*

Lo que era cierto en el Evangelio de Marcos también lo era en el contexto más amplio de la política romana, incluso en el caso del mismo emperador. Una moneda mostraba la cabeza del emperador Tiberio con la inscripción: «Aquel que merece adoración». Aunque Tiberio fue un ejemplo especialmente extremo de un líder que se promocionaba a sí mismo, ningún emperador, desde Julio hasta Adriano, fue muy diferente.

Apenas hay una mínima diferencia entre Tiberio y los gobernantes políticos de nuestros días. La tecnología ha cambiado, pero la psicología política sigue intacta. Aquellos que desean ser vistos como gobernantes están gobernados por sus deseos. Los gobernantes son esclavos del pueblo.

Jesús, en cambio, es completamente diferente a cualquier otro líder político. Él enseñó que «el que quiera hacerse grande entre vosotros será vuestro servidor, y el que de vosotros quiera ser el primero será siervo de todos» (Marcos 10:43-44). Si aspiramos a la grandeza en el reino de Jesús, que sea sirviendo más, no adquiriendo un estatus superior en los asientos de honor.

El consejo supremo de Jesús sobre el liderazgo

«Porque el Hijo del Hombre no vino para ser servido, sino para servir, y para dar su vida en rescate por muchos» (versículo 45). Esta es, sin duda, una de las afirmaciones más importantes que Jesús pronunció. Es, además, la lección de liderazgo más esencial que jamás ofreció. Marcos 10:45 resume la biografía de Jesús: es el Señor que murió por los pecados del mundo. Sin embargo, si solo nos enfocamos en Jesús a través de este versículo, perderemos dos lecciones cruciales sobre el liderazgo.

Primero, el sufrimiento sacrificial no es solo algo que Jesús hizo por nosotros, sino también un ejemplo que nos dejó. La cruz de Jesús no es únicamente un don que debemos recibir, sino también una vocación que debemos aceptar.

En segundo lugar, y más importante aún, separar Marcos 10:45 de su contexto transforma la afirmación de Jesús en un principio religioso en lugar de una práctica política. En resumen, se suele interpretar la muerte de Jesús como el pago espiritual por nuestros pecados personales, en lugar de un rescate nacional para Israel. Esto no niega el carácter único de la muerte de Jesús como sustitución y expiación, sino que afirma que la cruz es central para su programa político: la (re)instauración del reino de Dios. También nos recuerda nuestro papel, no solo en creer en Sus enseñanzas, sino en imitar Su ejemplo. Jesús veía Su muerte como el medio por el cual Israel sería liberado de las consecuencias de sus pecados y el reino de Dios se establecería. Nuestro papel es hacer lo mismo en nuestra propia cultura: llevar la salvación de Jesús a las personas en nuestras áreas de influencia.

Quizás en ningún lugar esto se vea más claramente, o se malinterprete más lamentablemente, que en Efesios 5:21, donde Pablo exhorta: «Someteos unos a otros en el temor de Dios». Pablo fue directo al afirmar que aquellos que imitan a Jesús viven sometidos a quienes sirven. Todos debemos someternos unos a otros como siervos. Sin embargo, el versículo siguiente afirma que las esposas deben someterse a sus maridos (Efesios 5:22). Este versículo ha dado lugar a una avalancha de interpretaciones erróneas del cristianismo, como si las mujeres estuvieran, de algún modo, sujetas a una esclavitud brutal debido a la expectativa de sumisión. Pero ¿en qué se diferencia esa expectativa de la que se espera de cualquiera de nosotros? Si seguimos a Jesús, el liderazgo significa abnegación. No es humillación, sino exaltación, al imitar a nuestro Señor Jesucristo.

Toda esta teología de la humildad no era nueva para Jesús. Anteriormente, había contado una parábola sorprendente, registrada en Lucas 12, sobre un amo que se fue a buscar a su novia; a su regreso, los siervos debían estar listos y esperando. Pero la historia no terminó como se suponía. Estas son las propias palabras de Jesús: «Bienaventurados aquellos siervos a los cuales su señor, cuando venga, halle velando; de cierto os digo que se ceñirá, y hará que se sienten a la mesa, y *vendrá a servirles*» (versículo 37). Nunca antes había ocurrido algo semejante. Ningún rey, gobernador ni líder había servido a sus siervos —mucho menos en su propia boda— hasta que llegó Jesús. La noche antes de Su muerte, Jesús lavó los pies de Sus discípulos (Juan 13:1-17). Inmediatamente después, pronunció estas conocidas palabras: «Pues si yo, el Señor y el Maestro, he lavado vuestros pies, vosotros también debéis lavaros los pies los unos a los otros» (versículo 14). Si Jesús lavó los pies, no hay tarea que sea demasiado humilde para ninguno de nosotros. El liderazgo basado en el servicio comenzó históricamente con Jesús. Cualquiera que se atreva a llamarse líder debe estar dispuesto a ser experto con una palangana y una toalla.

Puntos clave

- Los que se presentan como gobernantes lo hacen por su deseo de ser vistos como tales.
- La cruz no es solo lo que Jesús hizo por nosotros, es un ejemplo de cómo debemos vivir para los demás.
- La sumisión en el servicio a los demás es una expectativa universal que Jesús modeló al lavar los pies de Sus discípulos.

Esta semana

☐ **Día 1:** Lee el ensayo.

☐ **Día 2:** Memoriza Marcos 10:45.

☐ **Día 3:** Lee Juan 12:1-8; 13:1-14.

☐ **Día 4:** Medita en Lucas 12:37; Juan 13:14; Efesios 5:21.

☐ **Día 5:** Haz un esfuerzo especial esta semana por servir a alguien de una manera que esa persona nunca podría esperar ni exigir.

Desafío de superación: Memoriza Efesios 5:21.

Lectura adicional: John Howard Yoder, *The Politics of Jesus* [La política de Jesús].

31

El gran mandamiento

> Jesús le respondió: El primer mandamiento de todos es: Oye, Israel; el Señor nuestro Dios, el Señor uno es. Y amarás al Señor tu Dios con todo tu corazón, y con toda tu alma, y con toda tu mente y con todas tus fuerzas. Este es el principal mandamiento. Y el segundo es semejante: Amarás a tu prójimo como a ti mismo. No hay otro mandamiento mayor que estos.
>
> —Marcos 12:29-31

Pregunta: ¿Cuál es la cuestión moral más importante para Dios?

Esta fue la última pregunta que Jesús respondió a Sus enemigos antes de morir: «Acercándose uno de los escribas, que los había oído disputar, y sabía que [Jesús] les había respondido bien, le preguntó: ¿Cuál es el primer mandamiento de todos?» (Marcos 12:28). A primera vista, podría parecer una pregunta difícil. Al fin y al cabo, la Biblia judía contiene 613 mandamientos. Sin embargo, hay uno que sobresale por encima de los demás. Proviene de Deuteronomio 6:4-5. Este mandamiento era tan conocido que figuraba —y sigue figurando— en todos los servicios de las sinagogas. Era una oración recitada a diario por los judíos, impresa en pequeños pergaminos, enrollada y colocada en las filacterias de los rabinos y en las *mezuzot* colgadas en las puertas de los hogares judíos.

Un año antes, a Jesús le habían hecho una pregunta similar. Se le acercó un doctor de la ley —no un abogado como los que conocemos hoy, sino un intérprete de la ley mosaica— y le planteó una pregunta con la intención de ponerlo a prueba: «Maestro, ¿haciendo qué cosa heredaré la vida eterna?» (Lucas 10:25). La respuesta de Jesús fue brillante. Permitió que el intérprete de la ley respondiera a su propia pregunta, sabiendo que la mayoría de los expertos prefieren hablar en vez de escuchar. Jesús le dijo: «¿Qué está escrito en la ley? ¿Cómo lees?» (versículo 26). El intérprete respondió: «Amarás al Señor tu Dios con todo tu corazón, y con toda tu alma, y con todas tus fuerzas, y con toda tu mente; y a tu prójimo como a ti mismo» (versículo 27).

Es interesante notar que la respuesta del intérprete de la ley en Lucas 10 es idéntica a la de Jesús en Marcos 12. Ambas respuestas destacan dos mandamientos: amar a Dios con todo el corazón, alma, fuerzas y mente; y amar al prójimo como a uno mismo. La razón por la que el segundo mandamiento está siempre vinculado al primero es sencilla: no se puede amar a Dios sin amar al prójimo. Al fin y al cabo, no podemos subir una escalera al cielo para abrazar a Dios o entregarle un obsequio. *Nuestro amor a Dios solo puede expresarse a través de nuestro cuidado de los demás.*

¿Cómo se ama a Dios?

Veamos el mandamiento original en Deuteronomio 6:4-5: «Oye, Israel: Jehová nuestro Dios, Jehová uno es. Y amarás a Jehová tu Dios de todo tu corazón, y de toda tu alma, y con todas tus fuerzas». En el mandamiento original dado por Moisés, se nos instruye a amar a Dios con tres partes de nuestro ser: el corazón, el alma y las fuerzas. Este mandamiento central se repite a lo largo del libro de Deuteronomio (10:12; 11:13; 13:3; 30:6), aunque en ocasiones se reduce a amar a Dios con el corazón y el alma. Obviamente, esto no significa que ya no debamos amar a Dios con nuestras fuerzas; es simplemente una forma abreviada de decir que debemos amar a Dios con todo lo que somos. De hecho, sea cual sea la combinación utilizada —corazón, alma, mente, fuerzas, etc.—, la implicación sigue siendo la misma: un compromiso total con Dios. Cualquier otra cosa carece de la devoción que la dignidad de Dios exige.

Asimismo, en la versión de Marcos, Jesús añade una cuarta parte: «Y amarás al Señor tu Dios con todo tu corazón, y con toda tu alma, y con toda tu mente y con todas tus fuerzas» (12:30). Marcos incluyó «con toda tu mente». ¿Por qué? Bueno, Marcos escribió su Evangelio en Roma, dirigido a un público de pensamiento griego, no a sus compatriotas hebreos. Los griegos distinguían entre dos aspectos del alma: la parte que siente y la parte que piensa. Sin embargo, lo importante, ya sea que se mencionen dos, tres o cuatro partes, es amar al Señor con «todo» nuestro ser.

Veamos brevemente cada una de estas partes. El *corazón* es el centro de los sentimientos. No se trata solo de simples emociones; son los deseos que impulsan nuestras acciones. El *alma* representa nuestra energía. Es la fuerza que nos mueve a la acción, el brillo en nuestros ojos, el ímpetu en nuestros pasos y la emoción en nuestro impulso. Nuestra *mente* simboliza la voluntad, incluso más que nuestra capacidad intelectual. Cualquiera que haya criado a un niño de dos años sabe que los pequeños tienen una mente propia, con una determinación casi impenetrable. No es que los niños sean particularmente sofisticados; más bien, son testarudos. Nuestra *fuerza* representa nuestros recursos, no solo nuestros músculos. Es el total de nuestro dinero, tiempo, influencia y conexiones sociales.

Detengámonos un momento y hagámonos una pregunta: ¿estás amando a Dios con todos los recursos que tienes a tu disposición? Por ejemplo, si sientes una pasión emocional por Dios, pero esta no se traduce en energía dedicada a Su propósito en esta tierra, ¿no hay una deficiencia en tu afecto? O si estudias la Biblia pensando que estás amando a Dios con tu mente, pero no permites que la Palabra de Dios guíe tus decisiones diarias, ¿no estás fallando en amarlo lealmente? O tal vez asistes a la iglesia e incluso cantas canciones de alabanza, pero no ejerces tu influencia en el trabajo ni aprovechas tus finanzas para promover el reino de Dios. ¿No es esto también un amor truncado hacia Él?

Examinemos otro pasaje y saquemos algunas conclusiones. En el mundo occidental moderno, asumimos que el amor es más una emoción que una acción. Por eso es fácil sentir que amamos a Dios bien porque tenemos pasión. Sin embargo, la pasión que no se pone en práctica nunca podrá honrar a Dios como Él merece o exige.

Esto era especialmente cierto en el antiguo Israel. El amor era una acción (no solo una emoción) que solo podía expresarse adecuadamente mediante la obediencia leal. Deuteronomio 10:12 lo deja perfectamente claro: «Ahora, pues, Israel, ¿qué pide Jehová tu Dios de ti, sino que *temas* a Jehová tu Dios, que *andes* en todos sus caminos, y que lo *ames*, y *sirvas* a Jehová tu Dios con todo tu corazón y con toda tu alma».

¿Cuál es la diferencia entre temer al Señor, andar en Sus caminos, amarlo y servirlo? Respuesta: ¡ninguna! No se puede temer al Señor sin servirle. No se puede amarlo sin caminar en Sus caminos. Podrías pensar que temer al Señor y amarlo son opuestos, pero no es así. Como padre de mis dos hijos, nunca hice una distinción entre que me amaran y que me temieran; fue la combinación de ambas lo que los llevó a obedecerme. Y debido a ese respeto que me tenían, su amor por mí les brindaba paz, sabiendo que yo era capaz de protegerlos.

¿Qué podemos concluir de esto? En primer lugar, el amor es una acción, no solo una emoción. Sospecho que los casados lo entienden bien. Decir palabras sin respaldarlas con acciones conduce a una relación inestable e incluso autodestructiva. Un esposo que dice «te amo», pero no paga las cuentas, no vuelve a casa después del trabajo o no ayuda con los niños, está participando en una farsa manipuladora. Si decimos que amamos a Dios, debemos demostrarlo con vidas que lo honren y muestren respeto por Sus mandamientos.

La segunda conclusión se deriva de la primera. No podemos amar a Dios solo con una parte de lo que somos y pretender que eso es amor verdadero.

Si nos emocionamos en la iglesia, también deberíamos actuar en nuestras comunidades. No podemos leer la Biblia con entusiasmo sin cambiar nuestros hábitos, corazones y prioridades. No tiene sentido confiar a Dios nuestra eternidad, pero no nuestras finanzas. Tampoco podemos esperar que Dios perdone nuestros pecados si no somos capaces de perdonar a quienes han pecado contra nosotros. No tiene sentido agradecer a Dios por nuestro trabajo y no descansar en el *sabbat* cuando Él nos prometió que aumentaría nuestra productividad. Podríamos continuar, aunque con esto basta.

La tercera conclusión está relacionada con el segundo mandamiento: amar al prójimo como a uno mismo. A estas alturas, esto debería ser evidente: la forma más tangible de expresar nuestro amor a Dios es cuidando a nuestro prójimo. Jesús no pudo haber sido más claro que en Lucas 10. El intérprete de la ley que le preguntó sobre el gran mandamiento intentó justificar su falta de atención hacia el prójimo preguntándole: «¿Y quién es mi prójimo?» (versículo 29). Sin perdernos en tecnicismos lingüísticos, debemos tener en cuenta que el intérprete de la ley utilizó una definición más limitada de *prójimo*. No estaba preguntando por todos sus conciudadanos, sino por aquellos que estaban lo suficientemente cerca como para merecer su amor. Jesús respondió con una historia inolvidable: la parábola del buen samaritano.

Este intérprete de la ley le estaba preguntando a Jesús: «¿Quién vive lo suficientemente cerca de mí como para que esté obligado a cuidarlo?». Observa que Jesús cambia la pregunta al final de la historia. Ya no es «¿Quién es mi prójimo?», sino «¿Quién te parece que fue el prójimo?». Con esto, Jesús redefinió lo que significa ser *prójimo*. No se trata de alguien que vive cerca de nosotros, sino de alguien a quien nos acercamos. Tendemos a amar a quienes están cerca de nosotros geográfica, económica, cultural o étnicamente. Pero el mandato de Jesús no es que amemos solo a aquellos que son como nosotros, sino que sirvamos a todos los que nos rodean. Cuando nos convertimos en las manos y en los pies tangibles de Jesús, queda claro dónde están nuestras lealtades. Así es como demostramos amar a Dios con todo lo que somos.

Puntos clave

- El mayor mandamiento es amar a Dios con todo lo que somos y con todo lo que poseemos.
- Amar a Dios, temer a Dios, honrar a Dios y obedecer a Dios son sinónimos en esencia.
- En la práctica, la única forma tangible de demostrar nuestro amor a Dios es cuidando a las personas con las que interactuamos.

Esta semana

- [ ] **Día 1:** Lee el ensayo.
- [ ] **Día 2:** Memoriza Marcos 12:29-31.
- [ ] **Día 3:** Lee Éxodo 20.
- [ ] **Día 4:** Medita en Deuteronomio 6:4-5; 10:12; Lucas 10:26-27.
- [ ] **Día 5:** Identifica un acto de bondad al azar que puedas realizar en cada uno de estos ámbitos: en el trabajo (o escuela), en la casa y en la comunidad.

Desafío de superación: Memoriza Deuteronomio 6:4-5.

Lectura adicional: Jay Pathak y Dave Runyon, *El arte de ser vecino: Construyendo relaciones auténticas fuera de tu puerta*.

32

La encarnación

> Y aquel Verbo fue hecho carne, y habitó entre nosotros (y vimos su gloria, gloria como del unigénito del Padre), lleno de gracia y de verdad.
>
> —Juan 1:14

Pregunta: ¿Es Dios Jesús?

Juan 1:14 contiene una de las afirmaciones más extraordinarias jamás pronunciadas. Esta idea es lo que los teólogos han denominado la encarnación: la afirmación de que el Dios del universo se revistió de la fragilidad de la carne humana. En pocas palabras, Dios se hizo hombre.

Si creciste en la iglesia, probablemente has escuchado muchas veces que Jesús es Dios. Sin embargo, para quienes no crecieron con esta creencia, esta afirmación puede parecer escandalosa. De hecho, este ha sido uno de los mayores puntos de conflicto entre el cristianismo y casi todas las demás religiones. Y si lo piensas detenidamente, tiene sentido: ¿cómo podría el Dios eterno limitarse a un cuerpo humano tan pequeño? Por supuesto, quienes creen en Dios reconocen la imposibilidad de que Dios se limite a sí mismo. Pero para muchos es inconcebible que Dios pudiera «reducirse» a un ser humano.

Durante los últimos dos mil años, los cristianos han debatido con los escépticos sobre el misterio de la encarnación. La pregunta típica ha sido: «¿Es Jesús realmente Dios?». Es una pregunta importante, y creo que los cristianos han dado respuestas valiosas. Sin embargo, para el propósito de nuestro debate, me gustaría reformularla. En lugar de preguntar: «¿Es Jesús Dios?», propongo que preguntemos: «¿Es Dios Jesús?». Este cambio de perspectiva puede parecer desconcertante, pero lo que realmente quiero preguntar es si Jesús es una representación más fiel de Dios que cualquier otra imagen que podamos concebir por nosotros mismos.

Hago esta pregunta basándome en Juan 1:18: «A Dios nadie lo ha visto nunca; el Hijo único, que es Dios y que vive en unión íntima con el Padre, nos lo ha dado a conocer» (NVI). Lo que Juan escribió es cierto. *Nuestra mejor oportunidad de conocer a Dios es a través de la vida de Jesús.*

Mi propuesta es sencilla: si crees que Jesús es Dios, entonces el Dios en el que crees es completamente diferente de cualquier otra deidad religiosa. La visión cristiana de Dios se distingue en tres aspectos fundamentales. Estas tres creencias no solo transforman nuestra comprensión de Dios, sino también nuestra vida y el modo de relacionarnos con los demás.

El Dios encarnado está cerca

Lo primero que implica la encarnación es que *Dios está cerca*. No está aislado en una galaxia lejana. Podemos conocer a Dios y experimentar Su presencia porque Él vino a nosotros. Se reveló a través de la vida y del amor de Jesucristo. Ninguna otra religión enseña esto de la misma manera. Es cierto que algunas religiones enseñan que lo divino está presente en el mundo. Por ejemplo, las religiones animistas creen que la fuerza divina permea el entorno, manifestándose en las rocas, los ríos, los animales y los árboles. No obstante, estas religiones no promueven una relación personal con Dios; más bien, lo divino es como la Fuerza en *La guerra de las galaxias*: está en todas partes, pero no la comprendemos del todo.

Por otro lado, hay religiones que definen claramente la identidad de Dios y hasta le dan un nombre, como Yavé (judaísmo) o Alá (islam). Sin embargo, cuando se personaliza a Dios, siempre parece distanciarse de nosotros. Por ejemplo, en el judaísmo, únicamente el sumo sacerdote podía entrar directamente en la presencia de Dios, y solo una vez al año, en una sala muy específica del templo. En el islam, Alá es tan poderoso que es imposible concebirlo de manera personal o presente en nuestro mundo cotidiano.

El concepto del cristianismo es decididamente diferente. Se nos enseña que Dios vino a nosotros en la persona de Jesús para que pudiéramos conocerlo a través de nuestra experiencia con Él. De hecho, se nos invita a orar directamente a Dios, utilizando el título más íntimo: *Abba*, que significa 'Padre' (Romanos 8:15).

En una ocasión, un hombre llamado Felipe, uno de los apóstoles, le pidió a Jesús que les mostrara al Padre (Juan 14:8). Escucha Su respuesta: «¿Tanto tiempo hace que estoy con vosotros, y no me has conocido, Felipe? El que me ha visto a mí, ha visto al Padre; ¿cómo, pues, dices tú: Muéstranos el Padre?» (versículo 9). *Gracias a Jesús, Dios está cerca*: al alcance de todos.

Nuevamente, solo Jesús puede darnos acceso al Padre celestial. Por eso era completamente razonable que Jesús dijera tres versículos antes: «Yo soy el camino, y la verdad, y la vida; nadie viene al Padre, sino por mí» (versículo 6).

Más tarde, Pedro lo expresó de otra manera: «Y en ningún otro hay salvación; porque no hay otro nombre bajo el cielo, dado a los hombres, en que podamos ser salvos» (Hechos 4:12).

El Dios encarnado es amor

Una segunda idea de la encarnación es que *Dios nos ama*. Si bien es cierto que algunas religiones presentan a Dios como alguien que ama a Su propio pueblo, son menos de lo que uno podría imaginar. En la mayoría de las religiones del mundo, la deidad se muestra indiferente hacia la humanidad. Ciertamente, existen dioses que protegen a su pueblo. Por ejemplo, Yavé protegió a los judíos y Alá recompensa a los yihadistas. Sin embargo, el cristianismo enseña algo muy diferente: Dios ama a Sus enemigos. «Mas Dios muestra su amor para con nosotros, en que siendo aún pecadores, Cristo murió por nosotros» (Romanos 5:8).

La muerte de Jesús es un requisito previo para cualquier teología del amor de Dios hacia Sus enemigos. Las primeras palabras de Jesús en la cruz lo reflejan: «Padre, perdónalos, porque no saben lo que hacen» (Lucas 23:34). Esto le otorga a Jesús la autoridad moral para ordenarnos que amemos a nuestros enemigos (Mateo 5:44). Jesús nos enseñó cómo hacerlo.

Pero me estoy adelantando; hablaremos de las implicaciones de esto dentro de un momento.

El Dios encarnado sufrió

Una tercera idea de la encarnación es que *Dios puede sufrir*. Si nos remontamos a la mitología griega y a docenas de religiones, es bastante claro que este concepto es extraño. Se supone que los dioses están más allá de nuestra experiencia humana de frío, hambre, pérdida o agitación emocional. Están «por encima y más allá». Sin embargo, esa no es la imagen de Dios que nos presenta la vida de Jesús. Él sufrió en la cruz por los pecados del mundo.

Hay muy poco en el Antiguo Testamento que nos ayude a predecir el sufrimiento de Dios, pero se destacan dos pasajes: Isaías 53 y Zacarías 12:10. Están tan desfasados de la teología judía que interpretarlos fue todo un reto para los rabinos. Como los cristianos creen que Jesús cumplió estos textos, tienen una explicación clara de estas antiguas profecías. No se trata de criticar a otros líderes religiosos. Sin embargo, quienes no cuentan con el modelo de la encarnación tienen dificultades para comprender el concepto de un Dios sufriente.

Ahí lo tienen: tres ideas sobre nuestro Dios que solo son posibles gracias a la encarnación de Jesús. Además, son las creencias más importantes que tenemos sobre Dios. No son solo ideas interesantes en la historia de la religión. La encarnación no es únicamente lo que ocurrió en la vida de Jesús;

es un modelo de cómo vivir de acuerdo con la voluntad de Dios. Si deseas llevar la mejor vida posible, vive encarnadamente.

Repasemos cada atributo de Dios y reflexionemos sobre lo que significa vivir de esta manera.

¿Por qué es importante?

Dios está cerca; se ha puesto a nuestra disposición. Si pudiéramos vivir así, mejoraríamos todas nuestras relaciones.

Los esposos y las esposas a menudo guardan secretos y mantienen distancia para proteger sus corazones. Los padres suelen estar presentes, pero no disponibles debido a las barreras de la tecnología, el cansancio o los pecados ocultos. Las amistades se quiebran a causa de nuestro orgullo o pereza.

Sin embargo, estar más disponibles y cercanos no significa desahogar nuestras emociones sobre extraños en el supermercado o revelar nuestras inseguridades en una primera cita. Significa que debemos estar presentes dondequiera que estemos, lo cual es más fácil de decir que de hacer. Pocas cosas mejorarían tanto la productividad en el trabajo o las relaciones en casa como esta simple acción.

Estar presente. Cuando un esposo llega a casa, dedicar cinco minutos a conversar con su esposa puede cambiar el ambiente de la noche. Cinco minutos de oración por la mañana con tu familia pueden modificar la trayectoria del día. Ser sincero con un compañero de piso, confesar nuestros pecados a un amigo o, simplemente, escuchar atentamente a un hijo, tiene un impacto enorme en la solidez y satisfacción de nuestras relaciones.

Dios se hizo cercano en Jesús para modelar cómo podemos ponernos a disposición de los demás. Esta sencilla acción podría alterar radicalmente nuestras relaciones con las personas que más nos importan.

En segundo lugar, *Dios amó con sacrificio*, no solo a sus amigos, sino también a quienes se le oponían. Jesús lo expresó claramente al explicar el propósito de Su vida: «El Hijo del Hombre no vino para ser servido, sino para servir, y para dar su vida en rescate por muchos» (Mateo 20:28). Una vez más, esto no se refiere únicamente a lo que hizo por nosotros; es un modelo que espera que sigamos. En la práctica, esto significa escuchar más que hablar, diezmar más que acumular, ser voluntario más que buscar el placer personal, y celebrar a los demás más que autopromocionarnos. Curiosamente, al final, el sacrificio se convierte en ganancia.

Por último, *Dios sufrió*. Evitamos el sufrimiento a toda costa, lo cual es comprensible; el dolor no es agradable. Sin embargo, nuestro mayor crecimiento proviene del sufrimiento, no del éxito. Son el dolor, la pérdida y los inconvenientes que enfrentamos los que forjan el carácter que anhelamos. Buscamos atajos y comodidad, arriesgándonos a perder nuestra alma.

La persona en la que deseamos convertirnos merece el sacrificio que implica alcanzar esa meta. En un sentido real, debemos intercambiar el éxito por la relevancia y el placer por el propósito. Dios mismo nos enseñó el camino: no se trata de lograr algo, sino de *llegar a ser* alguien. Nuestro sufrimiento por los demás en nombre de Jesús ofrece más que comodidades y satisfacción personal; ofrece vida. La vida encarnada resulta ser el camino más exitoso, satisfactorio y lleno de propósito en la vida.

Juan 1:14 es una poderosa ventana teológica; a través de ella, vemos a Dios más claramente en Jesús. Pero es más que una ventana; es una puerta que nos permite entrar en el tipo de vida que Dios diseñó para nuestro mayor bien y para la salvación del mundo. Imaginemos un mundo en el que el pueblo de Dios imite sus mejores atributos, siguiendo el ejemplo de la vida encarnada de Jesús.

Puntos clave

- La encarnación significa que Jesús es Dios en forma humana. También implica que solo aquellos que conocen a Jesús pueden conocer verdaderamente a Dios.

- La cercanía, el amor y el sufrimiento son atributos de Dios que se manifiestan de manera más clara en la encarnación.
- La encarnación de Jesús no es solo una verdad teológica, sino un modelo práctico para cultivar relaciones fructíferas.

Esta semana

- [ ] **Día 1:** Lee el ensayo.
- [ ] **Día 2:** Memoriza Juan 1:14.
- [ ] **Día 3:** Lee Mateo 2; Lucas 2.
- [ ] **Día 4:** Medita en Juan 1:18; 14:6; Hechos 4:12.
- [ ] **Día 5:** Comparte estos tres atributos de Jesús y de Dios con alguien con quien convivas (cónyuge, compañero de apartamento, compañero de trabajo, amigo), y pregúntale cuál de los tres deberías desarrollar en tu vida.

Desafío de superación: Memoriza Juan 1:18; 14:6; Hechos 4:12 (¡Sí, los tres!).

Lectura adicional: Timothy Keller, *La Navidad oculta: La sorprendente verdad detrás del nacimiento de Cristo*.

33

El amor

> Porque de tal manera amó Dios al mundo, que ha dado a su Hijo unigénito, para que todo aquel que en él cree, no se pierda, mas tenga vida eterna.
>
> —Juan 3:16

Pregunta: ¿Cómo puedo amar y ser amado?

Si tuviéramos que resumir el cristianismo en una sola palabra, sería *amor*. Puede sonar a cliché; después de todo, ¿no se habla en todas partes sobre la importancia del amor? ¿No es este el mensaje central de todas las religiones? En una palabra: *no*. Aunque el amor es un tema recurrente en la cultura popular, el cine y la música, a menudo se encuentra romantizado e incluso sexualizado. Por eso, es crucial aclarar lo que entendemos por amor para apreciar cuán única y rara es la definición bíblica del verdadero amor.

Dos observaciones nos ayudan a reconocer el amor de Dios. Primero, el idioma español presenta ciertas confusiones sobre el amor, ya que agrupamos diversas emociones bajo una sola palabra. En contraste, el griego era mucho más específico y contaba con cuatro términos para referirse al amor. El más común era *philia*, que se refería a lo que nosotros entendemos como amistad. *Storgē* abarcaba el afecto familiar: el amor entre padres e hijos, hermanos, etc. *Eros*, de donde proviene la palabra *erótico*, describía todas las formas de deseo sexual y lujuria. Por último, existía la palabra singular *agapē*, utilizada en todos los versículos citados en este ensayo. *Agapē* denota un amor incondicional e inmerecido, el tipo de amor que lleva a las personas a sacrificar su vida por los demás. Es un amor que se ofrece gratuitamente, sin considerar el valor, mérito o capacidad de retribución del receptor.

No obstante, esta palabra griega no tenía esa definición hasta que Juan la utilizó en su Evangelio para describir el amor sacrificial de Dios al entregar a Su Hijo, Jesucristo. La naturaleza del amor como inmerecido, inmutable y sacrificial proviene de la descripción del mensaje evangélico de Jesucristo. En este sentido, el cristianismo fue quien dio forma al concepto de *agapē*.

Una segunda observación crucial es que, en nuestro lenguaje cotidiano, el amor suele describir un sentimiento. Sin embargo, en el cristianismo, es ante todo una acción. El amor no es simplemente lo que sentimos; es lo que hacemos. Además, el mandamiento de amar se basa en lo que Dios ha hecho por nosotros en Cristo, y no en lo que nosotros hacemos inicialmente para ganarnos o alcanzar el amor de Dios. Esta es una diferencia extraordinaria entre el mensaje cristiano y todas las demás religiones.

Dios nos ama

El versículo más famoso de la Biblia es nuestro versículo clave, Juan 3:16, el cual constituye el núcleo del cristianismo. Pero ¿por qué nos ama Dios? Desde luego, no es porque seamos adorables.

Dios nos ama porque no puede evitarlo: «El que no ama, no ha conocido a Dios; porque Dios es amor» (1 Juan 4:8). Los peces nadan, los pájaros vuelan y las niñas ríen: no pueden evitarlo. De la misma manera, Dios ama. No es solo lo que hace; es lo que Él es.

Esta extraordinaria verdad impulsó al apóstol Pablo a escribir uno de los pasajes más esperanzadores jamás escritos:

> Por lo cual estoy seguro de que ni la muerte, ni la vida, ni ángeles,
> ni principados, ni potestades, ni lo presente, ni lo por venir,
> ni lo alto, ni lo profundo, ni ninguna otra cosa creada nos podrá
> separar del amor de Dios, que es en Cristo Jesús Señor nuestro.
> (Romanos 8:38-39)

Según Juan 3:16, el amor de Dios va mucho más allá de una emoción cruda. Es un acto de extraordinario autosacrificio. Dios entregó a Su propio Hijo como sacrificio por los pecados del mundo. La forma en que esta expiación sustitutiva funciona es un misterio divino. Sin embargo, la consecuencia es bastante clara: puesto que Dios nos amó de manera tan sacrificial, quienes se llaman a sí mismos hijos de Dios están obligados a comportarse de manera similar hacia todos los que les rodean (1 Juan 4:11).

La Biblia se refiere a esto como «amar al prójimo» (Mateo 19:19). En este sentido, el comentario más claro sobre Juan 3:16 se encuentra en 1 Juan 3:16-17: «En esto hemos conocido el amor, en que él puso su vida por nosotros; también nosotros debemos poner nuestra vida por los hermanos. Pero el que tiene bienes de este mundo y ve a su hermano tener necesidad, y cierra contra él su corazón, ¿cómo mora el amor de Dios en él?». Este *agapē* no se trata de cómo te sientes, sino de cómo ayudas en las necesidades físicas y económicas de los demás.

No es aceptable afirmar que amamos a Dios sin servir con sacrificio a nuestros semejantes. La enseñanza de Juan brotó de Jesús en aquella sala superior la noche anterior a Su sacrificio: «Nadie tiene mayor amor que este, que uno ponga su vida por sus amigos» (Juan 15:13). Para Jesús, el amor no tiene límites.

Amamos a Dios

En Marcos 12:29-31, Jesús redujo toda la ley del Antiguo Testamento a dos mandamientos:

El primer mandamiento de todos es: Oye, Israel; el Señor nuestro Dios, el Señor uno es. Y amarás al Señor tu Dios con todo tu corazón, y con toda tu alma, y con toda tu mente y con todas tus fuerzas [citando Deuteronomio 6:4-5]. Este es el principal mandamiento. Y el segundo es semejante: Amarás a tu prójimo como a ti mismo [citando Levítico 19:18]. No hay otro mandamiento mayor que estos.

Jesús tiene razón, por supuesto. No se trata de dos mandamientos separados. No se puede amar a Dios sin amar al prójimo. Si el amor fuera simplemente un sentimiento, sería posible. Uno podría adorar en la iglesia, orar y alabar en privado, o participar en cualquier número de otras expresiones de adoración, y llamarlo un amor completo a Dios. Sin embargo, el amor cristiano es una orientación externa de acción, no una emoción interna de afecto. Entonces, ¿cómo se puede tratar a Dios con amor sacrificial? Dios no necesita nada de nosotros. Es difícil imaginar que podamos alimentarle, vestirle o proporcionarle asistencia médica. ¿Cómo podemos expresar nuestro amor a Dios de forma práctica? Todo padre conoce la respuesta: ama a sus hijos. Cuando tratamos a los hijos de alguien con bondad, estamos expresando nuestro amor hacia el padre.

Con ese fin —amar a los hijos de Dios— debemos amar a tres grandes categorías de personas.

Amamos al prójimo. La descripción más poderosa del amor se encuentra en 1 Corintios 13. Vale la pena leer todo el capítulo, pero este fragmento nos basta:

> El amor es sufrido, es benigno; el amor no tiene envidia, el amor no es jactancioso, no se envanece; no hace nada indebido, no busca lo suyo, no se irrita, no guarda rencor; no se goza de la injusticia, mas se goza de la verdad. Todo lo sufre, todo lo cree, todo lo espera, todo lo soporta. (Versículos 4-7)

La mayoría de nosotros hemos escuchado ese pasaje en las bodas, donde es completamente innecesario. Es fácil sentir amor en el altar; es mucho más difícil poner en práctica ese amor en un tribunal de divorcio. Este pasaje no fue escrito para los recién casados, sino para un robusto cuerpo de creyentes en Corinto, cuya diversidad étnica, económica y cultural hacía que las cenas en común fueran tensas. Amar al prójimo requiere valentía, humildad y paciencia. Por eso Pablo añadió las siguientes virtudes para hacer posible el amor: «Yo pues, preso en el Señor, os ruego que andéis como es digno de la vocación con que fuisteis llamados, con toda humildad y mansedumbre, soportándoos con paciencia los unos a los otros en amor» (Efesios 4:1-2).

Amamos a la familia. Cada relación familiar es un campo de entrenamiento de Dios para aprender a amarlo y a amar al prójimo. Sí, el matrimonio es para nuestro disfrute y protección. Pero el matrimonio es mucho más que eso; es un laboratorio teológico donde aprendemos a comportarnos según nuestras creencias. Pablo ordenó: «Maridos, amad a vuestras mujeres, así como Cristo amó a la iglesia, y se entregó a sí mismo por ella» (Efesios 5:25). Eso es Juan 3:16 llevado a la mesa de la cocina y al dormitorio. A lo largo de las Escrituras, se dan consejos similares a los hijos, los hermanos y los padres ancianos. Si hemos de amar a Dios y a nuestro prójimo, eso comienza en casa, se extiende a nuestras comunidades locales y, en última instancia, llega hasta los confines de la tierra.

Amamos a los enemigos. Probablemente, lo más impactante que dijo Jesús fue: «Amad a vuestros enemigos» (Mateo 5:44). Cuando Jesús pronunció estas palabras, fue una idea revolucionaria. Dos años más tarde, daría ejemplo de ese amor en la cruz. Recuerda lo primero que dijo Jesús desde la cruz: «Padre, perdónalos, porque no saben lo que hacen» (Lucas 23:34). Quien perdona a sus enemigos en medio de una crucifixión tiene la autoridad moral para pedirnos que hagamos lo mismo. Por difícil que haya sido para Jesús, palidece en comparación con el sacrificio del Padre al entregar a Su propio Hijo por los desobedientes y rebeldes. Eso nos incluye a *todos*, no solo a los líderes judíos y soldados romanos en el Gólgota. Todos somos indignos destinatarios del amor de Dios.

Pablo nos recuerda que «Dios muestra su amor para con nosotros, en que siendo aún pecadores, Cristo murió por nosotros» (Romanos 5:8). Mientras éramos enemigos de Dios, Él nos amó lo suficiente como para enviar a Su propio Hijo. En ese amor encontramos esperanza y socorro. A través de ese amor, hemos sido transformados de pecadores a santos. Sin duda, eso es parte del misterio que Pedro menciona en 1 Pedro 4:8: «Y ante todo, tened entre vosotros ferviente amor; porque *el amor cubrirá multitud de pecados*». El amor de Dios hacia Sus enemigos dio origen al cristianismo. Nuestro amor hacia nuestros enemigos expande las fronteras de Su reino.

El amor dio origen a la Iglesia. El amor inaugurará la eternidad. Cuando llegue el día del juicio, gracias al amor de Dios por nosotros y nuestro amor por los demás, podremos mantenernos firmes, con la cabeza en alto y el corazón lleno de confianza.

> En el amor no hay temor, sino que el perfecto amor echa fuera el temor; porque el temor lleva en sí castigo. De donde el que teme, no ha sido perfeccionado en el amor. Nosotros le amamos a él, porque él nos amó primero. (1 Juan 4:18-19)

Puntos clave

- El amor sacrificial es el núcleo del cristianismo y, de hecho, fue «introducido» por el cristianismo.
- El amor sacrificial es lo que hacemos, no lo que sentimos, y se origina en Dios.
- El ejemplo de amor de Dios en Jesús nos capacita para amar a nuestro prójimo, a nuestra familia y a nuestros enemigos.

Esta semana

☐ **Día 1:** Lee el ensayo.

☐ **Día 2:** Memoriza Juan 3:16.

☐ **Día 3:** Lee 1 Corintios 13.

☐ **Día 4:** Medita en Romanos 5:8; 8:38-39; 1 Juan 3:16-17.

☐ **Día 5:** Limpia un armario, garaje o cuarto de almacenamiento, y encuentra un lugar para donar esos artículos.

Desafío de superación: Memoriza Romanos 5:8.

Lectura adicional: Francis Chan, *Loco amor: Desbordado por un Dios incesante*.

34

La adoración

> Dios es Espíritu; y los que le adoran, en espíritu y en verdad es necesario que adoren.
>
> —Juan 4:24

Pregunta: ¿Qué significa realmente adorar a Dios?

En Juan 4, Jesús se encontró con una mujer en un pozo local. Ella era samaritana, de un pueblo despreciado por los judíos. Ambos estaban solos, lo que hizo que su conversación fuera algo incómoda, especialmente cuando Jesús le pidió que trajera a su esposo. Ella no tenía marido, pero llevaba cinco años viviendo con su amante. Sin duda, era el centro de muchos rumores en esa pequeña ciudad. Ella respondió simplemente: «No tengo marido» (versículo 17). Jesús ya lo sabía. Al revelarle los detalles de su pasado problemático, la mujer, obviamente incómoda, quiso cambiar de tema. Entonces le preguntó sobre un debate realmente arraigado entre sus pueblos: ¿dónde se debe adorar, en Jerusalén o en el monte Gerizim? El hecho de que estuvieran a la sombra del monte Gerizim añadía más tensión a la pregunta.

Así comenzó uno de los diálogos más importantes sobre la adoración en todo el Nuevo Testamento. Vale la pena repetir la respuesta de Jesús:

Mujer, créeme, que la hora viene cuando ni en este monte ni en Jerusalén adoraréis al Padre. Vosotros adoráis lo que no sabéis; nosotros adoramos lo que sabemos; porque la salvación viene de los judíos. Mas la hora viene, y ahora es, cuando los verdaderos adoradores adorarán al Padre *en espíritu y en verdad*; porque también el Padre tales adoradores busca que le adoren. Dios es Espíritu; y los que le adoran, *en espíritu y en verdad* es necesario que adoren. (Versículos 21-24)

¿Cómo es la verdadera adoración? Jesús lo reiteró para que no lo pasáramos por alto: la verdadera adoración es en *espíritu* y en *verdad*.

Las iglesias a menudo debaten sobre la forma adecuada de adoración: ¿debe estar dirigida por un presbítero? ¿Qué estilo de música es el correcto? ¿Importa el lugar o el edificio? ¿Qué elementos debe incluir la adoración? Estas son preguntas prácticas, pero no tocan el núcleo del asunto.

Para Jesús, la cuestión central no es el estilo de adoración, sino el corazón del adorador. La adoración genuina surge del Espíritu y la Verdad, ambas palabras escritas intencionadamente con mayúscula. En el Evangelio de Juan, el Espíritu y la Verdad no son solo virtudes, sino personas. Jesús es identificado como la encarnación de la verdad (1:14,17; 5:33; 7:18; 8:32,40,45-46; 14:6; 18:37), y el Espíritu Santo es descrito como el «Espíritu de la verdad» (14:17; 15:26; 16:13). La naturaleza radicalmente nueva de la adoración cristiana honra al Padre, tal como se experimenta a través de Jesús, por medio de la presencia del Espíritu.

El judaísmo se centraba únicamente en Dios. Sin embargo, sin Jesús, no tenemos una visión completa de Dios, y sin el Espíritu Santo, no conocemos verdaderamente el corazón de Jesús. Así que, cuando adoramos a través de Jesús, en el poder del Espíritu Santo, se nos abre el acceso a Dios mismo.

La verdadera adoración honra a Dios en nuestro corazón

La palabra que Juan utiliza para *adorar* es *proskyneō* (Juan 4:24). Esta palabra es una combinación de dos términos que, juntos, significan 'besar hacia'.

Es fácil imaginar a una multitud adorando y lanzando besos a un rey que pasa por su pueblo. O cuando la gente entraba en la sala del trono de un rey, se arrodillaba ante él y besaba su anillo. Por eso, *proskyneō*, utilizada sesenta veces en el Nuevo Testamento, implica inclinarse no menos de veinte veces. Este es un detalle más importante de lo que parece. Muchas personas asocian la verdadera adoración con el amor, la paz o la alegría. Si bien estas emociones pueden surgir como resultado de la adoración genuina, el Nuevo Testamento la equipara con otra emoción diferente: el *temor*. No se trata de un miedo hacia un enemigo aterrador, sino de un temor como el que se siente hacia un gobernante bondadoso o un buen padre. Esto es reverencia.

En resumen, *la verdadera adoración es reconocer quién es Dios*. Él es nuestro Rey, nuestro soberano, nuestro Señor. No podemos jugar con Él ni tomarlo a la ligera. Por eso, la postura más comúnmente asociada con la adoración en la Biblia no es alzar las manos, sino inclinar la cabeza. De hecho, la respuesta más frecuente al contacto cercano con Dios es postrarse en el suelo.

El temor es un mejor barómetro de la adoración que la paz o la alegría. ¿Por qué? Porque el temor coloca a Dios en Su trono, y desde esa posición, Él puede reinar verdaderamente en nuestra vida.

La verdadera adoración alaba a Dios con los labios

Existen varias palabras griegas que capturan la idea de la alabanza verbal. Una de ellas es *eulogeō* (de la cual obtenemos *elogio*), que significa 'bendecir'. Otra palabra es *doxazō*, (relacionada con nuestra palabra *doxología*), que significa 'glorificar'. Estrictamente hablando, no otorgamos gloria a Dios; simplemente reconocemos Su gloria, la cual ya le pertenece (Romanos 1:21,23). Por eso es tan sorprendente que, a lo largo de los Evangelios, Jesús comparta la gloria de Dios (Mateo 16:27; 19:28; 25:31; Marcos 10:37; Lucas 9:26; Juan 1:14; 12:28,41; 13:31-32; 17:1-5). Esto explica por qué la gente alaba a Dios cuando ve que un cristiano vive de manera íntegra (2 Corintios 9:13; Gálatas 1:24; 1 Pedro 2:12). Nuestras acciones inspiran a otros a alabar a Dios.

Una tercera palabra es *aineō*, que se traduce simplemente como *alabar*. Esta alabanza específicamente reconoce lo que Dios ha hecho a lo largo de la historia. A menudo, se expresa después de recibir un milagro (Lucas 18:43; Hechos 3:8-9) o después de vivir acontecimientos trascendentales (Lucas 2:20; 19:37; Hechos 2:47).

Estas tres palabras, tomadas en conjunto, revelan una verdad importante sobre la adoración: nuestra alabanza verbal a Dios fluye en dos direcciones paralelas. En primer lugar, reconocemos quién es Dios, Su carácter. En segundo lugar, contamos lo que Dios ha hecho: Sus acciones. Este tipo de adoración permea todo el libro del Apocalipsis (4:8-11; 5:9-14; 11:16-18; 19:1-8). Además, al igual que el uso de la *gloria* en los Evangelios, la alabanza en Apocalipsis se dirige tanto a Dios como a Jesús, como si estuvieran en pie de igualdad divina, lo cual es sorprendente en comparación con el judaísmo.

Este tipo de alabanza puede expresarse a través de diversos medios, como la oración, el canto o la postura corporal. Sin embargo, estos son solo vehículos para expresar la adoración; nunca deben sustituir la adoración en sí misma. La adoración no se trata del movimiento de nuestro cuerpo, sino de la expresión de nuestro espíritu. Watchman Nee, en su libro *La liberación del espíritu*, observó que estamos compuestos de tres partes: cuerpo, alma y espíritu. El cuerpo (nuestra envoltura externa) está animado por la fuerza vivificante del alma (nuestras emociones, pensamientos y voluntad). El alma está impulsada por algo más profundo: el espíritu (la parte más interior de nuestro ser). Es a través del espíritu que realmente nos conectamos con Dios.[1]

La verdadera adoración es, por lo tanto, espiritual; emana de lo más profundo de nosotros. Algunas personas se limitan a realizar los movimientos físicos de la adoración: levantarse, sentarse, cantar o arrodillarse. Todo esto involucra al cuerpo, pero puede que no signifique nada más. Otros pueden adorar con gran emoción (al cantar) o con concentración intelectual (al predicar), pero ambas son funciones del alma y ninguna puede penetrar más allá.

La adoración física, emocional e intelectual puede llegar solo a nuestro cuerpo y nuestra alma. Sin embargo, la adoración espiritual abarca los tres niveles. Lo que comienza en el espíritu inevitablemente toca nuestras emociones y mentes y, finalmente, se expresa a través de nuestro cuerpo físico.

Desde una perspectiva externa, es imposible saber hasta dónde llega la adoración de otra persona. Dos personas que están juntas en la iglesia pueden orar, cantar, llorar y gritar, pero pueden tener experiencias muy diferentes con Dios en sus espíritus.

Esta es la razón por la cual la declaración de Jesús a la mujer samaritana es tan crítica: la verdadera adoración es en el Espíritu y en la Verdad. Es precisamente por esto que las oraciones de la mayoría de las personas nunca alcanzan la profundidad de la adoración. Tienden a comenzar con peticiones y terminar con acciones de gracias. Todos los padres saben lo importantes que son estas dos cosas. Deberíamos sentirnos cómodos pidiendo a nuestro Padre celestial lo que necesitamos y, además, ser personas agradecidas que expresan su gratitud plena y libremente. Sin embargo, las peticiones y las acciones de gracias no alcanzan el nivel de la alabanza porque ambas se centran en nosotros. La verdadera alabanza se centra en Dios. Si comenzamos con la verdadera adoración —lo que Dios ha hecho y quién es— nuestras peticiones y acciones de gracias crecerán en profundidad y madurez.

La verdadera adoración sirve a los demás

Hay dos palabras para *adoración* que son muy importantes para los cristianos: *latreuō* y *leitourgeō* (de donde obtenemos *liturgia*). Ambas describen los deberes vocacionales de los sacerdotes en el Antiguo Testamento (Hebreos 10:11), como ofrecer sacrificios, limpiar la sangre, encender fuegos y cerrar puertas. Bajo el nuevo pacto, estas palabras describen lo que todos los cristianos hacen en el nuevo templo: la Iglesia. No se trata de edificios, sino de personas. Cuando nosotros, en la iglesia, alimentamos, protegemos, aconsejamos y capacitamos a otros, estamos practicando *leitourgeō*. Por eso, conectarse con la iglesia es esencial para la adoración personal. Como exhortan las Escrituras: «Y considerémonos unos a otros para estimularnos al amor y a las buenas obras; no dejando de congregarnos, como algunos tienen por costumbre, sino exhortándonos; y tanto más, cuanto veis que aquel día se acerca» (versículos 24-25).

De hecho, el primer viaje misionero surgió de la adoración: «Ministrando estos al Señor, y ayunando, dijo el Espíritu Santo: Apartadme a Bernabé y a Saulo para la obra a que los he llamado» (Hechos 13:2). Esta es la adoración del Nuevo Testamento en su forma más elevada. Nuestras palabras y canciones son significativas solo cuando entregamos nuestra vida en sacrificio.

Escuchen las palabras de Pablo al respecto: «Por lo tanto, hermanos, tomando en cuenta la misericordia de Dios, ruego que cada uno de ustedes, en *adoración espiritual*, ofrezca su cuerpo como sacrificio vivo, santo y agradable a Dios» (Romanos 12:1, NVI). Lo que sube la apuesta es que esta «adoración espiritual» es lo único que llevaremos al cielo (Apocalipsis 7:15; 22:3). La adoración es nuestra ocupación eterna.

Hay una última palabra para *adoración* en el Nuevo Testamento: *sebō*, que se refiere a menudo a la piedad, la religión clásica. No hay nada malo en ello, pero *no* es el núcleo del cristianismo. Hacemos muchas cosas que se parecen a otras religiones. El marco de nuestros servicios de adoración ha incluido actividades de tipo «religioso» desde la Iglesia primitiva: «Y perseveraban en la doctrina de los apóstoles, en la comunión unos con otros, en el partimiento del pan y en las oraciones» (Hechos 2:42). Lo que diferencia la adoración cristiana de otras actividades religiosas es el Espíritu. El Espíritu nos conduce a la verdad encarnada en Jesús, que nos acompaña directamente al Padre. Así es la verdadera adoración.

Puntos clave

- La verdadera adoración reconoce la posición de Dios, lo que nos lleva a experimentar un temor apropiado.
- La alabanza es reconocer quién es Dios y lo que ha hecho.
- Servir al cuerpo de Jesús es la forma más elevada de adoración.

Esta semana

- ☐ **Día 1:** Lee el ensayo.
- ☐ **Día 2:** Memoriza Juan 4:24.
- ☐ **Día 3:** Lee Éxodo 40.
- ☐ **Día 4:** Medita en Hechos 2:42; Romanos 12:1-2; Hebreos 10:24-25.
- ☐ **Día 5:** Busca una forma de ofrecerte como voluntario cada semana en tu iglesia local.

Desafío de superación: Memoriza Hechos 2:42.

Lectura adicional: Watchman Nee, *El quebrantamiento del hombre exterior y la liberación del espíritu*.

35

La comunión

> Jesús les dijo: De cierto, de cierto os digo: Si no coméis la carne del Hijo del Hombre, y bebéis su sangre, no tenéis vida en vosotros.
>
> —Juan 6:53

Pregunta: ¿Por qué la comunión es tan importante para la Iglesia?

La comunión ha sido una práctica central en todas las iglesias a lo largo de la historia, aunque también ha generado más conflictos que cualquier otro tema. De hecho, las diferencias sobre cómo practicar la comunión han originado más asesinatos entre cristianos que cualquier otro motivo.

Algunas iglesias usan jugo de uva, mientras que otras insisten en el uso de vino. Algunas congregaciones celebran la comunión semanalmente; otras lo hacen de manera esporádica. Hay quienes la consideran un sacramento, mientras que otros la ven como una simple metáfora. Ni siquiera nos ponemos de acuerdo sobre cómo llamarla: comunión, Cena del Señor o eucaristía (del griego *dar gracias*). Dado que este rito ha sido motivo de tanto desacuerdo, es necesario reflexionar sobre su significado y cómo debe celebrarse.

Jesús instituyó la Cena del Señor la noche antes de Su muerte (Lucas 22:17-20), durante la celebración de la Pascua, rodeado de Sus discípulos más cercanos. Desde entonces, la Iglesia ha conmemorado el sacrificio de Jesús mediante una «pequeña Pascua» con pan y vino. Aproximadamente veinte años después de ese evento, el apóstol Pablo escribió un relato detallado sobre ese momento: «[Jesús] habiendo dado gracias, lo partió, y dijo: Tomad, comed; esto es mi cuerpo que por vosotros es partido; haced esto en memoria de mí. Asimismo tomó también la copa, después de haber cenado, diciendo: Esta copa es el nuevo pacto en mi sangre; haced esto todas las veces que la bebiereis, en memoria de mí» (1 Corintios 11:24-25). Pablo también incluyó un breve comentario sobre el significado de esta conmemoración (versículo 26). Estas palabras siguen ofreciendo una claridad incomparable sobre la comunión.

La comunión mira hacia el pasado

La comunión tiene sus raíces en una práctica antigua que, de hecho, precede a la Iglesia y se remonta a la fundación de Israel. En efecto, las palabras *en memoria* usadas por Jesús podrían traducirse como «conmemoración».

Esta observancia no se trata simplemente de recordar lo que Jesús hizo, sino de una representación activa. Cada año, desde el Éxodo —quince siglos antes de Cristo—, los judíos se reunían en grupos familiares alrededor de una mesa con un guion y una serie de elementos simbólicos muy específicos. El pan sin levadura representaba la prisa con la que salieron de Egipto. Para Jesús, el vino simbolizaba la sangre del nuevo pacto. El cordero pascual simbolizaba la huida de Egipto (Éxodo 12), y las hierbas amargas —mojadas en la salsa especial llamada *haroseth*— representaban la amarga esclavitud. La mesa misma era una representación visual de la fundación de Israel como nación.

Como Jesús cumplió toda la historia y las esperanzas judías, esta comida se convirtió en Su propio guion profético la noche antes de morir. Identificó los elementos históricos de la mesa con Su inminente sacrificio. Esta reinterpretación es realmente sorprendente, ya que nada era más patriótico para los judíos que la celebración de la Pascua. Por lo tanto, Jesús debía ser o bien un megalómano que se apropiaba indebidamente de esta ceremonia sagrada, o bien el verdadero Hijo de Dios, el que este monumento nacional prefiguraba.

Esta asombrosa reinterpretación de la Pascua como la historia de Su propia vida fue algo que Jesús había meditado durante años. Su preparación para esa noche comenzó al menos un año antes, cuando milagrosamente alimentó a cinco mil personas. En esa ocasión, escandalizó a la multitud diciendo: «Jesús les dijo: De cierto, de cierto os digo: Si no coméis la carne del Hijo del Hombre, y bebéis su sangre, no tenéis vida en vosotros» (Juan 6:53). Era evidente que conocía Su destino y sabía que esta sencilla comida encapsularía toda la historia judía.

Sin embargo, la comunión no solo mira hacia el pasado, sino que también señala hacia el futuro.

La comunión mira hacia el futuro

Pablo escribió: «Así, pues, todas las veces que comiereis este pan, y bebiereis esta copa, la muerte del Señor anunciáis *hasta que él venga*» (1 Corintios 11:26). Esta conmemoración semanal recordaba a la Iglesia primitiva que Jesús iba a regresar. Y cuando lo haga, habrá un banquete espectacular: «Bienaventurados los que son llamados a la cena de las bodas del Cordero» (Apocalipsis 19:9).

Todavía no hemos llegado a ese momento, pero Jesús lo predijo incluso cuando instituyó la eucaristía. En Sus propias palabras: «¡Cuánto he deseado comer con vosotros esta pascua antes que padezca! Porque os digo que no la comeré más, hasta que se cumpla en el reino de Dios» (Lucas 22:15-16).

Lo que ocurrió después de esta declaración aquella noche es interesante. Jesús repartió una copa de vino, luego el pan y después otra copa de vino (versículos 17-20). ¿Por qué dos copas? En realidad, en la tradición judía hay cuatro copas. Según una interpretación, cada una de estas copas corresponde a las cuatro promesas que Dios hizo en Éxodo 6:6-7.

- Con la primera copa: «Por tanto, dirás a los hijos de Israel: Yo soy JEHOVÁ; y yo os sacaré de debajo de las tareas pesadas de Egipto» (versículo 6). Esta copa era bendecida por la cabeza del hogar y marcaba el inicio oficial de la comida.
- Con la segunda copa: «Os libraré de su servidumbre» (versículo 6). Esta fue probablemente la primera copa que Jesús ofreció a Sus discípulos (Lucas 22:17-18).[1] Señalaba la muerte de Jesús, que nos liberaría de la esclavitud del pecado.
- Con la tercera copa: «Os redimiré con brazo extendido, y con juicios grandes» (Éxodo 6:6). Esta copa se ofrecía después del pan. Jesús identificó esta copa como «mi sangre del nuevo pacto, que por muchos es derramada para remisión de los pecados» (Mateo 26:28). La redención es el precio pagado por nuestros pecados, y es la sangre derramada de Jesús la que nos redime.
- Con la cuarta copa: «Os tomaré por mi pueblo y seré vuestro Dios; y vosotros sabréis que yo soy Jehová vuestro Dios, que os sacó de debajo de las tareas pesadas de Egipto» (Éxodo 6:7). Esta es la copa que Jesús dijo que esperaría hasta Su regreso (Mateo 26:29). Esto tiene mucho sentido, ya que el cumplimiento de esta promesa no llegará hasta Apocalipsis 21:3: «He aquí el tabernáculo de Dios con los hombres, y él morará con ellos; y ellos serán su pueblo, y Dios mismo estará con ellos como su Dios». Al aplicarse esta promesa a sí mismo, Jesús afirmaba ser equivalente a Yavé, el mismo que nos acogerá en nuestro hogar eterno en el cielo.

Dado el rico simbolismo histórico de esta comida, no solo recreamos la Pascua; también proclamamos la historia de Jesús entretejida en la historia judía. Cada vez que participamos en la Cena del Señor, predicamos el mensaje completo del evangelio. La comunión es, en sí misma, un sermón representado, al igual que el bautismo. Es un sermón corporativo en el que no es necesario que el predicador pronuncie palabra alguna, porque los mismos elementos cuentan la historia.

La Pascua inauguró la historia del pueblo judío, y la eucaristía será su culminación en la cena de las bodas del Cordero (Apocalipsis 19:9), cuando Jesús será nuestro Dios con nosotros (Emanuel), y nosotros seremos Su pueblo.

La comunión mira hacia dentro

La Cena del Señor es el aspecto más introspectivo de nuestros cultos. Es apropiado, e incluso obligatorio, que reflexionemos sobre nuestra relación con Dios. No se trata de medir si somos dignos de participar; solo el sacrificio de Jesús nos hace dignos. Más bien, preparamos nuestra mente y nuestro corazón para el carácter sagrado de la celebración. No es algo insignificante beber la sangre de Jesús o comer Su cuerpo en esta comida simbólica.

Pablo ofreció la siguiente advertencia:

> De manera que cualquiera que comiere este pan o bebiere esta copa del Señor indignamente, será culpado del cuerpo y de la sangre del Señor. Por tanto, pruébese cada uno a sí mismo, y coma así del pan, y beba de la copa. Porque el que come y bebe indignamente, sin discernir el cuerpo del Señor, juicio come y bebe para sí. Por lo cual hay muchos enfermos y debilitados entre vosotros, y muchos duermen. (1 Corintios 11:27-30)

El hecho de que algunos cristianos enfermaran o incluso murieran por participar en la comunión sin estar preparados indica que esta conmemoración es más que un simple símbolo. Es un sacramento. En él sucede algo espiritual, místico y poderoso.

Hay que estar atentos: el Cristo cósmico está presente en los elementos.

La comunión mira hacia fuera

La comunión no es solo una relación personal con Jesús; es también una comida comunitaria junto con otros cristianos.

Originalmente, era una comida completa que se celebraba en la casa de alguien, donde también se realizaban los servicios de adoración (antes de que se construyeran edificios específicos para las reuniones de la iglesia). Por lo tanto, la comida seguía a la predicación. Se despejaba la sala de banquetes y se colocaban las mesas. El problema era que, una vez puestas las mesas, había menos espacio en la sala. Así que la mayor parte de la congregación comía en el patio, que era más amplio. ¿Quién se quedaba en la sala de banquetes? No es de extrañar que fueran los creyentes ricos quienes obtenían los lugares de honor incluso antes de ser bautizados.

Las viejas costumbres son difíciles de cambiar. Por eso encontramos la sorprendente noticia de que los cristianos más pobres se iban a casa hambrientos, mientras que los más ricos se embriagaban: «Porque al comer, cada uno se adelanta a tomar su propia cena; y uno tiene hambre, y otro se embriaga» (1 Corintios 11:21). Esto explica por qué la comida completa fue reemplazada rápidamente por las pequeñas porciones más moderadas que tenemos hoy en día. Pablo aconseja: «Así que, hermanos míos, cuando os reunís a comer, esperaos unos a otros. Si alguno tuviere hambre, coma en su casa, para que no os reunáis para juicio» (versículos 33-34).

Hoy en día, hay buenas razones para no celebrar una comida completa en nuestro contexto moderno. Sin embargo, algo esencial se ha perdido: apenas reconocemos la naturaleza comunitaria de la comunión. Se ha convertido en el momento más individualista del servicio. De alguna manera, debemos recuperar el sentido del «nosotros» por encima del «yo» en esta comida. Así como la comida original conmemoraba el nacimiento de una nación, esta celebración continua es el sello distintivo de una comunidad cristiana. Por eso la comunión es la única celebración compartida por todas las iglesias a lo largo de la historia.

Puntos clave

- La comunión es una prolongación cristiana de la cena judía anual de Pascua.
- La comunión es un recordatorio del sacrificio de Jesús en el pasado y de Su regreso en el futuro.
- Aunque la comunión es un momento de reflexión personal, su nombre nos recuerda que es un acontecimiento comunitario que une al cuerpo en Cristo.

Esta semana

- [ ] **Día 1:** Lee el ensayo.
- [ ] **Día 2:** Memoriza Juan 6:53.
- [ ] **Día 3:** Lee Éxodo 12–13.
- [ ] **Día 4:** Medita en Mateo 26:26-28; Lucas 22:14-20; 1 Corintios 11:24-25.
- [ ] **Día 5:** Celebra la comunión en tu casa con una comida completa.

Desafío de superación: Memoriza 1 Corintios 11:24-25.

Lectura adicional: Rose Publishing, *La Cena del Señor: Una explicación de la santa comunión.*

36

La seguridad eterna

Yo les doy vida eterna; y no perecerán jamás, ni nadie las arrebatará de mi mano.

—Juan 10:28

Pregunta: ¿Pueden los cristianos perder su salvación?

Muchos cristianos enfrentan dudas en cuanto a la seguridad eterna, especialmente cuando las Escrituras parecen ofrecer conclusiones contradictorias. En lugar de debatir entre nosotros, comprometámonos a estudiar el texto cuidadosamente. Aceptemos tanto las promesas como las advertencias de la Palabra de Dios.

La tensión sobre la seguridad eterna

Somos salvos por la gracia de Jesucristo. Punto final. No es por nuestro esfuerzo, intelecto, obras o méritos. Jesús mismo aseguró nuestra salvación: «Todo lo que el Padre me da, vendrá a mí; y al que a mí viene, no le echo fuera» (Juan 6:37). Y de nuevo, en Juan 10:28, nuestro versículo clave, Jesús no estaba hablando a los cristianos, sino a los fariseos, quienes intentaban intimidar a Sus discípulos para que lo abandonaran. En otras palabras, ¡Jesús lucha por nosotros! Pablo también expresó este sentido de seguridad en el clímax poético de Romanos 8:38-39, donde declara que nada puede separarnos del amor de Cristo. La certeza de nuestra seguridad viene del propio Espíritu Santo (2 Corintios 5:5).

Todo esto para decir que tenemos plena certeza de nuestra seguridad en Jesús.

Sin embargo, también hay numerosos pasajes que advierten a los cristianos sobre el riesgo de alejarse de Jesús. Uno de los más claros es Hebreos 6:4-6:

> Porque es imposible que los que una vez fueron iluminados y gustaron del don celestial, y fueron hechos partícipes del Espíritu Santo, y asimismo gustaron de la buena palabra de Dios y los poderes del siglo venidero, y recayeron, sean otra vez renovados para arrepentimiento, crucificando de nuevo para sí mismos al Hijo de Dios y exponiéndole a vituperio.

Jesús mismo dijo: «El que en mí no permanece, será echado fuera como pámpano, y se secará; y los recogen, y los echan en el fuego, y arden» (Juan 15:6). Con una metáfora agrícola similar, Pablo afirmó: «[Las ramas judías] por su incredulidad fueron desgajadas, pero tú por la fe estás en pie. No te ensoberbezcas, sino teme. Porque si Dios no perdonó a las ramas naturales, a ti tampoco te perdonará» (Romanos 11:20-21). Podrían mencionarse otras escrituras, pero estas son suficientes para aclarar el punto.

Así que ahí lo tenemos: dos grupos de Escrituras que parecen estar en conflicto. El primero nos garantiza que estamos seguros en Jesús, mientras que el segundo sugiere que, de hecho, podemos alejarnos de Él. ¿Cómo debemos manejar esta tensión?

Notemos que no se trata de Jesús contra Pablo; más bien, es Jesús contra Jesús y Pablo contra Pablo. A menos que sugiramos que se contradicen, debemos suponer que hay una manera de entender ambos énfasis.

La mayoría de los predicadores tienden a inclinarse hacia un conjunto de Escrituras e interpretan el otro, a menudo con creatividad argumentativa.

Sus razonamientos pueden tener sentido en el contexto de cualquier pasaje. Sin embargo, en algún momento, cuando se ha desestimado el «valor literal» de múltiples textos, uno comienza a sospechar que la Biblia está siendo interpretada en lugar de simplemente explicada.

¿Podemos mantener en tensión estas dos posturas aparentemente contrarias? Yo creo que sí. Los cristianos *están* eternamente seguros en Jesús y, al mismo tiempo, tienen cierta responsabilidad sobre su propio destino. Para ser claros, nunca responderemos a todas las preguntas teológicas que la gente tiene. Lo que sí podemos (y debemos) hacer es comprender y aplicar los principios prácticos que subyacen a estas verdades bíblicas.

Principios prácticos para comprender la seguridad eterna

Saber lo que Jesús y Pablo dijeron es útil para la comprensión; saber *por qué* lo dijeron es fundamental para la transformación. Aquí hay algunos principios que ayudarán:

1. *Los pastores necesitan promover ambos lados para maximizar el ministerio en escenarios de la vida real.* Las advertencias contra el alejamiento son útiles para los creyentes que experimentan sufrimiento o éxito. El sufrimiento puede tentarnos a abandonar a Jesús, mientras que el éxito puede seducirnos a ignorar nuestra lealtad a Él. La mayoría de nosotros tenemos amigos o familiares que se han alejado de Jesús debido al sufrimiento o al éxito.

- Por otro lado, las promesas de nuestra seguridad pueden brindar gran consuelo a las almas asediadas que caminan por el doloroso sendero del sufrimiento.
- Como pastor, odiaría perder énfasis en cualquiera de estas dos constelaciones. Nuestro pueblo sería más pobre por ello.

2. *Nuestra perseverancia en Jesús depende más de Él que de nosotros.* La seguridad espiritual no depende solo, ni siquiera principalmente, de nuestros propios esfuerzos. El buen pastor de nuestra alma se toma en serio su obligación de proteger y cuidar

a su rebaño. Él es responsable de llevarnos al rebaño (Juan 6:44) y está decidido a mantenernos en él (10:27-30).

El hecho es que, lo reconozcamos o no, Dios nos buscó mucho antes de que nosotros lo buscáramos a Él. Dios nos hizo, nos marcó y nos cortejó mucho antes de que le prometiéramos lealtad. Y seguirá buscándonos incluso mucho después de alejarnos de Él o de rechazarlo.

Cualquiera que tenga un hijo comprende el corazón de Dios por nosotros. Si tu hijo se alejara, ¿qué harías? ¿Lucharías por él? Seríamos resilientes, resueltos, inflexibles, acechadores imperturbables todo el tiempo posible. Lo mismo ocurre con Dios.

¿Es posible apostatar (alejarse de la fe)? Bueno, la Biblia describe a individuos concretos que «naufragaron» en su fe y fueron entregados a Satanás (1 Timoteo 1:19-20). Esto se llama *apostasía* (1 Timoteo 4:1). Sin embargo, es casi imposible. El sabueso del cielo nunca afloja el agarre sobre Sus hijos.

Fíjate bien en esto: la poderosa mano de Dios sujeta a los suyos, de modo que ninguna fuerza extraña puede arrancarnos de Su agarre. Tampoco podemos alejarnos sin una lucha prolongada con Aquel que entregó Su vida por nosotros. Le costó todo salvarnos y no se detendrá ante nada para conservarnos.

3. *Todo este debate es discutible.* Algunos teólogos sostienen que una persona puede caer, mientras que otros no están de acuerdo. Sin embargo, todos conocemos a alguien que decía ser cristiano y que ya no lo es. Los partidarios de la seguridad eterna argumentan que ese «excristiano» nunca fue realmente salvo, mientras que los defensores del alejamiento afirman que esa persona apostató. A pesar de esto, ninguno de los dos bandos pone en duda el estado de personas como Judas Iscariote

(Juan 17:12), Simón el Mago (Hechos 8:18-23) e Himeneo y Alejandro (1 Timoteo 1:19-20). Están perdidos.

Entonces, ¿qué debemos hacer? La respuesta es clara: ayudar a la gente a encontrar la fe. ¿A qué personas? A todos. No podemos saber dónde ha estado cada individuo en su camino con Jesús, por lo que no podemos predecir el resultado de nuestra evangelización. Por eso, cuando sea y como sea, amaremos a las personas proclamando la gracia salvadora del Señor Jesús.

El viejo debate sobre la seguridad eterna frente a la pérdida de la salvación no se centra en lo que debemos hacer, sino en lo que creemos sobre la salvación de los demás. ¿No hace esto que el debate sea frívolo y potencialmente peligroso, ya que estamos juzgando el camino de fe de alguien cuya experiencia realmente no podemos conocer?

4. *Ambos campos pueden ser justamente criticados por mensajes malinterpretados.* La doctrina de la seguridad eterna corre el riesgo de promover la deslealtad hacia Jesús. Aunque esta nunca es la intención, algunas personas han escuchado a predicadores decir: «Eres salvo, hagas lo que hagas», y malinterpretan el mensaje como una licencia para pecar sin consecuencias. Debemos reconocer que ese es un malentendido desde el púlpito.

Por otro lado, aquellos que niegan la seguridad eterna a menudo predican inadvertidamente una *in*seguridad eterna. Al poner demasiado énfasis en nuestro libre albedrío para abandonar la fe, han hecho que algunas personas vivan con miedo e incertidumbre. Claramente, este no es un mensaje útil ni edificante.

Si parece que la Biblia respalda ambas posturas, sería sabio que los líderes eclesiásticos sigan su ejemplo. Esto desafía la teología sistemática, por supuesto. Nos gusta creer que tenemos todo resuelto y organizado de tal manera que cualquier persona razonable estaría de acuerdo con nosotros. Nuestra aversión a la paradoja es algo propio del mundo occidental. Esto no significa que sea malo, pero puede hacernos esperar algo que no fue la intención de los autores del Nuevo Testamento. La vida, la lógica y la doctrina bíblica no siempre encajan perfectamente en categorías precisas.

Tal vez debamos permitir que cada texto se valga por sí mismo, aunque nos resulte difícil reconciliar afirmaciones aparentemente contradictorias. Hay promesas maravillosas sobre la fidelidad de Dios para proteger a Su pueblo (Juan 10:28; Romanos 8:35-39); Dios hace más por sostener nuestra fe de lo que a menudo reconocemos, y esto debería brindarnos un inmenso consuelo y confianza. Al mismo tiempo, hay advertencias claras sobre el riesgo de alejarnos de la fe (Romanos 11:20-22; Gálatas 5:1-4; 1 Timoteo 1:18-20; Hebreos 6:4-8), y debemos comunicarlas sin vacilación.

5. *El amor requiere libertad de elección.* Esto lo entendemos de forma innata, ya que todos deseamos ser elegidos por nuestros amigos, familiares y seres queridos. El amor, más que cualquier otra cosa, es lo que da sentido a la vida y lo que hace que valga la pena salvar este mundo. ¿Podría Dios habernos obligado a amarlo? Técnicamente, sí. Podría habernos creado sin la capacidad de elegir. Sin embargo, eso dejaría de ser amor tal como lo entendemos y tal como Dios lo desea.

Una nota final: la libertad de amar es la clave esencial de cualquier pacto, ya sea humano o divino. ¿Puede existir un matrimonio sin la elección de amar? ¿No sería eso una forma de trata de personas? ¿Puede existir una sociedad comercial sin la libertad de alinear intereses? ¿No sería eso esclavitud?

Dios podría haber creado un mundo distinto, pero no si Su objetivo era el amor. Por eso nos dio la opción de ser fieles a Su pacto o de rechazarlo. Así ocurrió con los pactos hechos con Abraham, Moisés, David y, finalmente, con los cristianos. A lo largo de la historia bíblica, Dios ha esperado que Su pueblo sea fiel al pacto para poder disfrutar de las bendiciones que este ofrece.

En resumen, el pacto demanda fidelidad. Cuando alguien se niega a ser leal a Jesús, se rompe la relación que Dios luchó por establecer y preservar. Esto debería recordarnos la naturaleza de Dios, nuestra dignidad ante Sus ojos y nuestra responsabilidad de vivir con lealtad y adoración constante. Dios nos guarda eternamente seguros en Cristo, pero también nos otorga la dignidad de elegir ser fieles a Jesús.

Puntos clave

- Muchos pasajes respaldan la realidad tanto de la seguridad eterna como de la apostasía.
- Ambos mensajes son útiles, incluso necesarios, para el ministerio pastoral de la iglesia local.
- La paradoja no es mala teológicamente si puede justificarse bíblicamente.

Esta semana

☐ **Día 1:** Lee el ensayo.

☐ **Día 2:** Memoriza Juan 10:28.

☐ **Día 3:** Lee 1 Samuel 17.

☐ **Día 4:** Medita en Juan 6:37; Romanos 11:20-21; Hebreos 6:4-6.

☐ **Día 5:** Identifica tres o cuatro maneras en que Dios te buscó antes de que le prometieras lealtad. En oración, expresa tu lealtad y gratitud por Su incesante búsqueda.

Desafío de superación: Memoriza Hebreos 6:4-6.

Lectura adicional: Robert Shank, *La vida en el Hijo: Un estudio de la doctrina de la perseverancia*.

37

El Espíritu Santo

Pero recibiréis poder, cuando haya venido sobre vosotros el Espíritu Santo, y me seréis testigos en Jerusalén, en toda Judea, en Samaria, y hasta lo último de la tierra.

–Hechos 1:8

Pregunta: ¿Qué hace el Espíritu Santo por nosotros?

El Espíritu Santo parece desconcertar a la mayoría de los cristianos. Sin embargo, la Biblia enseña que Dios es aún más accesible a través del Espíritu Santo que a través de Jesús. Jesús está en el cielo con el Padre, mientras que el Espíritu Santo habita dentro de nosotros. Jesús mismo lo expresó así:

> Y yo rogaré al Padre, y os dará otro Consolador, para que esté con vosotros para siempre: el Espíritu de verdad, al cual el mundo no puede recibir, porque no le ve, ni le conoce; pero vosotros le conocéis, porque mora con vosotros, y estará en vosotros. (Juan 14:16-17)

El Espíritu Santo vino con poder el día de Pentecostés, en un impresionante despliegue de lenguas de fuego (Hechos 2:1-4). Este fue un momento decisivo en la historia. Antes del Pentecostés, el Espíritu Santo se manifestaba en las personas solo de manera temporal. Después del Pentecostés, el Espíritu habitó de forma permanente en los seguidores de Jesús. Esto nos brinda acceso constante a Dios mientras cumplimos con los planes de Su reino.

A menudo, pensamos que el Espíritu Santo actúa en nosotros para transformarnos; este es, sin duda, el énfasis principal del apóstol Pablo. Según sus cartas, el Espíritu nos sella, nos salva y nos transforma de adentro hacia afuera. Juan y Lucas, por su parte, subrayan que el Espíritu Santo actúa *a través de nosotros* para dar a conocer a Jesús. Su poder tiene como objetivo la evangelización, lo cual Lucas resume muy bien en Hechos 1:8, nuestro versículo clave.

Sin el Espíritu Santo, no podríamos ser lo que fuimos creados para ser ni realizar lo que fuimos llamados a realizar. Los beneficios del Espíritu para los creyentes son numerosos, y para simplificarlos, podemos resumirlos en dos grandes categorías.

Transformación: el Espíritu Santo *en* nosotros

1. *Creación*. El Espíritu de Dios desempeñó un papel integral en la creación (Génesis 1:2), moviéndose sobre las aguas y trayendo orden a partir del caos. Fue responsable de infundir vida en la humanidad, al dar aliento a Adán a través de su nariz (Génesis 2:7). De hecho, el Espíritu de Dios es el origen del aliento de toda criatura viviente (Salmos 104:29-30).

   Por lo tanto, es lógico que, una vez que Jesús eliminó la maldición del pecado, el Espíritu Santo pudiera renovar nuestro acceso al Padre. Al igual que en Génesis 1:2, el Espíritu sigue moviéndose sobre el caos de nuestra vida, buscando dar lugar a una nueva creación, o quizás más exactamente, a una creación renovada. Esto es lo que la Biblia describe como «[nacer] de agua y del Espíritu» (Juan 3:5).

2. *Conversión*. Lo más significativo que el Espíritu hace es invisible para el ojo humano. Nos sella: «En él también vosotros, habiendo oído la palabra de verdad, el evangelio de vuestra salvación, y habiendo creído en él, fuisteis sellados con el Espíritu Santo de la promesa» (Efesios 1:13). Esta idea proviene de la antigua práctica de sellar documentos con un anillo. La impresión del sello, grabada en cera blanda o arcilla, marcaba el documento como propiedad permanente del rey o dignatario. Cuando prometemos nuestra lealtad a Jesús por fe, ocurre un cambio permanente en nuestra pertenencia. Aunque no podamos verlo, los ángeles, los demonios y lo divino lo perciben. Este sello nos protege, limitando los ataques satánicos, y determina nuestro destino eterno. Además, nos otorga acceso al poder y a la presencia de Dios.

En resumen, este sello es el fundamento de nuestra conversión (Tito 3:5). Puede describirse nada menos que como una nueva vida (Juan 6:63; 7:38-39; Romanos 8:11).

3. *Santificación*. Dado que ahora pertenecemos a Dios, somos apartados para Su deleite y propósito. La Biblia llama a este proceso «santificación» (2 Tesalonicenses 2:13; ver también Romanos 15:16). En el momento en que el Espíritu nos sella, nos convertimos en nuevas criaturas (1 Corintios 6:11). Sin embargo, la santificación es también una obra continua de Dios, que busca alinear nuestras acciones futuras con las acciones de Cristo en el pasado. Como dijo Pablo: «Y el mismo Dios de paz os santifique por completo; y todo vuestro ser, espíritu, alma y cuerpo, sea guardado irreprensible para la venida de nuestro Señor Jesucristo» (1 Tesalonicenses 5:23). Este es un proceso de por vida, impulsado por el Espíritu y protegido por la armadura que Él nos proporciona (Efesios 6:13-18).

Empoderamiento: el Espíritu Santo *a través de* nosotros

- *Enseñanza*. La obra principal del Espíritu, tanto en el Antiguo como en el Nuevo Testamento, es la comunicación. ¡Es un comunicador constante! Parece no carecer de estrategias para hablar a nuestra vida. El Espíritu es probablemente más claro a través de las Escrituras, las cuales fueron inspiradas por Él (2 Pedro 1:21). No obstante, si es necesario, puede comunicarse directamente con las personas en sus corazones o mentes (Juan 15:26; Hechos 8:29; 10:19-20). También puede hacerlo a través de terceros, incluidos, entre otros, padres, predicadores, consejeros, colegas e hijos.

    Su propósito es más la transformación que la mera información. Su deseo es enseñarnos la verdad para que podamos vivir sabiamente (Juan 14:26). Para ello, nos guía o nos impide actuar (Hechos 16:6-7), escudriña y revela (1 Corintios 2:10), fortalece y consuela (Juan 14:26), exhorta (Hechos 8:29; 13:2) y convence de pecado (Juan 16:8-11). Y cuando termina de hablarnos sobre Dios, le habla a Dios de nosotros, intercediendo a nuestro favor (Romanos 8:26).

- *Habilidades*. El Espíritu nos proporciona las herramientas necesarias para cumplir todo aquello que Dios nos llama a hacer. A veces, este poder se manifiesta a través de intervenciones milagrosas impresionantes (Romanos 15:19; Gálatas 3:5). Estas intervenciones pueden incluir sanidades (Hechos 5:16), exorcismos (Mateo 12:28), así como profetizar y hablar en lenguas (Hechos 2:4). Estas manifestaciones de poder suelen enfocarse en un individuo que realiza algo dinámico para expandir el reino de Dios.

    No obstante, el modo preferido del Espíritu Santo parece ser más corporativo que individual. La Biblia enseña que el Espíritu mora en nuestro cuerpo (1 Corintios 3:16; 6:19; Efesios 2:22; 1

Pedro 4:14; 1 Juan 3:24; 4:13), lo que podría dar la impresión de que el Espíritu Santo está dentro de cada uno de nosotros individualmente. Y esto es verdad, ya que cada uno de nosotros tiene una conexión dinámica con el Espíritu de Dios. Sin embargo, la plenitud del Espíritu nunca podría residir en un solo individuo. Más bien, el Espíritu mora en el cuerpo de Cristo, es decir, en la Iglesia. Es la Iglesia la que manifiesta la plenitud de los dones espirituales.

El Espíritu distribuye Su poder por todo el cuerpo (Romanos 12:6-8; 1 Corintios 12:4,7-12; Efesios 4:11-13). Esta dependencia y servicio mutuos generan una unidad que actúa como una fuerza dinámica para el bien en el mundo (Efesios 4:3-4). Como nos necesitamos unos a otros para cumplir la misión de Dios, permanecemos unidos.

- *Carácter.* El Espíritu Santo también desarrolla en nosotros el fruto del Espíritu: «El fruto del Espíritu es amor, gozo, paz, paciencia, benignidad, bondad, fe, mansedumbre, templanza; contra tales cosas no hay ley» (Gálatas 5:22-23). Cabe destacar que el fruto del Espíritu no está destinado principalmente a nuestra santificación personal. Ningún fruto del Espíritu tiene como fin último solo nuestro beneficio, sino que está orientado al servicio a la comunidad. A través de estas virtudes, cumplimos el mandato de Cristo de alcanzar a nuestro prójimo con el mensaje de salvación. Sin el carácter del Espíritu en nosotros, no podríamos edificar el reino de Dios en medio de un mundo hostil.

- *Apoyo.* El Espíritu Santo tiene la habilidad de guiar a las personas correctas hacia el lugar indicado en el momento oportuno. Esto ocurre con más frecuencia de lo que imaginamos, especialmente en el contexto de la evangelización (Lucas 2:27; Hechos 8:29,39; 10:19-20; 11:12; 16:6-7; 20:22). Sin embargo, Su guía es, en muchas ocasiones, más espiritual que física. A veces, el Espíritu nos da instrucciones específicas para una situación determinada (Hechos 13:2-4; 15:28) e incluso nos proporciona las palabras correctas que debemos decir (Lucas 12:12).

La mayoría de las veces, el Espíritu nos guía a través de la sabiduría general, mostrándonos cómo vivir (Efesios 1:17). Por eso se le llama Consolador o Maestro (Juan 14:16-17,26; 15:26). Da ánimo a la Iglesia (Hechos 9:31), fortalece a las personas (Efesios 3:16) y ayuda a los que están en sufrimiento (Filipenses 1:19; 2 Timoteo 1:14).

El Espíritu también nos apoya defendiéndonos con fervor. Cuando otros dudan de ti, el Espíritu Santo te valida. Lo hizo por Jesús en Su bautismo (Mateo 3:16; Marcos 1:10; Lucas 3:22; Juan 1:32-33) y durante Su ministerio (Mateo 12:18; Lucas 4:18; Hechos 10:38), pero especialmente en Su resurrección y ascensión (Hechos 2:33; Romanos 1:4; 1 Timoteo 3:16).

Esta cortesía no se limita solo a Jesús, sino que también se extiende a todas las personas (Hechos 15:8). Puedes tener la seguridad de que quienes caminan en la fe tendrán el viento del Espíritu soplando a su favor.

En lo más íntimo y personal, el Espíritu confirma que somos hijos de Dios (Romanos 8:16-17; Gálatas 4:6), lo que nos da acceso directo a Dios (Efesios 2:18). A través del Espíritu, aceptamos el amor de Dios y nos llenamos de Él (Romanos 5:5; 15:30). Además, el Espíritu intercede por nosotros ante Dios con gemidos que no pueden expresarse con palabras (Romanos 8:26-27).

Sorprendentemente, una de las formas más poderosas de escuchar la guía y el consuelo del Espíritu es a través del canto colectivo (Efesios 5:18-19). Quizás por eso se percibe la presencia del Espíritu de Dios con mayor fuerza en medio de la comunidad de creyentes. Tiende a manifestarse cuando y donde el pueblo de Dios se reúne.

A veces, la vida se torna difícil. En esos momentos, el Espíritu nos sostiene. Nunca nos dejará solos. De hecho, estará aún más cerca de nosotros cuando nos alineemos con el latido de Su misión: proclamar las buenas nuevas de Jesucristo.

Puntos clave

- El acceso a Dios por medio del Espíritu Santo es incluso mayor que a través de Jesús.
- El Espíritu obra en nosotros a través de la transformación: creación, conversión y santificación.
- El Espíritu obra a través de nosotros mediante el empoderamiento: enseñanza, habilidades, carácter y apoyo.

Esta semana

- [ ] **Día 1:** Lee el ensayo.
- [ ] **Día 2:** Memoriza Hechos 1:8.
- [ ] **Día 3:** Lee Hechos 2.
- [ ] **Día 4:** Medita en Juan 16:13-14; Gálatas 5:22-23; Efesios 1:13.
- [ ] **Día 5:** Identifica uno de los beneficios que el Espíritu Santo te ofrece y que más necesitas en este momento. Busca cada pasaje mencionado en relación con ese beneficio.

Desafío de superación: Memoriza Gálatas 5:22-23.

Lectura adicional: Francis Chan, *El Dios olvidado: Cómo revertir nuestra trágica desatención al Espíritu Santo.*

38

La ascensión

> Y habiendo dicho estas cosas, viéndolo ellos, fue alzado,
> y le recibió una nube que le ocultó de sus ojos.
> —Hechos 1:9

Pregunta: ¿Por qué se fue Jesús?

Fue exactamente cuarenta días después de la resurrección. Desde la cima del monte de los Olivos, con vistas a Jerusalén, Jesús les dio a Sus discípulos un último encargo. Mientras hablaba con ellos, comenzó a elevarse del suelo, desafiando las leyes de la gravedad, como lo había hecho al caminar sobre las aguas (Mateo 14:22-25).

Este milagro marcó la partida de Jesús de la tierra. En el trasfondo de la escena, había dos hombres vestidos de blanco. Evidentemente, eran ángeles enviados por Dios para indicar a los primeros discípulos qué debían hacer. Lucas utilizó un tiempo verbal que sugiere que los ángeles estaban «en el estado presente de haber permanecido allí». En otras palabras, los ángeles aparecieron y, sin embargo, pasaron desapercibidos. Eso debió ser un poco desalentador para los ángeles. Después de todo, en todas las demás partes de la Biblia, los ángeles son figuras impresionantes que infunden pavor en los corazones humanos. Lo primero que suelen decir es «No temáis».

Sin embargo, esta vez, los discípulos ni siquiera los notaron. Los discípulos estaban contemplando el cielo, pero en lugar de quedarse atónitos mirando hacia arriba, debieron haberse puesto en marcha para ir a recorrer el mundo.

Finalmente, los ángeles rompieron el silencio: «Varones galileos, ¿por qué estáis mirando al cielo? Este mismo Jesús, que ha sido tomado de vosotros al cielo, así vendrá como le habéis visto ir al cielo» (Hechos 1:11). A estos hombres de Galilea se les encomendó una misión global: toda lengua, tribu y nación necesita escuchar el mensaje redentor de Jesús.

Para estos discípulos, la ascensión debió sentirse como un abandono. Sin embargo, no fue así. De hecho, era exactamente lo que necesitaban para cumplir su misión. Hablemos de ello respondiendo a dos preguntas fundamentales.

¿Ocurrió realmente la ascensión?

Seamos honestos: la historia de Jesús siendo llevado de la tierra al cielo suena como algo sacado de una novela de ciencia ficción. O peor aún, puede parecer una de esas antiguas supersticiones de las religiones del mundo. Después de todo, existe una lista de héroes que supuestamente ascendieron: Hércules, Buda, Mahoma.

Otro problema es que Lucas, quien no fue testigo ocular, es el único que relata este acontecimiento. ¿Podemos realmente confiar en su relato?

Sin embargo, tenemos varias razones para creer que la ascensión ocurrió de verdad:

1. Lucas fue un investigador meticuloso de sus testigos oculares y fuentes primarias (Lucas 1:1-4).
2. La presencia de testigos oculares vivos refuerza la credibilidad de su relato.
3. Registró el acontecimiento como un hecho histórico, no con los detalles fantásticos que son comunes en las narrativas no bíblicas de ascensiones.

4. Para Jesús, este era un viaje de regreso. En el caso de Hércules, Mahoma y otros, su traslado al cielo fue un billete de ida. Pero Jesús vino del cielo en primer lugar; por lo tanto, que regresara allí tiene sentido.

   El Salmo 68:18 registra esta profecía: «Subiste a lo alto, cautivaste la cautividad, tomaste dones para los hombres, y también para los rebeldes, para que habite entre ellos JAH Dios». El apóstol Pablo utilizó este versículo para aclarar que Jesús solo regresaba a su punto de partida: «Y eso de que subió, ¿qué es, sino que también había descendido primero a las partes más bajas de la tierra? El que descendió es el mismo que también subió por encima de todos los cielos para llenarlo todo» (Efesios 4:9-10).

5. La ascensión fue profetizada. No solo lo vemos en el Salmo 68:18 (que acabamos de leer), sino también en el Salmo 110:1: «Jehová dijo a mi Señor: Siéntate a mi diestra, hasta que ponga a tus enemigos por estrado de tus pies».

- Jesús mismo predijo Su ascensión al afirmar: «Nadie subió al cielo, sino el que descendió del cielo; el Hijo del Hombre, que está en el cielo» (Juan 3:13; ver también Juan 6:62; 20:17). Además, afirmó: «Pero desde ahora el Hijo del Hombre se sentará a la diestra del poder de Dios» (Lucas 22:69). Si Jesús tuvo razón al predecir Su muerte y resurrección, ¿por qué deberíamos dudar de Su profecía sobre la ascensión?

6. La ascensión de Cristo se reafirma en todo el resto del Nuevo Testamento. Pablo declaró que Dios «resucitó [a Cristo] de entre los muertos y lo sentó a su derecha en las regiones celestiales» (Efesios 1:20, NVI). También nos instruyó a «buscad las cosas de arriba, donde está Cristo sentado a la diestra de Dios» (Colosenses 3:1).

- El autor de Hebreos, en la introducción de su libro, declaró lo siguiente sobre el Hijo de Dios: «… habiendo efectuado la purificación de nuestros pecados por medio de sí mismo, se sentó a la diestra de la Majestad en las alturas» (Hebreos 1:3). Asimismo, Pedro escribió que Jesús «habiendo subido al cielo está a la diestra de Dios; y a él están sujetos ángeles, autoridades y potestades» (1 Pedro 3:22).

  Aunque se podrían añadir otros pasajes, estos son suficientes para demostrar que el relato de Lucas sobre la ascensión no es una referencia aislada. Es una verdad corroborada por todos los autores del Nuevo Testamento, excepto Santiago y Judas. Este casi universal asentimiento de la ascensión nos brinda confianza en su veracidad.

7. Nada más explica por qué cesaron las apariciones de Cristo tras la resurrección. Si lo piensas bien, la ascensión no es algo que la Iglesia habría inventado. Después de todo, las continuas afirmaciones de haber visto a Jesús habrían reforzado su autoridad.

- Pero si Jesús realmente resucitó de entre los muertos —si la resurrección realmente ocurrió— ¿no deberíamos esperar que regresara al cielo? Si Dios puede resucitar a Jesús de entre los muertos, entonces Su posterior ascensión al cielo no debería ser imposible, ni siquiera difícil.

En resumen, las pruebas se inclinan a favor de la fiabilidad de Lucas.

¿Cómo nos ayuda la ascensión de Jesús a cumplir nuestra comisión?

1. *Jesús terminó Su obra redentora*. Escucha la oración de Jesús al Padre: «Yo te he glorificado en la tierra; he acabado la obra que me diste que hiciese. Ahora pues, Padre, glorifícame tú al lado tuyo, con aquella gloria que tuve contigo antes que el

mundo fuese» (Juan 17:4-5). Jesús descendió a la tierra desde el cielo y renunció a Sus derechos divinos para habitar entre la humanidad (Filipenses 2:6-8). Al regresar al cielo, demostró las profundidades a las que había descendido y las alturas a las que puede llevarnos. Desde este punto de vista, la ascensión es fundamental para elevar a Jesús a la posición que le corresponde.

2. *Jesús está preparándonos un lugar.* La noche de Su arresto, Jesús prometió a Sus seguidores que iba a prepararles un lugar: «En la casa de mi Padre muchas moradas hay; si así no fuera, yo os lo hubiera dicho; voy, pues, a preparar lugar para vosotros» (Juan 14:2). En la tierra, Jesús murió por nuestros pecados para abrirnos un camino hacia Dios. Ahora nos está preparando un lugar en la eternidad, no como un albañil que construye una mansión celestial, sino como un abogado defensor que nos representa ante Dios (Romanos 8:34).

3. *Jesús intercede por nosotros sentado a la diestra de Su Padre.* No está sentado sin hacer nada; más bien, está sentado como un juez, defendiendo nuestro caso.

    Podemos imaginárnoslo así: cada vez que pecamos en la tierra, Jesús se inclina hacia Su izquierda, señala las cicatrices en Sus manos y le dice al Padre: «¿Ves estas cicatrices? Ellas pagaron por ese pecado. Estamos en paz». Pablo lo expresó de esta manera: «¿Quién es el que condenará? Cristo es el que murió; más aún, el que también resucitó, el que además está a la diestra de Dios, el que también intercede por nosotros» (Romanos 8:34).

4. *Jesús nos envió Su Espíritu Santo.* No estamos diciendo que Jesús tuviera que irse para que el Espíritu pudiera venir. No existe una regla divina que exija que al menos dos miembros de la Trinidad deban residir en el cielo al mismo tiempo. Más bien, el punto es que Jesús regresó al cielo para completar Su obra de intercesión.

Al hacerlo, abrió la puerta para la obra del Espíritu, que incluye convencer, guiar y apoyar el creciente movimiento de Dios en la tierra.

El Espíritu Santo no es un reemplazo inferior de Jesús, ni es el «suplente» de la Trinidad. Al contrario, tiene el mismo latido que Jesús y la misma misión que el Padre. Sin embargo, nos ofrece una ventaja que el Jesús resucitado no podía ofrecernos. Debido a Su naturaleza, el Espíritu puede estar presente igualmente con cada cristiano al mismo tiempo.

Jesús reconoció esto cuando expresó: «Os conviene que yo me vaya; porque si no me fuera, el Consolador no vendría a vosotros; mas si me fuere, os lo enviaré» (Juan 16:7). Esto brinda una ventaja estratégica tanto a la Iglesia en general como a los cristianos individualmente para llevar a cabo la misión de Jesús: anunciarlo a todas las naciones (Mateo 28:19-20).

5. *Jesús está preparando Su regreso.* «He aquí que viene con las nubes, y todo ojo le verá, y los que le traspasaron; y todos los linajes de la tierra harán lamentación por él. Sí, amén» (Apocalipsis 1:7). Cuando Jesús regrese, se cumplirá el plan final de Dios. La historia de la humanidad llegará a su fin, se dará inicio al día del juicio y se restaurará el Edén en la tierra nueva.

Puntos clave

- Existen razones históricas convincentes para creer en la ascensión literal de Jesús.
- Jesús está ahora en el cielo, intercediendo por nosotros.
- A causa de la ascensión, el Espíritu Santo fue enviado para continuar la obra de Jesús (Juan 16:7).

Esta semana

- [ ] **Día 1:** Lee el ensayo.
- [ ] **Día 2:** Memoriza Hechos 1:9.
- [ ] **Día 3:** Lee Hechos 1.
- [ ] **Día 4:** Medita en Juan 16:7; Efesios 4:8-10; Apocalipsis 1:7.
- [ ] **Día 5:** Tómate un momento para imaginar a Jesús entronizado junto al Padre. ¿Cómo podría esa imagen influir en tus acciones hoy?

Desafío de superación: Memoriza Apocalipsis 1:7.

Lectura adicional: Tim Perry y Aaron Perry, *He Ascended into Heaven: Learn to Live an Ascension-Shaped Life* [Ascendió al cielo: Aprende a vivir una vida moldeada por la ascensión].

39

El bautismo

> Arrepentíos, y bautícese cada uno de vosotros en el nombre de Jesucristo para perdón de los pecados; y recibiréis el don del Espíritu Santo.
>
> —Hechos 2:38

Pregunta: ¿Por qué debo bautizarme?

El bautismo es un acto de gran importancia. A lo largo de la historia cristiana, todas las iglesias lo han practicado de alguna forma. Sin embargo, las distintas denominaciones lo realizan de maneras diferentes y con énfasis variados, lo que ha generado cierta confusión sobre su significado y la forma correcta de llevarlo a cabo.

Algunas tradiciones bautizan a los niños, mientras que otras lo reservan solo para los adultos. Algunas iglesias practican la aspersión; otras, el vertimiento de agua y, otras, la inmersión completa. Sin embargo, al igual que la Santa Cena, el bautismo es una práctica cristiana fundamental, lo que algunos llaman un sacramento. Esto significa que no es simplemente un símbolo que representa algo aquí en la tierra, sino una acción sagrada que cumple (o refleja) algo que ocurre en el cielo. Por eso es tan significativo.

De hecho, el bautismo era tan importante que el propio Jesús comenzó Su ministerio participando en él (Mateo 3:16-17). Este acto marcó un punto de inflexión en Su vida, y puede hacer lo mismo en la tuya.

El bautismo es tanto un don asombroso como un mandato esencial. Por eso, el propósito de este ensayo es responder algunas de las preguntas comunes sobre el bautismo, eliminando cualquier barrera o duda que alguien pueda tener. Comencemos con una pregunta táctica.

¿Debemos bautizar por inmersión en lugar de hacerlo por aspersión?

Durante los primeros siglos de la Iglesia, la inmersión era la forma común de bautismo. Tiene sentido, ya que la palabra griega para bautismo (*baptizō*) significa 'inmersión' o 'sumergir'. Juan el Bautista bautizaba donde «había mucha agua» (Juan 3:23, NVI). Felipe y el eunuco etíope «descendieron ambos al agua» (Hechos 8:38).

Más importante aún, la inmersión ofrece una imagen poderosa de la muerte, sepultura y resurrección de Jesús (Romanos 6:4-5). Ninguna otra forma de bautismo retrata tan claramente este evento como lo hace la inmersión. No se trata de cuestionar a quienes han sido rociados con agua, sino de reconocer que la inmersión es el modelo bíblico original del bautismo. Esto cobra relevancia, ya que el bautismo es una de las pocas ocasiones en las que la familia y los amigos pueden presenciar una representación tan vívida de la muerte y resurrección de Jesús.

A menudo, quienes han sido bautizados por aspersión en su infancia temen que el bautismo en la adultez pueda ser una falta de respeto hacia sus padres. No debería ser así. No estás diciéndole a tus padres: «Se equivocaron». Estás diciendo: «¡Gracias! Ahora, con mi propia confesión, confirmo que cumplieron plenamente su papel de inculcar la fe en mi vida». Tus padres deberían sentirse honrados al ver que lo que ellos sembraron ha dado fruto a través del Espíritu Santo.

¿Es esencial el bautismo?

Aclaremos algo: somos salvos cuando el Espíritu Santo nos marca. Es Dios quien determina cuándo, dónde y cómo somos salvos. Sin embargo, la Biblia enseña que el bautismo es la culminación del proceso de nuestra conversión.

Las personas atraviesan por diferentes etapas de su fe. La Biblia describe diferentes pasos en este proceso: escuchar el evangelio, responder con fe, arrepentirse de los pecados y confesarlos. Todos estos pasos son esenciales para que alguien entregue su vida a Jesús. La inmersión es el cierre de este comienzo, la culminación de la conversión.

En el libro de los Hechos, la confesión pública de fe se realizaba mediante el acto del bautismo por inmersión (2:41; 8:12; 10:48; 16:33). Por eso, el bautismo se compara con el nuevo nacimiento (Juan 3:5; Tito 3:5), con revestirse de Cristo (Gálatas 3:27) y con el rito de la circuncisión judía (Colosenses 2:11-12).

El bautismo en sí no otorga la salvación. Pensar que sumergirse en agua por sí solo te lleva al cielo es absurdo. Sin embargo, el bautismo es una expresión adecuada de fe en Dios. Sabemos que «la fe sin obras está muerta» (Santiago 2:26). Entonces, la pregunta no es «¿*Debemos* responder al don de gracia de Dios en Cristo?», sino «¿*Cómo* debemos responder a este don?».

Cuando los judíos, al darse cuenta de su necesidad de salvación, hicieron la pregunta: «¿Qué haremos?», el apóstol Pedro respondió: «Arrepentíos, y bautícese cada uno de vosotros en el nombre de Jesucristo para perdón de los pecados; y recibiréis el don del Espíritu Santo» (Hechos 2:37-38).

¿Puede salvarse alguien que no ha sido bautizado?

Por supuesto. Dios puede conceder la salvación en Su tiempo y a Su manera. Sin embargo, el Nuevo Testamento asume que todo creyente aceptará este hermoso regalo de Dios.

Sí, una persona que cree en Jesús, que produce frutos espirituales pero que nunca se somete al bautismo, puede salvarse. Es similar a un parto por cesárea: un niño puede nacer sin pasar por el canal de parto de la madre.

No es la primera opción ni para la madre ni para su médico, pero si la vida de la madre o del niño está en peligro, es la mejor alternativa. Si los seres humanos son lo suficientemente inteligentes como para realizar una cesárea, ¿no crees que Dios, el dador de la vida, también lo es? Dios ama la vida y abrirá el camino.

Sin embargo, el diseño (y mandato) de Dios es que todo creyente arrepentido sea bautizado. Es realmente un gran plan.

¿Cuáles son los beneficios del bautismo?

1. *El bautismo nos hace discípulos.* El último mandato de Jesús fue ir, hacer discípulos y bautizarlos:

   > Por tanto, id, y haced discípulos a todas las naciones, bautizándolos en el nombre del Padre, y del Hijo, y del Espíritu Santo; enseñándoles que guarden todas las cosas que os he mandado; y he aquí yo estoy con vosotros todos los días, hasta el fin del mundo. Amén. (Mateo 28:19-20)

   Dios sabe que nuestros recuerdos más fuertes combinan múltiples sentidos. El bautismo activa los sentidos visual, auditivo y táctil, y a veces incluso el gusto y el olfato. Por eso, mucho después de haber olvidado las palabras de la «oración del pecador», recordamos la fecha, el lugar y las personas presentes en nuestro bautismo.

   El bautismo es una oración representada. Pedro lo llamó «la aspiración de una buena conciencia hacia Dios» (1 Pedro 3:21). Además, esta oración siempre está perfectamente articulada, ya que la inmersión expresa con exactitud el mensaje correcto. Todos necesitamos este tipo de señal memorable, especialmente en tiempos difíciles. Si hubiera un símbolo para captar el significado del bautismo, sería algo parecido a un anillo de

bodas: un recordatorio tangible de un compromiso para toda la vida.
2. *El bautismo nos conecta con Dios.* No es solo un símbolo, es un sacramento. Los símbolos solo representan algo, pero un sacramento *produce* algo. Los sacramentos nos conectan con las realidades celestiales.

Aunque el agua no es mágica, el acto de obediencia tiene un carácter místico. Algo realmente cambia en el bautismo. En palabras de Pablo, mediante la inmersión nos revestimos de Cristo (Gálatas 3:27). Nuestro viejo yo se ha ido y el nuevo ha llegado. Además, recibimos la morada permanente del Espíritu Santo: «Nos salvó, no por obras de justicia que nosotros hubiéramos hecho, sino por su misericordia, por el lavamiento de la regeneración y por la renovación en el Espíritu Santo, el cual derramó en nosotros abundantemente por Jesucristo nuestro Salvador» (Tito 3:5-6). Evidentemente, el Espíritu puede habitar en quien quiera en el momento que considere oportuno. No obstante, la promesa bíblica del Espíritu está relacionada con la obediencia en el bautismo.

Nuestro estatus ante Dios cambia. Si hubiera un símbolo para captar este cambio de estatus, sería la circuncisión:

> En él también fuisteis circuncidados con circuncisión no hecha a mano, al echar de vosotros el cuerpo pecaminoso carnal, en la circuncisión de Cristo; sepultados con él en el bautismo, en el cual fuisteis también resucitados con él, mediante la fe en el poder de Dios que le levantó de los muertos. (Colosenses 2:11-12)

3. *El bautismo nos salva por fe.* Para muchos, esta afirmación puede parecer demasiado fuerte. Después de todo, somos salvos por gracia, a través de la fe *solamente*.

Ciertamente, no estamos diciendo que somos salvos por realizar alguna buena obra, como el bautismo. Lo que estamos afirmando es que el bautismo es la expresión bíblica apropiada de una fe genuina. Simplemente estamos citando la Escritura: «El bautismo que corresponde a esto ahora nos salva (no quitando las inmundicias de la carne, sino como la aspiración de una buena conciencia hacia Dios) por la resurrección de Jesucristo» (1 Pedro 3:21) y «El que creyere y fuere bautizado, será salvo; mas el que no creyere, será condenado» (Marcos 16:16).

El bautismo es, en realidad, una ceremonia religiosa brillante. Es el único ritual en todas las religiones del mundo que aborda adecuadamente tanto la culpa como la vergüenza. La culpa ocurre cuando cruzamos una línea que sabemos que no deberíamos cruzar; es un sentimiento interno e individual. La vergüenza, por otro lado, surge cuando no alcanzamos una norma establecida por otros: la familia, el equipo deportivo, la unidad militar, etc. Es un sentimiento público y social. El bautismo es un acto individual que elimina nuestra culpa al perdonarnos los pecados y, al mismo tiempo, es una declaración pública que elimina nuestra vergüenza al integrarnos en el cuerpo de Cristo. Es pura genialidad y una de las invitaciones más bellas que recibirás de parte de Dios.

Si hubiera un símbolo para captar este concepto, sería el cruce de Israel por el mar Rojo sobre tierra seca: un acto extraordinario y milagroso de salvación de Dios que formó un nuevo pueblo a partir de antiguos esclavos. En palabras de Pablo:

> Porque no quiero, hermanos, que ignoréis que nuestros padres todos estuvieron bajo la nube, y todos pasaron el mar; y todos en Moisés fueron bautizados en la nube y en el mar, y todos comieron el mismo alimento espiritual, y todos bebieron la misma bebida espiritual; porque bebían de la roca espiritual que los seguía, y la roca era Cristo. (1 Corintios 10:1-4)

Pablo comparó el éxodo de Israel con el bautismo cristiano. Así como Moisés condujo a Israel a través del mar por el Espíritu, los cristianos atraviesan el agua por el Espíritu para seguir a Jesús. La invitación de Dios a través del bautismo nos libera de la esclavitud del pecado y nos concede libertad como parte de una nueva nación, que marcha hacia la verdadera tierra prometida. El bautismo es un don de la gracia de Dios.

Puntos clave

- El bautismo es un sacramento importante para todas las iglesias a lo largo de la historia.
- El bautismo es la respuesta adecuada a la fe en Jesús, que marca nuestra nueva vida en Cristo para imitar Su muerte, sepultura y resurrección.
- El bautismo nos conecta con Dios mediante la fe en Jesucristo y la inhabitación del Espíritu Santo.

Esta semana

- [ ] **Día 1:** Lee el ensayo.
- [ ] **Día 2:** Memoriza Hechos 2:38.
- [ ] **Día 3:** Lee Éxodo 14–15.
- [ ] **Día 4:** Medita en Romanos 6:3-6; Tito 3:5-6; 1 Pedro 3:21.
- [ ] **Día 5:** Si aún no te has bautizado, fija una fecha con tu iglesia para hacerlo.

Desafío de superación: Memoriza Romanos 6:3-6.

Lectura adicional: Jack Cottrell, *Bautismo: Un estudio bíblico*.

40

La solución de Dios al racismo

> Y de una sangre ha hecho todo el linaje de los hombres, para que habiten sobre toda la faz de la tierra; y les ha prefijado el orden de los tiempos, y los límites de su habitación.
>
> –Hechos 17:26

Pregunta: ¿Cuál es la solución cristiana al racismo?

Vivimos en una nación con profundas tensiones raciales, pero esto no es solo una crisis nacional, sino también cristiana. Muchas iglesias están tan divididas como sus comunidades. Para los hijos de Dios, es un problema familiar: nuestro Padre se escandaliza cuando sus hijos practican la peor clase de rivalidad entre hermanos.

La división racial en el Antiguo Testamento

Solo hay una raza humana, pero muchas naciones. ¿Por qué? Según la Biblia, dos eventos clave causaron la separación entre hermanos y crearon la división de lenguas, culturas, naciones y etnias. El primero ocurrió después del diluvio, cuando los tres hijos de Noé se separaron: «Y los hijos de Noé que salieron del arca fueron Sem, Cam y Jafet. […]. Estos tres son los hijos de Noé, y de ellos fue llena toda la tierra» (Génesis 9:18-19). A causa de su pecado, Cam fue maldecido y apartado de sus hermanos (versículos 22-27).

El segundo evento fue la torre de Babel, cuando el pueblo dijo: «Vamos, edifiquémonos una ciudad y una torre, cuya cúspide llegue al cielo; y hagámonos un nombre, por si fuéremos esparcidos sobre la faz de toda la tierra» (Génesis 11:4). A causa de su arrogancia, Dios confundió sus lenguas, provocando la separación entre ellos (versículos 6-8).

La dispersión fue consecuencia del pecado humano. Sin embargo, la dispersión en sí no es el problema. La intención de Dios era que los humanos poblaran y gobernaran toda la tierra. La diversidad tampoco es un problema; Dios nos creó genéticamente para que tengamos una maravillosa variedad de diferencias. El verdadero problema radica en la dominación de un grupo sobre otros.

Dios eligió a la nación de Israel como Su pueblo, no porque fueran los «mejores», sino porque serían el medio a través del cual llegaría a todas las naciones. Isaías 49:6 dice así:

> Poco es para mí que tú seas mi siervo para levantar las tribus de Jacob,
> y para que restaures el remanente de Israel; también te di por luz de las
> naciones, para que seas mi salvación hasta lo postrero de la tierra.

Al fin y al cabo, por el acto creador inicial de Dios, todos los seres humanos son Sus hijos: «Y de una sangre ha hecho todo el linaje de los hombres» (Hechos 17:26). Además, Dios ha plasmado Su propia imagen en cada alma humana (Génesis 1:27).

La reconciliación racial en el Nuevo Testamento

Jesús rara vez se relacionó con gentiles (personas no judías), y cuando lo hizo fue de manera cautelosa. Por lo tanto, podría ser fácil suponer que no abordó activamente la reconciliación racial. Sin embargo, no se puede tomar en serio a Jesús sin un acercamiento hacia los demás.

Por eso, el libro de los Hechos habla más sobre la evangelización interétnica que sobre cualquier otra cosa, excepto la salvación. Antes de que los cristianos extendieran el evangelio por el mundo, tuvieron que convencerse de la plena humanidad de otros grupos étnicos. Este proceso requirió más esfuerzo de Dios de lo que se podría imaginar. Su progreso, aunque lento, fue claro y deliberado.

Analizar el movimiento desde Hechos 6 hasta Hechos 10 resulta instructivo. En Hechos 6, los discípulos se enfrentaron a la tensión entre las viudas hebreas y las de origen más helenístico (versículos 1-5). Aunque ambas eran judías, algunas no eran tan *kosher*.

En Hechos 8, Pedro y Juan fueron enviados a inspeccionar la recién establecida congregación de los samaritanos, un grupo compuesto por judíos y otras etnias (versículo 14). Estos llamados mestizos estaban recibiendo la gracia de Dios (versículos 5-13).

En Hechos 9, encontramos a Pedro viviendo en casa de Simón el curtidor (versículo 43), lo que lo hacía ritualmente impuro. Esto debió poner a prueba la comodidad de Pedro.

En Hechos 10, Pedro tuvo una visión de animales impuros. Cuando Dios le ordenó comer, Pedro se negó a comer algo «impuro» (versículos 10-14). Sin embargo, Dios refutó la objeción de Pedro y enfatizó que esta lección no se trataba de alimentos, sino de la inclusión de los gentiles. Dios dejó claro Su mensaje con estas memorables palabras: «Lo que Dios limpió, no lo llames tú común» (versículo 15).

La visión fue seguida por una orden directa del Espíritu Santo, quien instruyó a Pedro a seguir a tres gentiles que «casualmente» llegaron a la puerta de Simón en ese preciso momento (versículos 19-20). Pedro fue con ellos a casa de Cornelio, donde predicó las buenas nuevas de Jesús. El Espíritu Santo se manifestó una vez más, y Cornelio y su familia hablaron milagrosamente en lenguas. Pedro los bautizó en Jesús (versículos 23-48).

De este relato, deberíamos extraer dos lecciones. En primer lugar, el racismo es un obstáculo difícil de superar para muchos de nosotros. Negar que tenemos algún tipo de prejuicio es probablemente más arrogante de lo que cualquiera de nosotros puede permitirse. En segundo lugar, este no es un tema menor en la Biblia porque no es un asunto menor para Dios.

La evangelización interétnica es un tema clave en el libro de Hechos porque es esencial para la Gran Comisión. Cuando Jesús les dijo que hicieran discípulos a todas las *naciones* (Mateo 28:19), la expresión griega utilizada significa literalmente «todos los grupos étnicos».

La reconciliación racial en Cristo es un principio fundamental en las cartas de Pablo. Dado que el racismo es una consecuencia del pecado, Dios está decidido a erradicarlo mediante el sacrificio de Jesucristo: «Pero ahora en Cristo Jesús, vosotros que en otro tiempo estabais lejos, habéis sido hechos cercanos por la sangre de Cristo. Porque él es nuestra paz, que de ambos pueblos hizo uno, derribando la pared intermedia de separación» (Efesios 2:13-14). Esta «pared intermedia de separación» era una barricada literal en el templo de Jerusalén que prohibía el ingreso de los gentiles. Los arqueólogos han encontrado segmentos de este muro con una inscripción que decía: «Ningún extranjero puede entrar más allá de la balaustrada que rodea el santuario y el recinto. Quien sea sorprendido, será responsable de la muerte que sobrevendrá».[1] Jesús vino a derribar toda barrera que impidiera a cualquier persona acercarse a Dios.

Dios desea que todas las personas estén en Su cielo, pero no simplemente para reunir a una multitud. Tampoco quiere que evangelicemos a otros grupos solo porque, como buenos humanistas, debamos ser amables entre nosotros. Ni siquiera se trata únicamente de que Dios valore la diversidad o ame al mundo entero (aunque esto es, por supuesto, cierto). La razón principal por la que Dios desea que todos los grupos étnicos estén en el cielo es porque no hacerlo sería indigno de Su grandeza. Evangelizamos al mundo entero porque solo de esa manera nuestro gran Dios puede recibir la alabanza que merece de todos los pueblos y tribus.

Juan lo describe así en el Apocalipsis:

Después de esto miré, y he aquí una gran multitud, la cual nadie podía contar, de todas naciones y tribus y pueblos y lenguas, que estaban delante del trono y en la presencia del Cordero, vestidos de ropas blancas, y con palmas en las manos; y clamaban a gran voz, diciendo: La salvación pertenece a nuestro Dios que está sentado en el trono, y al Cordero. (Apocalipsis 7:9-10)

Cualquiera que se sienta incómodo con el multiculturalismo no se sentirá a gusto en el cielo.

La reconciliación racial en la Iglesia

Cada persona tiene un idioma materno. Incluso aquellos que aprenden otros idiomas oran en su lengua original. Este idioma materno abarca no solo el vocabulario, sino también los valores sociales, el lenguaje corporal y las tradiciones. Es cierto que todos deberíamos ser flexibles, especialmente en pro de la evangelización. Sin embargo, es injusto y probablemente poco realista esperar que los grupos culturales mezclen sus idiomas maternos durante el culto.

La conclusión es clara: el camino hacia la unidad étnica no se logra a través de servicios culturalmente combinados, sino mediante el servicio comunitario cooperativo. Las iglesias deben comenzar a asociarse para manifestar el amor de Dios en áreas geográficas específicas. Las iglesias suburbanas con recursos profesionales y financieros podrían unirse a iglesias del centro de la ciudad, cuya experiencia y relaciones podrían abrir puertas a trabajadores inmigrantes, refugiados y comunidades empobrecidas, entre otros. Este es solo un ejemplo de los muchos que podrían evidenciar la reconciliación racial ante una comunidad más amplia que no asiste a la iglesia.

Para que esto funcione, es esencial contar con un Bernabé (si no estás familiarizado con su historia, está registrada en Hechos 11:19-30). Esta persona debe estar llena del Espíritu Santo y ser respetada en las comunidades que sirven conjuntamente. Además, debe estar dispuesta a arriesgar su propia reputación, tal como lo hizo Bernabé por Saulo de Tarso y por Juan Marcos (Hechos 9:26-27; 15:37-39).

Vale la pena luchar por la reconciliación racial.

Es evidente que la reconciliación racial no se logrará mediante programas gubernamentales, propaganda humanista, capacitación en sensibilidad o educación integrada. De hecho, nuestros esfuerzos humanos en las últimas décadas han incentivado a los grupos étnicos a proteger su propio territorio y a exigir sus derechos.

Sin embargo, Jesús llama a un sacrificio personal en favor del servicio a los demás. Mientras sigamos enfocándonos en nuestros propios intereses, las tensiones raciales seguirán intensificándose.

Hay dos espacios en los que el racismo no ha logrado imponerse: el campo de batalla y el campo de atletismo. Aquí, el enemigo está claramente definido. Nuestras diferencias son insignificantes en comparación con nuestros objetivos comunes. Por lo tanto, la clave de la reconciliación racial es reunir a grupos diversos bajo un estandarte que sea más grande que ellos mismos.

La buena noticia para los cristianos es que Jesús es nuestro estandarte. Si nos centramos en Él, inevitablemente nos uniremos. Por esta razón, *solo en la Iglesia de Jesucristo nuestra cultura encontrará la verdadera reconciliación racial*. No hay otro estandarte lo suficientemente grande como para abarcar nuestra diversidad.

Por lo tanto, estamos moralmente obligados a utilizar nuestra influencia, ventajas y recursos para promover la reconciliación racial, especialmente dentro del cuerpo de Cristo. Consideremos la exhortación de Santiago 4:17: «Al que sabe hacer lo bueno, y no lo hace, le es pecado».

Puntos clave

- La dispersión global y la diversidad son saludables; la dominación por prejuicio es pecado.

- El mensaje evangélico y la Gran Comisión están diseñados para superar todo tipo de pecado, incluido el racismo. Este es un énfasis claro a lo largo de los Hechos y de las epístolas.
- La iglesia local es la esperanza del mundo, especialmente para superar el racismo.

Esta semana

- [ ] **Día 1:** Lee el ensayo.
- [ ] **Día 2:** Memoriza Hechos 17:26.
- [ ] **Día 3:** Lee Jonás 1–4.
- [ ] **Día 4:** Medita en Isaías 49:6; Efesios 2:13-14; Apocalipsis 7:9-10.
- [ ] **Día 5:** Come con alguien de otra etnia o cultura para conocer su historia.

Desafío de superación: Memoriza Isaías 49:6.

Lectura adicional: Christena Cleveland, *Disunity in Christ: Uncovering the Hidden Forces That Keep Us Apart* [La desunión en Cristo: Descubre las fuerzas ocultas que nos separan].

41

La libertad

> Ahora, pues, ninguna condenación hay para los que están en Cristo Jesús, los que no andan conforme a la carne, sino conforme al Espíritu.
>
> —Romanos 8:1

Pregunta: ¿Cómo puedo experimentar la libertad?

Una de las mayores dificultades que enfrentan los cristianos es aceptar verdaderamente la gracia de Dios. Somos conscientes de nuestro pecado: «Por cuanto todos pecaron, y están destituidos de la gloria de Dios» (Romanos 3:23). Aunque sabemos que Dios nos perdona, perdonarnos a nosotros mismos resulta difícil. Romanos 8 puede ayudarnos. Este es uno de los capítulos más importantes de la Biblia para liberarnos del peso del juicio y permitirnos vivir en la libertad que ofrece la gracia.

La declaración de libertad

«Ahora, pues, ninguna condenación hay para los que están en Cristo Jesús» (Romanos 8:1). Esta declaración, por sí sola, es una realidad que transforma vidas. ¿Hemos violado la ley de Dios? Sí. ¿Existen consecuencias claras por nuestras transgresiones? También. Sin embargo, en Cristo, somos completamente liberados.

Esto no significa que la ley de Dios deje de ser válida; el bien y el mal siguen existiendo. Pero para ir más allá de la ley, debemos entender también sus limitaciones.

La ley puede señalar nuestros errores, pero no puede forjar el carácter. Como Pablo explicó en Romanos 7, la ley, de hecho, aumenta las transgresiones. ¿Cómo sucede esto? Cuando la ley dice: «No codiciarás», inmediatamente nos preguntamos: «¿Qué significa codiciar?». Y la respuesta viene: «Codiciar es desear lo que otros tienen». Entonces preguntamos: «¿Cómo qué?». «Bueno, como la casa, la esposa, el trabajo o los bienes de tu vecino». Así que miramos al otro lado de la cerca y decimos: «¡Oh, eso me gusta! ¿Por qué *yo* no puedo tenerlo?». De esta forma, la ley no solo señala el pecado, sino que también incita nuestro deseo por aquello que prohíbe (versículos 7-12). Lo que la ley prohíbe, súbitamente se convierte en lo que queremos.

Jesús nos liberó de este círculo vicioso. Pablo lo explicó en Romanos 8:

> Porque la ley del Espíritu de vida en Cristo Jesús me ha librado de la ley del pecado y de la muerte. Porque lo que era imposible para la ley, por cuanto era débil por la carne, Dios, enviando a su Hijo en semejanza de carne de pecado y a causa del pecado, condenó al pecado en la carne; para que la justicia de la ley se cumpliese en nosotros, que no andamos conforme a la carne, sino conforme al Espíritu.
> (Versículos 2-4)

Fíjate en esa última frase que describe a los creyentes «que no [andan] conforme a la carne, sino conforme al Espíritu». El Espíritu en nosotros toma el relevo donde Jesús lo dejó. Cristo nos liberó completa y definitivamente de la ley, no solo de su castigo, sino también de su atracción. Nos mostró un camino mejor, más noble. Como resultado, la condena de la ley ha sido erradicada y el poder del pecado se ha reducido.

Así que el único poder que la ley tiene sobre nosotros es el que nosotros le damos. Ahí es donde interviene el Espíritu: «Donde está el Espíritu del Señor, allí hay libertad» (2 Corintios 3:17). Él es el recurso que necesitamos para apropiarnos plenamente de la libertad que tenemos en Cristo.

El Espíritu de libertad

Ser verdaderamente libres comienza con el perdón de Dios por nuestros pecados. *¡Hecho!* O, como dijo Jesús: «Consumado es» (Juan 19:30).

Nuestro paso siguiente es crucificar nuestro viejo yo. Esto ocurre a través de la lenta y a veces ardua tarea de vivir según el Espíritu en lugar de vivir de acuerdo con los deseos de nuestra vieja naturaleza. Pablo también abordó este tema en Romanos 8:

> Y si el Espíritu de aquel que levantó de los muertos a Jesús mora en vosotros, el que levantó de los muertos a Cristo Jesús vivificará también vuestros cuerpos mortales por su Espíritu que mora en vosotros.
>
> Así que, hermanos, deudores somos, no a la carne, para que vivamos conforme a la carne; porque si vivís conforme a la carne, moriréis; mas si por el Espíritu hacéis morir las obras de la carne, viviréis. (Versículos 11-13)

Eso es cierto y directo. Entonces, ¿por qué no lo vivimos?

Probablemente, haya muchas razones, pero la principal es la identidad. Creemos que nuestros actos y deseos determinan nuestra identidad. Hemos pecado, así que debemos ser pecadores. Esta es una de las mentiras más destructivas del enemigo. Nuestra identidad está en nuestra naturaleza creada, no en nuestra naturaleza caída. Fuimos creados por Dios; por lo tanto, somos Sus hijos. Fuimos redimidos por Jesús; por lo tanto, somos Su posesión. Fuimos llenos del Espíritu Santo; por lo tanto, somos santos.

Si podemos creer lo que Dios dice de nosotros, podremos comportarnos mejor según Sus mandatos. Precisamente por eso, una de las principales obras del Espíritu en nosotros es convencernos de que no somos quienes pensamos ser: «Pues no habéis recibido el espíritu de esclavitud para estar otra vez en temor, sino que habéis recibido el espíritu de adopción, por el cual clamamos: ¡Abba, Padre!» (Romanos 8:15). Cuando escuchamos el susurro del Espíritu, podemos gritar con confianza: «¡Abba, Padre!».

Aunque esto pueda parecer demasiado bueno para ser verdad, es solo la primera parte. Si Dios es nuestro Padre, tenemos todo tipo de ventajas en la vida. Dos de ellas merecen especial mención aquí.

En primer lugar, nuestro buen Padre desea decirnos que sí a nuestras peticiones. De hecho, Jesús prometió conceder cualquier cosa que esté alineada con Su misión. Repite esta promesa en varias ocasiones (Mateo 7:7-11; 18:19; 21:22; Lucas 11:9-13; Juan 14:13-14; 15:7,16; 16:23-24). La oración es, por tanto, una de las ventajas significativas que tenemos como cristianos.

En segundo lugar, tenemos la esperanza de que en el cielo compartiremos todo lo que Jesús hereda del Padre, porque somos Sus hijos: «Y si hijos, también herederos; herederos de Dios y coherederos con Cristo, si es que padecemos juntamente con él, para que juntamente con él seamos glorificados» (Romanos 8:17). Su herencia es inmensa. *No* querrás perdértela.

El plan de libertad

Esto nos lleva a otra conclusión. Si Dios ha invertido tanto en nosotros, Él protegerá Su inversión.

Claramente necesitamos la protección de Dios en nuestra cultura actual. Necesitamos protección contra Satanás, contra la sociedad y hasta contra nuestro propio pecado. Estamos bajo ataque por todos lados.

Además, la misma tierra sufre bajo el peso aplastante del pecado. La creación física comparte la maldición que también afecta a la humanidad (Romanos 8:18-23). La creación gime, esperando con ansias la redención de los hijos de Dios (versículos 19-22).

Llegará el día en que todos los hijos de Dios serán completamente redimidos. Hoy nuestra alma es salva, pero nuestro cuerpo aún muestra los efectos de la maldición y la decadencia. Algún día, cuando Jesús regrese, nuestro cuerpo mortal será transformado por Su poder de resurrección. A medida que nuestro cuerpo físico sea completamente redimido, también lo será esta tierra, que dará paso a un nuevo cielo y una nueva tierra. Lo que está por venir es verdaderamente glorioso.

Mientras tanto, el Espíritu Santo se encarga de que lleguemos a nuestro destino. Su ayuda invisible es más vital de lo que podríamos imaginar. Nos asiste de muchas maneras, pero una de las más poderosas es a través de la oración. Pablo explicó: «Y de igual manera el Espíritu nos ayuda en nuestra debilidad; pues qué hemos de pedir como conviene, no lo sabemos, pero el Espíritu mismo intercede por nosotros con gemidos indecibles» (versículo 26). Cuando estamos agotados, sin aliento y sin palabras para orar, el Espíritu Santo interviene con una oración que va más allá de las palabras. Su gemido por nosotros expresa todo lo necesario para que Dios actúe.

Aun así, el gemido del Espíritu palidece en comparación con Su intervención en los acontecimientos cotidianos de nuestra vida. Puede tomar lo peor de nuestro sufrimiento y tejerlo en un hermoso tapiz. En medio de nuestro valle de sombra de muerte, nuestra vida puede parecer sin sentido, tal vez arbitraria. Dios puede parecer silencioso. Sin embargo, el Espíritu está con nosotros, guiando nuestro destino hacia Su propósito.

Pablo intentó capturar todo esto en una sola declaración excelsa que ha sostenido a incontables cristianos en sus peores noches oscuras del alma: «Y sabemos que a los que aman a Dios, todas las cosas les ayudan a bien, esto es, a los que conforme a su propósito son llamados» (versículo 28). Dios nunca desperdicia el dolor, todo se utiliza para Su propósito. Los eventos que sacuden tus cimientos son algo que Dios puede usar para construir Su reino.

Todavía más, Dios no está simplemente reaccionando a los eventos de tu vida. Más bien, Él planificó tu bien incluso antes de que fueras creado. La Biblia llama a esto predestinación. Aunque este tema desafía las mentes más brillantes, el resumen de Pablo es suficiente para aclarar todo lo que necesitas saber para sobrevivir hoy: «Y a los que predestinó, a estos también llamó; y a los que llamó, a estos también justificó; y a los que justificó, a estos también glorificó» (versículo 30). En nuestro lenguaje: Dios te planificó, luego te escogió, luego te perdonó; por lo tanto, te guardará.

La lucha por la libertad

Dios pagó el precio máximo por ti. Su amor por ti no tiene límites. Podemos estar seguros de que nunca dejará de amarnos, nunca nos soltará, ni permitirá que nada nos separe de Él.

El *crescendo* de Pablo en Romanos 8 es uno de los pináculos más altos en toda la revelación de Dios:

> Si Dios es por nosotros, ¿quién contra nosotros? [...] ¿Quién acusará a los escogidos de Dios? Dios es el que justifica. ¿Quién es el que condenará? Cristo es el que murió; más aún, el que también resucitó, el que además está a la diestra de Dios, el que también intercede por nosotros. ¿Quién nos separará del amor de Cristo? ¿Tribulación, o angustia, o persecución, o hambre, o desnudez, o peligro, o espada? [...]
> Antes, en todas estas cosas somos más que vencedores por medio de aquel que nos amó. Por lo cual estoy seguro de que ni la muerte, ni la vida, ni ángeles, ni principados, ni potestades, ni lo presente, ni lo por venir, ni lo alto, ni lo profundo, ni ninguna otra cosa creada nos podrá separar del amor de Dios, que es en Cristo Jesús Señor nuestro. (Versículos 31,33-35,37-39)

Puntos clave

- Vivir en la libertad de la gracia es uno de los mayores desafíos que enfrentan la mayoría de los cristianos.
- En el Espíritu podemos experimentar la plena libertad.
- Dios, a través de Jesús, ha provisto todo lo necesario para nuestra libertad.

Esta semana

- [ ] **Día 1:** Lee el ensayo.
- [ ] **Día 2:** Memoriza Romanos 8:1.
- [ ] **Día 3:** Lee Juan 8:1-11.
- [ ] **Día 4:** Medita en Romanos 8:15,28,37.
- [ ] **Día 5:** Escribe en un papel cada pecado que guardas contra ti mismo, luego quema el papel como símbolo de entregarlo a la gracia de Dios.

Desafío de superación: Memoriza Romanos 8:28.

Lectura adicional: Jerry Bridges, *La gracia transformadora: Viviendo confiadamente en el amor infalible de Dios*.

42

Un cambio radical

> No os conforméis a este siglo, sino transformaos por medio de la renovación de vuestro entendimiento, para que comprobéis cuál sea la buena voluntad de Dios, agradable y perfecta.
> —Romanos 12:2

Pregunta: ¿Cómo puedo cambiar?

Nuestra biografía no tiene por qué determinar nuestro destino. Es posible cambiar.

Cambiar no es fácil, pero tampoco es complicado. Hay tres pasos sencillos para lograrlo: (1) creer en la promesa del cambio, (2) recibir el poder para cambiar, y (3) aceptar el reto de cambiar.

Tú puedes cambiar y ya tienes todos los recursos necesarios para hacerlo.

Cree en la promesa del cambio

El antiguo profeta Ezequiel registró la promesa de Dios:

> Y les daré un corazón, y un espíritu nuevo pondré dentro de ellos; y quitaré el corazón de piedra de en medio de su carne, y les daré un corazón de carne, para que anden en mis ordenanzas, y guarden mis

decretos y los cumplan, y me sean por pueblo, y yo sea a ellos por Dios. (Ezequiel 11:19-20, repetido casi textualmente en 36:26-28)

Esta promesa profética apuntaba a Jesús. Su sacrificio nos libera para que Su Espíritu pueda transformar nuestra vida.

Por muy oscura que sea tu noche, Dios puede darte una nueva oportunidad de vivir. Si crees en la promesa, confiesa tu necesidad.

Es más fácil de lo que crees: «Si confesares con tu boca que Jesús es el Señor, y creyeres en tu corazón que Dios le levantó de los muertos, serás salvo. Porque con el corazón se cree para justicia, pero con la boca se confiesa para salvación» (Romanos 10:9-10). Tu pasado ya no es un obstáculo para tu mejor futuro: «Si confesamos nuestros pecados, él es fiel y justo para perdonar nuestros pecados, y limpiarnos de toda maldad» (1 Juan 1:9). La fe y la confesión conducen a la transformación: «De modo que si alguno está en Cristo, nueva criatura es; las cosas viejas pasaron; he aquí todas son hechas nuevas» (2 Corintios 5:17).

Recibe el poder para cambiar

Puede parecer que las probabilidades están en nuestra contra. Tenemos impulsos internos que nos parecen demasiado fuertes para dominarlos. Vivimos en una cultura saturada de seducción. Además, tenemos un enemigo invisible que es antiguo, astuto y poderoso. ¿Cómo podemos superar estos obstáculos?

1. *El amor de Dios triunfa sobre nuestros impulsos internos.* Esa es la promesa que Dios nos hizo en Ezequiel (citado anteriormente): que nos daría un corazón y un espíritu nuevos. Cualquiera que se haya enamorado alguna vez sabe que esto es cierto. Un hombre que antes no sabía lo que era el *popurrí* empieza a adornar su apartamento con lavanda, canela y madreselva. Por otro lado, una mujer que nunca había mostrado interés en los deportes, de repente se encuentra complementando su vestuario con la

camiseta del equipo favorito de su novio. De manera similar, cuando experimentamos el poder transformador de la aceptación de Dios, nuestros intereses se alteran.

2. *Nuestra comunidad cristiana supera nuestra cultura.* Dios nos creó insaciablemente sociables. No podemos evitarlo: es algo instintivo. Esto puede ser problemático y llevarnos a seguir a personas imprudentes hacia comportamientos autodestructivos (piensa en la secundaria). Sin embargo, en general, es algo beneficioso. Nuestro compromiso con la familia, el equipo, la unidad o la comunidad nos lleva a adaptarnos a los valores de aquellos a quienes apreciamos. Esta conformidad instintiva crea una sinergia poderosa que no solo nos permite lograr más juntos, sino también vivir una vida más saludable. (Dato curioso: cuando mi esposa está fuera de la ciudad, no me gusta la persona en la que me convierto. Como mal, miro demasiada televisión, me acuesto tarde y me olvido de tomar mis vitaminas. Sospecho que ahora mismo estás sonriendo con complicidad).

Por eso es tan importante asistir regularmente a la iglesia. Refuerza los valores que sostienen nuestra vida. No se trata solo, ni principalmente, de los sermones. Se trata de conectarse con otras personas a las que admiramos. Juntos somos mejores.

Para acelerar realmente la transformación, necesitamos ser parte de un grupo pequeño. ¿Por qué? Porque las multitudes son excelentes para la inspiración, pero los grupos son eficaces para la transformación. En la iglesia, nos sentamos en filas. En los grupos pequeños, nos sentamos cara a cara en círculos.

Los grupos pequeños ofrecen dos cosas que no pueden suceder en las grandes reuniones: la capacidad de hablar personalmente y la responsabilidad de aplicar la Biblia en la vida diaria. Los predicadores pueden ser maestros profesionales, lo cual es bueno. Sin embargo, no es solo conocer la Palabra de

Dios lo que cambia las vidas, sino aplicarla en el contexto de nuestras relaciones personales.
3. *El Espíritu de Dios en nosotros vence a los demonios en nuestra contra*. «Hijitos, vosotros sois de Dios, y los habéis vencido; porque mayor es el que está en vosotros, que el que está en el mundo» (1 Juan 4:4). ¿Es Satanás poderoso? Sí. ¿Está organizado en una fuerza global de destrucción? También. Es probable que en este mismo momento haya demonios asignados a ti, que conocen tus debilidades y están trabajando para explotarlas.

También es probable que tengas ángeles asignados a ti como guardianes. Y lo que es más importante, tienes al Espíritu de Dios dentro de ti como abogado. Su presencia es invaluable para tu transformación. Esta verdad debería infundirte confianza y fortalecer tu alma.

Sabiendo ahora que cuentas con todas las armas y recursos necesarios, ¿aceptarás el reto de cambiar?

Acepta el reto de cambiar

Todos tenemos áreas en nuestra vida que aún no se han sometido completamente a Jesucristo. Puede ser una adicción a alguna sustancia, un lenguaje descontrolado (ya sea verbal o a través de mensajes de texto), el autodesprecio o la duda. Ciertamente, todas estas dificultades tienen su raíz en algún tipo de orgullo que intenta desplazar a Dios como soberano. Así que antes de continuar, identifica *una* práctica (no tres ni cinco) que te comprometerás a cambiar. Haz una pausa y hazlo ahora antes de pasar al siguiente párrafo.

Lo que acabas de identificar será difícil de cambiar. No seas ingenuo al suponer que, porque eres cristiano, podrás hacerlo sin esfuerzo. El cambio transformacional es un desafío, pero como creyentes contamos con todos los recursos necesarios.

Veamos dos pasajes que son muy instructivos para realizar cambios tácticos, prácticos y permanentes. El primero es nuestro versículo clave:

No os *conforméis* a este siglo, sino *transformaos* por medio de la renovación de vuestro entendimiento, para que comprobéis cuál sea la buena voluntad de Dios, agradable y perfecta. (Romanos 12:2)

Hay dos palabras en este pasaje que ofrecen una visión profunda de la transformación de la vida. La primera es la palabra *conformar*. En griego, se dice *syschēmatizō*. ¿Puedes notar en medio de esa palabra la raíz de nuestra palabra *esquemático*? Esta palabra implica la idea de un esquema. Existen esquemas culturales: materialismo, entretenimiento, individualismo y sensualidad. Son valores que están «en el aire», por así decirlo. La inercia de la cultura siempre nos empujará hacia estos valores, a menos que contrarrestemos deliberadamente su efecto. ¿Cómo podemos hacerlo?

Hay cuatro cosas que Dios nos da para enfrentar la influencia de la cultura:

1. *Las Escrituras.* Estudios como este nos ayudan a pensar de manera diferente sobre la vida. Si la Palabra de Dios no está en ti, el mundo que te rodea te impregnará.
2. *La música.* La música elude al guardián del alma. La música de adoración exalta a Dios y nos atrapa en la corriente ascendente. Nos eleva a lugares donde queremos estar. Cuanto más pesado sea el equipaje de tu pasado, más helio de adoración necesitarás para elevarte a donde deseas llegar.
3. *El servicio.* Jesús sigue apareciendo entre los marginados: los huérfanos, las víctimas de la trata y los pobres. Cuando nos posicionamos donde Él está, experimentamos la solidaridad con Él.
4. *La comunión.* Cuando nos reunimos para adorar, orar y proclamar la Palabra de Dios, el todo es mayor que la suma de sus partes. Somos transformados simplemente por estar en medio de los fieles.

La segunda palabra en Romanos 12:2 que resulta tan instructiva es *transformar*. La palabra griega es *metamorphoō*. Puedes ver allí una palabra conocida: *metamorfosis*. Esta palabra griega fue adoptada para describir la transformación de las orugas en mariposas y de los renacuajos en ranas. Tiene la connotación de una transformación radical.

Podemos ser personas completamente diferentes. ¿Cómo? *No* conformándonos.

En resumen: *la transformación requiere no conformarse*. Si deseas cambiar tu vida, primero debes dejar a tus amigos. Para cambiar de amigos, hay que cambiar de entorno. Cambiar de entorno implica modificar tus prioridades. Para algunos, esto significará una ruptura difícil; para otros, dejar un equipo o un trabajo. Para algunos, incluso será necesario mudarse.

¿Vale la pena el sacrificio de una reorientación radical para obtener una nueva vida? Esto nos lleva a nuestro segundo pasaje, que nos ayuda especialmente a realizar cambios tácticos, prácticos y permanentes:

> Si, pues, habéis resucitado con Cristo, buscad las cosas de arriba, donde está Cristo sentado a la diestra de Dios [...]
> *Haced morir*, pues, lo terrenal en vosotros: fornicación, impureza, pasiones desordenadas, malos deseos y avaricia, que es idolatría [...]
> *Vestíos*, pues, como escogidos de Dios, santos y amados, de entrañable misericordia, de benignidad, de humildad, de mansedumbre, de paciencia; soportándoos unos a otros, y perdonándoos unos a otros si alguno tuviere queja contra otro. De la manera que Cristo os perdonó, así también hacedlo vosotros.
> (Colosenses 3:1,5,12-13)

Debemos eliminar y sustituir. Así es como ocurre la transformación. Abandonamos los viejos hábitos y adoptamos otros nuevos.

Según Pablo, hay dos cosas que deben desaparecer: la inmoralidad sexual y la avaricia. Aunque hay otras cosas en la lista, estas dos engloban muchas de ellas. El dinero y el sexo se convierten en obstáculos para el crecimiento espiritual cuando están fuera de los límites. Si dices que quieres cambiar, el cambio empieza aquí. Elimina los hábitos y las oportunidades que te conducen a estas dos grandes tentaciones sociales.

Luego, debemos cultivar algunas virtudes clave. Pablo las menciona en el pasaje anterior, y estas tres encabezan la lista: actos de bondad (ser las manos de Cristo), humildad (adoptar la mente de Cristo) y perdón (practicar el corazón de Cristo).

No hay atajos para una transformación radical. El costo es alto y, a menudo, exasperante. Pero una cosa es segura: los beneficios son mucho más gratificantes que la dificultad del sacrificio.

Puntos clave

- La transformación radical es posible: la Biblia lo promete.
- El poder para cambiar está en el amor de Dios, Su pueblo y Su Espíritu.
- La transformación personal puede requerir un cambio de amistades, entorno y prioridades para dejar atrás viejas prácticas y adoptar nuevas.

Esta semana

- [ ] **Día 1:** Lee el ensayo.
- [ ] **Día 2:** Memoriza Romanos 12:2.
- [ ] **Día 3:** Lee Mateo 17:1-20.
- [ ] **Día 4:** Medita en Romanos 10:9-10; 2 Corintios 5:17; 1 Juan 4:4.
- [ ] **Día 5:** ¿Qué es lo que tienes que dejar de hacer y lo que tienes que poner en práctica? Compártelo con un compañero para planificar cómo llevarlo a cabo.

Desafío de superación: Memoriza 1 Juan 4:4.

Lectura adicional: Tim Chester, *Tú puedes cambiar: Conoce el poder transformador de Dios*.

43

Conocer la voluntad de Dios

Porque ¿quién conoció la mente del Señor? ¿Quién le instruirá? Mas nosotros tenemos la mente de Cristo.

—1 Corintios 2:16

Pregunta: ¿Puedo conocer la voluntad de Dios para mi vida?

La respuesta es sencilla: sí. Dios está más interesado en revelarte Su voluntad de lo que tú en recibirla. De hecho, la Biblia se esfuerza en darnos a conocer la voluntad general de Dios.

En primer lugar, Él desea que seamos salvos. Dios «es paciente para con nosotros, no queriendo que ninguno perezca, sino que todos procedan al arrepentimiento» (2 Pedro 3:9). También desea que vivamos una vida sana y santa: «Pues la voluntad de Dios es vuestra santificación; que os apartéis de fornicación» (1 Tesalonicenses 4:3). La pureza sexual es solo un ejemplo; Dios quiere lo mejor para ti en todas las áreas de tu vida. Pablo también expresó: «Estad siempre gozosos. Orad sin cesar. Dad gracias en todo, porque esta es la voluntad de Dios para con vosotros en Cristo Jesús» (1 Tesalonicenses 5:16-18).

Dios desea que hagas el bien para que puedas beneficiar a otros mediante un testimonio de vida innegable: «Porque esta es la voluntad de Dios: que haciendo bien, hagáis callar la ignorancia de los hombres insensatos» (1 Pedro 2:15). De hecho, a veces Dios permite que suframos, para que nuestro testimonio sea más fuerte: «Porque mejor es que padezcáis haciendo el bien, si la voluntad de Dios así lo quiere, que haciendo el mal» (1 Pedro 3:17).

Así que no cabe duda de cuál es la voluntad general de Dios. Sin embargo, en muchas decisiones diarias y en los grandes momentos de la vida, a veces no sabemos exactamente qué es lo que Dios quiere que hagamos: cómo aconsejar a un amigo, qué trabajo aceptar o con quién casarnos. Incluso Pablo, a menudo, desconocía la voluntad específica de Dios sobre a dónde debía ir (Hechos 18:21; Romanos 1:10; 15:32).

Entonces, ¿cómo podemos saber qué es lo que Dios quiere en situaciones específicas que la Biblia no menciona directamente? Conocer la voluntad de Dios comienza con algo que Jesús dijo: «El que quiera hacer la voluntad de Dios, conocerá si la doctrina es de Dios, o si yo hablo por mi propia cuenta» (Juan 7:17). Si nos comprometemos a hacer la voluntad de Dios que *ya* conocemos, Él nos guiará en lo que aún no conocemos.

Tenemos la mente de Cristo

¿Te imaginas poder saber lo que piensa Dios? Cuando ves las noticias o comienzas una nueva relación, ¿no te gustaría tener acceso a la perspectiva y opinión de Dios? Pablo dice que esto es posible. Podemos conocer los pensamientos profundos y ocultos de Dios. Esto es más que extraordinario. ¿Cómo es posible? ¿Cómo podríamos estar en la misma longitud de onda cognitiva que el Creador del universo?

Pablo escribió: «Porque ¿quién de los hombres sabe las cosas del hombre, sino el espíritu del hombre que está en él? Así tampoco nadie conoció las cosas de Dios, sino el Espíritu de Dios» (1 Corintios 2:11). Todos sabemos que esto es cierto. Por eso las primeras citas pueden ser tan difíciles: te preguntas qué estará pensando la otra persona. Las entrevistas de trabajo son intimidantes por la misma razón. Los entrevistadores sonríen y te dan la mano, pero no sabes si están impresionados contigo o si piensan que eres cabeza hueca. Incluso en las mejores amistades y matrimonios surgen conflictos. Creemos saber lo que piensa la otra persona, pero muchas veces nos equivocamos por completo. En realidad, no podemos conocer con certeza lo que piensa alguien más.

Pero escucha lo que dice Pablo a continuación:

Y nosotros no hemos recibido el espíritu del mundo, sino el Espíritu que proviene de Dios, para que sepamos lo que Dios nos ha concedido, lo cual también hablamos, no con palabras enseñadas por sabiduría humana, sino con las que enseña el Espíritu, acomodando lo espiritual a lo espiritual. (Versículos 12-13)

¿Qué significa esto?

Hay dos aspectos que saltan a la vista. Primero, este acceso no está igualmente disponible para todos los cristianos. Existen personas que, aunque han sido salvadas, no tienen la capacidad de pensar espiritualmente porque aún viven en un estilo de vida que no refleja las prioridades de Dios. Cuanto más atrapados estamos en el pecado habitual, menos entendemos la Biblia. ¿Por qué? Porque nuestra manera de leer las Escrituras puede moldearse para justificar nuestro comportamiento. Todos hemos pasado por esto. Las personas avariciosas tienden a pasar por alto los consejos de Jesús sobre el dinero. Cuando alguien mantiene una relación inapropiada, tiende a esquivar los pasajes sobre la pureza. Y si uno es dado al chisme, evita el libro de Proverbios.

En segundo lugar, hay un problema quizás más común: simplemente no sabemos lo que enseñan las Escrituras, un obstáculo que en realidad podemos prevenir. Todo este proyecto de identificar 52 textos clave tiene el propósito de ayudar a corregir la falta de alfabetización bíblica en nuestras iglesias. Conocer los fundamentos de la Palabra de Dios nos permite examinarnos sinceramente y considerar si nuestra vida está alineada con las prioridades de Dios. Si permitimos que la Biblia moldee nuestro pensamiento y altere nuestros hábitos, tenemos una verdadera oportunidad de alcanzar la mente de Cristo.

No es natural para un ser humano caído pensar en los pensamientos de Dios: «Pero el hombre natural no percibe las cosas que son del Espíritu de Dios, porque para él son locura, y no las puede entender, porque se han de discernir espiritualmente» (1 Corintios 2:14). No debería sorprendernos que alguien en el mundo, o incluso alguien que apenas comienza a integrarse a la Iglesia, no entienda la Biblia. Sin embargo, eso no significa que Dios no tenga opiniones claras o que un cristiano maduro no pueda acceder a esas perspectivas. *Puedes* conocer los pensamientos de Dios. *Puedes* tener la mente de Cristo.

En el versículo 16 llegamos a una de las afirmaciones más asombrosas de la Biblia, donde Pablo parafraseó Isaías 40:13: «¿Porque ¿quién conoció la mente del Señor? ¿Quién le instruirá?». La respuesta es evidente: ¡nadie! Nadie puede instruir a Dios, como si Él necesitara nuestra opinión. Jamás haremos una observación que sorprenda a Dios y lo haga exclamar: «¡Eso no lo sabía!».

Sin embargo, el versículo no termina ahí. En una conclusión asombrosa, Pablo afirmó: «Pero nosotros tenemos la mente de Cristo».

Permíteme expresarlo de la manera más clara posible: si eres un seguidor de Jesucristo, lleno del Espíritu y alineas tu vida según Sus prioridades, cuanto más leas las Escrituras, más se abrirá para ti el acceso a los pensamientos de Dios. La obediencia a los mandamientos de Dios trae consigo la revelación de Su voluntad. Si deseamos descubrir más de Su voluntad, no solo debemos conocer Su Palabra, sino también alinear nuestra vida con esa voluntad revelada en la Escritura.

Esto no implica que debamos ser perfectos, algo que nadie ha logrado, excepto Jesús. Pero sí significa que, cuanto más obedecemos la Palabra de Dios, mayor será nuestra comprensión de Su voluntad. Por el contrario, cuanto más nos familiaricemos con Su Palabra y *no la obedezcamos*, más rápido nos volveremos espiritualmente ciegos y sordos.

Cómo volverse espiritualmente ciego y sordo

Era el año 740 a. C., el rey Uzías acababa de morir y la nación de Judá estaba en crisis. Durante generaciones, Dios había llamado a Su pueblo al arrepentimiento, pero el persistente rechazo a Yavé había sumido a la cultura en el caos. Dios ya estaba harto.

Entonces se le apareció al profeta Isaías en una visión impresionante. El templo se llenó de humo mientras ángeles de seis alas, en llamas, volaban proclamando: «Santo, santo, santo, Jehová de los ejércitos; toda la tierra está llena de su gloria» (Isaías 6:3). Yavé en persona estaba allí. En medio de esta experiencia, Isaías escuchó la voz de Dios diciendo: «¿A quién enviaré, y quién irá por nosotros?». Isaías respondió: «Heme aquí, envíame a mí» (versículo 8).

Entonces Dios le dio una misión:

> Anda, y di a este pueblo: Oíd bien, y no entendáis; ved por cierto, mas no comprendáis. Engruesa el corazón de este pueblo, y agrava sus oídos, y ciega sus ojos, para que no vea con sus ojos, ni oiga con sus oídos, ni su corazón entienda, ni se convierta, y haya para él sanidad.
> (Versículos 9-10)

La misión de Isaías era cegar los ojos y ensordecer los oídos de Israel. ¿Cómo? A través de la predicación constante del llamado de Dios al arrepentimiento.

En el Nuevo Testamento, tres personas citan este pasaje: Jesús (Mateo 13:14-15), Juan (Juan 12:39-41) y Pablo (Hechos 28:25-27). En cada caso, es la predicación la que endurece el corazón de la gente.

Predicar puede ser increíblemente peligroso: quienes escuchan, pero no obedecen, se vuelven sordos espiritualmente. ¿Cómo sucede? Todos conocemos a personas que duermen sin escuchar el despertador o que viven al lado de una pista de aterrizaje sin oír los aviones. Oír sin atender lleva a la sordera. Cuando ignoramos las advertencias de Dios, Él nos envía más, lo cual puede llevarnos a insensibilizarnos.

La voluntad de Dios se revela a través de la obediencia, pero se ofusca por la desobediencia. Llega un momento en que los desobedientes ya no escuchan, aunque Dios grite. Y muchos de ellos asisten a la iglesia cada domingo.

Puntos clave

- La voluntad general de Dios es muy clara, especialmente en lo que se refiere a la moral.
- El Espíritu Santo revela la voluntad de Dios a quienes obedecen Su Palabra.
- La desobediencia nos ciega ante la voluntad de Dios, así como la predicación nos vuelve sordos.

Esta semana

☐ **Día 1:** Lee el ensayo.

☐ **Día 2:** Memoriza 1 Corintios 2:16.

☐ **Día 3:** Lee Hechos 17–18.

☐ **Día 4:** Medita en Isaías 6:9-10; Juan 7:17; Colosenses 1:9.

☐ **Día 5:** Ora esto para tu vida: «Por eso, desde el día en que lo supimos, no hemos dejado de orar por ustedes. Pedimos que Dios les haga conocer plenamente su voluntad con toda sabiduría y comprensión espiritual» (Colosenses 1:9, NVI).

Desafío de superación: Memoriza Isaías 6:9-10.

Lectura adicional: Henry Blackaby, Richard Blackaby y Claude King, *Experiencia con Dios: Cómo conocer y hacer la voluntad de Dios*.

44

La resurrección

> Y si Cristo no resucitó, vana es entonces nuestra predicación, vana es también vuestra fe.
>
> —1 Corintios 15:14

Pregunta: ¿Resucitó realmente Jesús de entre los muertos?

La resurrección es la piedra angular del cristianismo. Si Jesús no resucitó de entre los muertos, el cristianismo se desmorona.

Pablo lo dijo en nuestro versículo clave. Así pues, «¿resucitó Jesús de entre los muertos?» es la pregunta central que debemos responder para determinar si la fe en Cristo está bien fundada o es solo una farsa.

Con ese fin, abordaremos dos preguntas profundamente importantes: (1) ¿por qué debo creer que Jesús resucitó de entre los muertos?, y (2) si esto es cierto, ¿por qué importa?

¿Por qué debo creer que Jesús resucitó de entre los muertos?

Prácticamente todos los historiadores que han estudiado el mundo del siglo I afirman estos cuatro hechos. Si todos los hechos son ciertos, la resurrección de Jesús es la única explicación para todos ellos.

1. *Jesús de Nazaret fue ejecutado mediante crucifixión.* Este es el testimonio unánime no solo de los autores bíblicos (Mateo, Marcos, Lucas, Juan, Pablo, Pedro y el autor de Hebreos), sino también de los historiadores antiguos Josefo[1] y Tácito.[2] Si los líderes judíos consideraban a Jesús una amenaza, sin duda lo habrían entregado al gobernador romano para su ejecución.

   Según los cuatro Evangelios, José de Arimatea, miembro del Sanedrín (el consejo gobernante de los judíos en Jerusalén), ofreció una tumba para el entierro de Jesús. Este acto de piedad fue recordado más tarde por Pablo (Hechos 13:29; 1 Corintios 15:4). Si esta historia hubiera sido inventada, habría sido atrevido —incluso temerario— afirmar que un miembro del Sanedrín simpatizaba con Jesús, y más aún, declarar esto en una generación posterior a los hechos. Si José de Arimatea no hubiera hecho realmente lo que los evangelistas narran, probablemente su familia hubiera tomado medidas legales.

2. *La tumba estaba vacía.* Aunque algunos críticos intentan negar este hecho, el testimonio unánime de la Biblia lo confirma. Estos críticos deben entonces explicar por qué nunca se veneró la tumba de Jesús. Dada la práctica judía de honrar las tumbas de los profetas, resulta incomprensible que no hubiera tal veneración sin una tumba vacía.

   Además, la doctrina central de la Iglesia primitiva era la resurrección corporal de Jesús. Resulta inconcebible que la iglesia cristiana, nacida en la misma ciudad de la ejecución de Jesús, pudiera avanzar si la tumba hubiera permanecido ocupada. Seguramente, alguien habría presentado el cuerpo, lo que hubiera aplastado el movimiento emergente.

   Algunos podrían sugerir que lo experimentado por los apóstoles fue una alucinación o una visión que no requería una tumba vacía. Sin embargo, prácticamente no existen ejemplos de judíos, o cualquier otro grupo, que hablen de una «resurrección» en términos «espirituales» o «místicos». La resurrección siempre se entendía como la revivificación de un cuerpo muerto. Es cierto que algunas personas tenían visiones y sueños, pero estas eran identificadas como apariciones angelicales (comparar Hechos 12:14-15), y nunca como una resurrección. En resumen, la tumba vacía es un requisito previo para cualquier creencia o proclamación de la resurrección de Jesús.

Por último, el argumento más antiguo contra la resurrección se centraba en una tumba vacía. Mateo registró la historia de los guardias que informaron que los discípulos habían robado el cuerpo (28:11-15). La cuestión aquí no es quién decía la verdad, sino quién inició el rumor y con qué propósito. Esta no es una historia que los cristianos se habrían inventado, ya que implicaba innecesariamente su participación en un crimen. Además, trasladar el cuerpo profanaría el honorable entierro de Jesús, por lo que ningún cristiano se atribuiría tal acto. ¿Y qué decir de los soldados romanos? Teniendo en cuenta que podían ser ejecutados por perder a su «prisionero», es inverosímil que inventaran la historia.

Mateo nos dice que esta historia provino de los sumos sacerdotes y los ancianos (versículos 11-13). Es razonable concluir que fue la tumba vacía lo que los motivó a difundirla; si no hubiera una tumba vacía, no habría razón para acusar a los discípulos de robar el cuerpo.

Todo indica que, en efecto, la tumba estaba vacía.

3. *Los apóstoles creían que Jesús se les había aparecido en un cuerpo tangible.* Quizás los discípulos se equivocaron, pero estaban absolutamente convencidos de que Jesús había resucitado (Mateo 28:9; Lucas 24:36-43; Juan 20:27). Esta creencia los transformó radicalmente.

Aquí es importante señalar otros aspectos. En primer lugar, los griegos y romanos nunca desearon la resurrección, ya que consideraban el cuerpo una prisión del alma. Tanto Homero como Esquilo negaban la posibilidad de la resurrección.[3] Así, en un mundo donde la resurrección no era esperada ni deseada, los cristianos la predicaban como su doctrina central (Hechos 17:32; 1 Corintios 1:22-23).

Por otro lado, los judíos —muchos de los cuales sí creían en la resurrección— generalmente la entendían como un evento físico y colectivo, que ocurriría al final de los tiempos. Así pues, aunque la visión cristiana de la resurrección solo pudo desarrollarse en un contexto judío, difería radicalmente del concepto predominante en el judaísmo en dos aspectos significativos: (1) resucitaba un individuo (Jesús), no la nación, y (2) ocurría dentro de la historia, no al final de ella. La resurrección se convirtió, por primera vez, en una prueba del Mesías. En este sentido, fue fundamental para la Iglesia.

Esta nueva y radical teología de la resurrección requiere una explicación. Los discípulos no habrían inventado una nueva cosmovisión sin una base sólida.

Además, cualquiera que fuera la experiencia que los discípulos tuvieron —o creyeron tener— y que los llevó a concluir que Jesús había resucitado, fue algo que los transformó profundamente. Pedro pasó de ser un cobarde (Mateo 26:69-75) a ser un predicador audaz (Hechos 2:14-40). Jacobo, el medio hermano de Jesús, pasó de ser un crítico (Juan 7:1-9) a convertirse en el líder clave de la iglesia en Jerusalén (Hechos 15:13; 21:18; Gálatas 2:9). Tomás pasó de ser un escéptico a ser un adorador (Juan 20:24-28), con su profunda declaración de la deidad de Jesús: «¡Señor mío, y Dios mío!» (versículo 28). Luego está Pablo, quien pasó de ser el principal perseguidor de la Iglesia a convertirse en su defensor más efectivo (Gálatas 1:11-16; 1 Corintios 9:1; 15:8-10).

En resumen, algo extraordinario les ocurrió a estos hombres para que sus vidas fueran transformadas de manera tan radical.

4. *Se fundó la Iglesia cristiana*. Todos los movimientos judíos del siglo I murieron con su fundador o continuaron únicamente bajo el liderazgo de sus parientes más cercanos. Con Jesús, tenemos un líder mesiánico que fue arrestado y luego crucificado, el castigo más ignominioso posible. Esto destruyó toda esperanza de que Jesús fuera el tipo de Mesías que los líderes judíos hubieran podido imaginar (Lucas 24:21). Sin embargo, cincuenta días después, la Iglesia emergió en la misma ciudad donde Jesús había sido ejecutado. Además, la temida cruz se convirtió en el símbolo central de todo el movimiento. ¿Y cómo explicar la celebración de la comunión, una comida ritual que representa la carne y la sangre de Jesús? ¿Quién conmemoraría a un Mesías muerto con un simbolismo tan aparentemente caníbal?

De manera similar, la práctica del bautismo en la muerte, sepultura y resurrección de Jesús (Romanos 6:4-5) debe tener una génesis razonable. No solo la forma de esta práctica asume una creencia en la resurrección, sino que este rito específico también reemplazó a la circuncisión (Colosenses 2:11-12), una de las marcas más valoradas del judaísmo. La magnitud de este cambio no puede exagerarse. Sería como si una de nuestras iglesias pusiera una imagen de Buda en la cruz.

Además, ¿qué podría llevar a un grupo de judíos a cambiar la práctica profundamente arraigada y valorada de observar el *sabbat* para establecer un día de culto el domingo? Para un pueblo tan arraigado en una tradición que se remontaba a 1,500 años, un cambio de esta magnitud solo pudo haberse logrado mediante un tsunami espiritual.

Así, ocurrió un cambio masivo que transformó el mundo y alteró las vidas. ¿Cómo podemos explicarlo?

Muchos han intentado dar explicaciones alternativas a la resurrección corporal de Jesús. Sin embargo, estos cuatro hechos desafían cualquier otra interpretación. Puedes estar seguro de la realidad de la resurrección.

Y si es verdad, ¿por qué es importante?

¿Por qué es importante que Jesús haya resucitado de entre los muertos?

Aunque la cruz es el símbolo central del cristianismo, la resurrección es el núcleo de la enseñanza bíblica (Hechos 2:22-36; 4:2,33; 23:6; Romanos 1:4; 6:5; 1 Corintios 15; Efesios 1:20; 2:4-7; Filipenses 3:10-11; 1 Tesalonicenses 4:13-18; 1 Pedro 3:18-22). Este es nuestro credo: «Si confesares con tu boca que Jesús es el Señor, y creyeres en tu corazón que Dios le levantó de los muertos, serás salvo» (Romanos 10:9). Pablo proclamó el relato de la resurrección que recibió de sus predecesores (1 Corintios 15:3-4). ¿Por qué es la resurrección la doctrina central del cristianismo?

1. Jesús *completó* Su obra, cumpliendo la profecía (Salmos 16:8-11; Isaías 53:8-10; ver también Oseas 6:2). Podemos creer en Su autorrevelación y obedecer Sus enseñanzas porque venció a la muerte (Romanos 6:9; 1 Corintios 15:20,55-57) y estableció nuestra justificación (Romanos 4:25).

2. Jesús ha sido *exaltado* a la diestra de Dios (Hechos 2:32-33; Efesios 1:20-21), demostrando ser «Señor y Cristo» (Hechos 2:36) e Hijo de Dios (Romanos 1:4). Por tanto, Jesús es la piedra angular de la Iglesia y la única fuente de vida eterna (Hechos 4:10-12).

3. Tenemos un *abogado* a la diestra de Dios, quien intercede por nosotros (Romanos 8:31-39). A través de Él, Jesús concede

arrepentimiento y perdón (Hechos 5:30-31; 13:38). De este modo, el juicio de Dios no nos causa temor (Juan 5:28-29; Hechos 17:31).

4. Tenemos *comunión* con Jesús en Su sufrimiento y muerte (Romanos 6:4-5; Colosenses 2:12; Filipenses 3:8-11). Por lo tanto, estamos muertos al pecado (Romanos 6:6-14), a la ley (Hechos 13:37-39; Romanos 7:1-5; 8:1-4) y a los pensamientos y cosas de este mundo (Colosenses 3:1-2; Romanos 8:5).

5. Contamos con el *poder* del Espíritu Santo (Juan 14:26; Hechos 2:33), quien nos da poder para proclamar el evangelio (Hechos 1:8; 4:31).

6. Tenemos *esperanza* (1 Corintios 15:19-20; 1 Pedro 1:3). Si Jesús resucitó, nosotros también lo haremos, no solo de entre los muertos, sino también para estar a la diestra de Dios (Efesios 2:6). Según 1 Corintios 15:40-54, nuestro cuerpo será como el de Jesús: celestial, incorruptible, glorificado, poderoso, espiritual, transformado y eterno. Seremos coherederos con Cristo (Romanos 8:17) y reinaremos junto a Él (Apocalipsis 20:6).

¿Importa que Jesús haya resucitado de entre los muertos? ¡Nada importa más! Nuestra fe se basa en evidencias históricas, profecías cumplidas y el testimonio de millones de vidas transformadas.

Puntos clave

- La resurrección de Cristo es el núcleo del cristianismo.
- Existen cuatro hechos que son inexplicables sin la resurrección.
- Debido a Su resurrección, Jesús está entronizado y nosotros somos fortalecidos.

Esta semana

- [ ] **Día 1:** Lee el ensayo.
- [ ] **Día 1:** Memoriza 1 Corintios 15:14.
- [ ] **Día 1:** Lee Marcos 16; Juan 11.
- [ ] **Día 1:** Medita en Ezequiel 37:1-14; Juan 11:25; 20:1-31.
- [ ] **Día 1:** Identifica uno de los seis puntos mencionados anteriormente que debería tener un mayor impacto en tu vida. ¿De qué manera debería esta verdad transformar tus acciones o pensamientos?

Desafío de superación: Memoriza Juan 11:25.

Lectura adicional: Gary R. Habermas y Michael R. Licona, *The Case for the Resurrection of Jesus* [El caso de la resurrección de Jesús].

45

La gracia

> Porque por gracia sois salvos por medio de la fe; y esto no de vosotros, pues es don de Dios.
> —Efesios 2:8

Pregunta: ¿Qué tenemos que hacer para ser salvos?

Cada religión ofrece su propia respuesta a esta pregunta: ¿qué debemos hacer para ser salvos? Algunas promueven el sacrificio; otras, el servicio; otras, los rituales de purificación o la meditación. Todas comparten el esfuerzo humano para obtener el favor de Dios. Esto puede incluir tocar puertas con panfletos, regalar posesiones, practicar la autoflagelación, confesarse o hacer restituciones. El hilo común es el esfuerzo humano para alcanzar a Dios.

La gracia es la salvación de Dios

Solo el cristianismo plantea una dirección opuesta. En lugar de que nosotros ascendamos, el cristianismo afirma que Dios descendió. La salvación no se logra mediante el esfuerzo humano, sino que se ofrece a través del sacrificio de Dios. Lógicamente, esta es la única manera de tener la seguridad de la salvación. Después de todo, ¿cómo podría un ser humano llegar hasta Dios?

De todos los autores del Nuevo Testamento, Pablo fue el más claro en este punto. Consideremos algunos extractos de su obra más notable sobre la gracia, la carta a los Romanos: «Por cuanto todos pecaron, y están destituidos de la gloria de Dios, siendo justificados gratuitamente por su gracia, mediante la redención que es en Cristo Jesús» (3:23-24). «Justificados, pues, por la fe, tenemos paz para con Dios por medio de nuestro Señor Jesucristo; por quien también tenemos entrada por la fe a esta gracia en la cual estamos firmes, y nos gloriamos en la esperanza de la gloria de Dios» (5:1-2). «Porque el pecado no se enseñoreará de vosotros; pues no estáis bajo la ley, sino bajo la gracia» (6:14). «Y si por gracia, ya no es por obras; de otra manera la gracia ya no es gracia. Y si por obras, ya no es gracia; de otra manera la obra ya no es obra» (11:6).

Con esta breve revisión, vemos claramente el núcleo del cristianismo: somos salvos por medio de la gracia de Dios, no por nuestros propios esfuerzos.

Aunque Pablo es el principal portavoz de la gracia, no está solo en esta postura. Pedro afirmó lo mismo. Durante un debate con algunos cristianos judíos que intentaban imponer la circuncisión como requisito para la conversión, Pedro concluyó su argumento diciendo: «Antes creemos que por la gracia del Señor Jesús seremos salvos, de igual modo que ellos» (Hechos 15:11). Jacobo, el hermano de Jesús, moderó el debate y coincidió con Pedro, declarando la gracia como la postura oficial de la Iglesia (versículos 13-19).

La gracia es un sistema social

La declaración más clara sobre la salvación por gracia mediante la fe proviene de la breve carta de Pablo a los Efesios. Este pasaje es uno de los enunciados más emblemáticos de la Biblia:

> Porque por gracia sois salvos por medio de la fe; y esto no de vosotros, pues es don de Dios; no por obras, para que nadie se gloríe. Porque somos hechura suya, creados en Cristo Jesús para buenas obras, las

cuales Dios preparó de antemano para que anduviésemos en ellas.
(Efesios 2:8-10)

Aunque esta descripción de la salvación es sumamente clara, introduce también una paradoja. Somos salvos por gracia mediante la fe, pero el pasaje nos indica que hemos sido creados para buenas obras. Así que surge la pregunta: ¿cuál es la relación entre la gracia, la fe y las obras? Dicho de otro modo, si somos salvos por gracia, ¿por qué se espera que realicemos buenas obras?

La respuesta más sencilla es que las buenas obras son la consecuencia de nuestra salvación, no la causa. Lo que hacemos por Cristo es un subproducto de nuestra salvación, no su fundamento.

Existe un trasfondo social en esta descripción de la salvación que ilustra la relación entre la fe, la gracia y las obras. En la economía del mundo antiguo, aproximadamente el 2 % de la población controlaba casi todos los bienes y servicios; a estas personas se les llamaba patronos. Estos patronos contrataban empleados (o esclavos) en sus hogares, como médicos, abogados, maestros y artistas, a quienes se les denominaba corredores, y que constituían alrededor del 5 % de la población. Los trabajadores independientes, como jornaleros, agricultores y artesanos, eran llamados clientes y conformaban la mayor parte de la población, alrededor de tres cuartas partes. Por último, el 15 % restante se componía de personas «prescindibles» que desempeñaban los trabajos más bajos (mineros, prostitutas, excavadores de zanjas) y tenían vidas muy cortas.

Cada grupo —patronos, corredores y clientes— tenía funciones y responsabilidades sociales bien definidas. La función del patrono consistía en proporcionar a sus clientes los recursos necesarios para sobrevivir: un trabajo, una vivienda, tierras, atención médica y protección legal. Este conjunto de dones proporcionados por el patrono era conocido como «gracia».

El corredor tenía la tarea de expandir la influencia del patrono; era, por así decirlo, el evangelista del patrono, responsable de atraer más clientes. Ahora bien, ¿por qué querría un patrono tener más clientes si debía proporcionarles regalos constantemente? ¿No suponía esto una carga económica? Ciertamente. Sin embargo, en el mundo antiguo, el bien más codiciado no era la riqueza, sino el *honor*. Cuantos más clientes que atender tenía un patrono, más respeto y prestigio ganaba dentro de la comunidad.

Los clientes, por su parte, tenían un objetivo primordial: honrar a su patrono. Su tarea principal era darle renombre. Si el patrono se postulaba para un cargo político, ellos lo acompañaban promoviendo su campaña. Si cosechaba un campo, acudían a trabajar en él. Si hablaba ante una multitud, se reunían para aclamarlo. Mientras el patrono rara vez mencionaba los regalos que ofrecía, los clientes los proclamaban constantemente y con entusiasmo.

Los griegos usaban una palabra para describir esta lealtad que los clientes mostraban hacia su patrono: *fe*, una palabra que aquí se traduce mejor como *fidelidad*.

Así, la afirmación de Pablo: «Porque por gracia sois salvos por medio de la fe [fidelidad]» (versículo 8) describe a Jesús como el patrono y a nosotros como sus clientes. En pocas palabras, nuestro papel como cristianos es hacer todo lo posible por dar a conocer a Jesús.

La gracia es nuestro servicio

Nuestros esfuerzos por dar a conocer a Jesús expanden la gracia de Dios hacia otros posibles seguidores. Por lo tanto, nuestro servicio es un acto de gracia. Por esta razón, nuestros dones espirituales son según la gracia: «De manera que, teniendo diferentes dones, según la gracia que nos es dada, si el de profecía, úsese conforme a la medida de la fe» (Romanos 12:6). Pedro expresó algo similar: «Cada uno según el don que ha recibido, minístrelo a los otros, como buenos administradores de la multiforme gracia de Dios» (1 Pedro 4:10). Pablo también definió su ministerio como un acto de gracia: «Si es que habéis oído de la administración de la gracia de Dios que me fue dada para con vosotros […] del cual yo fui hecho ministro por el don de la gracia de Dios que me ha sido dado según la operación de su poder» (Efesios 3:2,7).

Una cosa más: la gracia no solo se refleja en nuestro servicio a los demás, sino que se convierte en el mismo carácter de nuestra vida, llevando de manera natural a actos de gracia hacia los demás.

Así funciona: Dios nos da Su gracia para que nos convirtamos en personas llenas de gracia, quienes a su vez realizan actos de gracia hacia los demás. La gracia se convierte en nuestra naturaleza; no se obtiene a través de las obras, sino que se recibe a través de Jesús (2 Corintios 12:9; 1 Pedro 1:13).

La gracia lleva así la connotación de *favor* o *bendición*. La gracia es lo que una persona otorga a otra a quien considera amiga. De esta manera, Dios nos ha hecho Sus amigos y beneficiarios al otorgarnos Sus dones (Juan 1:16-17; Hechos 11:23; 15:40; 1 Corintios 1:4; 2 Corintios 8:1-2; 9:8; Efesios 1:6-7; 2 Tesalonicenses 1:12; Santiago 4:6; 1 Pedro 5:5,10). Esta gracia refleja que tenemos una relación correcta con Dios y, en ese sentido, se asocia con «pertenecer a la iglesia» mediante una relación con Jesús (Hechos 13:43; Romanos 5:2; 6:14-15; 1 Corintios 15:10; 2 Corintios 13:14; Gálatas 5:4; 2 Tesalonicenses 2:16; 1 Timoteo 1:14; 2 Pedro 3:18). Así, la gracia depende más de la elección de Dios que de nuestros propios esfuerzos (Romanos 11:5-6; Gálatas 1:15; Efesios 4:7; 2 Timoteo 1:9).

La gracia como saludo

Hay una peculiaridad en el Nuevo Testamento que puede pasar desapercibida: la *gracia* se volvió un saludo tan común entre los cristianos que abre y cierra todas las epístolas del Nuevo Testamento (con raras excepciones). Un ejemplo típico es: «Gracia y paz a vosotros, de Dios nuestro Padre y del Señor Jesucristo». Esta combinación de *gracia* y *paz* resulta fascinante como un fenómeno sociológico. Antes de que la *gracia* se convirtiera en un término teológico, una acepción de esta palabra se usaba en los saludos cotidianos entre romanos y griegos. En todas las plazas públicas del Imperio romano, se escuchaba a los nobles caballeros saludarse con esta palabra, que expresaba un deseo de salud y bendición, similar a nuestra frase «Que tengas un buen día». Por otra parte, los judíos usaban comúnmente el término *paz*, traducido del hebreo *shalom*. Esta palabra rica en significado deseaba salud, plenitud, paz y bendición. Era un término cargado de teología, comúnmente escuchada en las sinagogas.

La Iglesia de Jesucristo fusionó los saludos comunes de estos mundos judío y grecorromano, precisamente porque se trataba de dos realidades unidas en Jesús. Además, la profundidad teológica de ambos términos se manifestó en el saludo cristiano más común.

Aquí encontramos una lección. La gracia es tan central para la identidad cristiana que se integra en nuestro lenguaje cotidiano. Como seguidores de Jesús, usamos un lenguaje común de formas únicas para transmitir el extraordinario acto de gracia de Dios a todos en nuestro entorno. La gracia como saludo es un ejemplo poderoso de cómo Jesús puede volverse una parte fundamental de nuestra vida diaria. El lenguaje de los cristianos se santifica para la evangelización, y nosotros controlamos las palabras, abriendo la posibilidad de infundir en cada conversación un significado que puede alterar la eternidad.

Puntos clave

- La gracia es lo que distingue al cristianismo de cualquier otra religión.
- La salvación por gracia a través de la fe refleja directamente el sistema social patrono-cliente.
- Nuestras buenas obras son el fruto de la fidelidad que ofrecemos a Jesús, nuestro patrono de la gracia.

Esta semana

- [ ] **Día 1:** Lee el ensayo.
- [ ] **Día 2:** Memoriza Efesios 2:8.
- [ ] **Día 3:** Lee Lucas 15.
- [ ] **Día 4:** Medita en Hechos 15:11; Romanos 3:23-24; 10:13.
- [ ] **Día 5:** dentifica una acción que podrías llevar a cabo esta semana en un plazo de media hora que ayude a hacer a Jesús más conocido.

Desafío de superación: Memoriza Romanos 3:23.

Lectura adicional: Philip Yancey, *Gracia divina vs. condena humana*.

46

La unidad

> Un cuerpo, y un Espíritu, como fuisteis también llamados en una misma esperanza de vuestra vocación; un Señor, una fe, un bautismo, un Dios y Padre de todos, el cual es sobre todos, y por todos, y en todos. Pero a cada uno de nosotros fue dada la gracia conforme a la medida del don de Cristo.
>
> —Efesios 4:4-7

Pregunta: ¿Qué puede unir a la Iglesia?

Una de las últimas cosas por las que oró Jesús fue por la unidad de la Iglesia:

> Mas no ruego solamente por estos, sino también por los que han de creer en mí por la palabra de ellos, para que todos sean uno; como tú, oh Padre, en mí, y yo en ti, que también ellos sean uno en nosotros; para que el mundo crea que tú me enviaste. (Juan 17:20-21)

La oración de Jesús aún no ha sido cumplida. Existen literalmente cientos de denominaciones cristianas. Es, en cierto modo, un poco vergonzoso. Entonces, ¿qué puede unir a la Iglesia?

Los medios para la unidad

Algunos promueven la unidad organizativa. Utilizando principios de liderazgo, intentan unificar las estructuras organizativas de varias denominaciones. Otros buscan la unidad doctrinal a través de debates teológicos, con la idea de que, si estuviéramos de acuerdo en el significado de la Biblia, podríamos alinearnos en el ministerio. Sinceramente, esto no ha dado resultados. Lo que Jesús parece haber pedido no es una unidad organizativa ni una uniformidad ideológica. Más bien, en su oración pedía nuestra unidad *relacional*: «Como tú, oh Padre, en mí, y yo en ti» (versículo 21). Esta unidad es alcanzable, y Efesios 4 nos dice cómo: a través de los dones espirituales.

La Iglesia primitiva surgió en el Imperio romano, un contexto profundamente dividido por cuestiones étnicas, geográficas, de género y políticas. La Iglesia de Jesucristo fue la única organización que superó esas divisiones. Lo que parecía imposible se hizo realidad porque los cristianos hicieron de Jesús el Señor de todo. Como expresó Pablo: «Ya no hay judío ni griego; no hay esclavo ni libre; no hay varón ni mujer; porque todos vosotros sois uno en Cristo Jesús» (Gálatas 3:28). Esta era una realidad, no solo un ideal. En el centro de esta realidad estaba la distribución de dones espirituales a cada cristiano para que los ejercieran en beneficio del cuerpo.

Los dones espirituales en el Nuevo Testamento

Todos hemos oído hablar de los dones espirituales. ¿Sabías que cada pasaje en el que se enumeran aparece en el contexto de la unidad en la iglesia?

Romanos 12:6-8, 1 Corintios 12:4-10,28 y Efesios 4:11 son los principales pasajes que describen un total de dieciséis dones espirituales. Cada uno de ellos es un argumento a favor de la unidad en la iglesia mediante el uso de los dones que los cristianos han recibido de Dios. La afirmación más clara se encuentra en Efesios 4:4-7, nuestro pasaje clave.

El propósito principal de los dones espirituales es construir un cuerpo unido en Cristo. Entonces, ¿cuáles son estos dones?

Antes de enumerar los dieciséis dones mencionados en las Escrituras, establezcamos un principio importante: *los dones espirituales son habilidades otorgadas por el Espíritu Santo que cada individuo puede utilizar para beneficiar al cuerpo de Cristo*. Algunos de estos dones son milagrosos, como la profecía, los milagros, la sanidad y el don de lenguas. Sin embargo, la mayoría de los dones son habilidades naturales, como la enseñanza, la administración, la donación y la misericordia.

Aunque algunos dones pueden ser otorgados después de la salvación, la mayoría se reciben al nacer. Son habilidades innatas que poseemos y que se convierten en dones espirituales, no cuando el Espíritu nos las da, sino cuando nosotros las dedicamos a Dios al servicio de Su Iglesia. Es decir, nuestras habilidades se convierten en dones cuando las entregamos a Dios, no cuando las adquirimos inicialmente.

A continuación, se presentan los dieciséis dones enumerados en estos pasajes. Lee esta lista e identifica las habilidades que tienes y que podrían beneficiar el cuerpo de Cristo:

1. *Enseñanza*: Explicación y aplicación de la verdad (Romanos 12:7; 1 Corintios 12:28; Efesios 4:11).
2. *Ministerio*: Ayuda a las personas mediante la satisfacción de sus necesidades (Romanos 12:7; 1 Corintios 12:28).
3. *Administración*: Supervisión y gestión de los asuntos de la iglesia (Romanos 12:8; 1 Corintios 12:28).
4. *Evangelista*: Persona con habilidad especial para presentar el evangelio a los que no son salvos (Efesios 4:11).
5. *Pastor*: El que cuida, protege, dirige y alimenta al rebaño (Efesios 4:11).
6. *Exhortación*: Predicación práctica (a veces privada) que motiva a la acción (Romanos 12:8).
7. *Donación*: Capacidad y disposición para ofrecer recursos en beneficio de la Iglesia (Romanos 12:8).

8. *Misericordia*: Consuelo a los enfermos, afligidos o marginados (Romanos 12:8).
9. *Fe*: Capacidad de confiar en Dios plenamente en momentos de necesidad o prueba (1 Corintios 12:9).
10. *Discernimiento de espíritus*: Revelación de las intenciones, actitudes o propósitos de una persona (1 Corintios 12:10).
11. *Apóstol*: Aquel que es enviado con una misión específica (1 Corintios 12:28; Efesios 2:20; 4:11). Principalmente, fueron los doce para Israel (Mateo 10:2-4; Hechos 1:20-26) y Pablo para los gentiles (Romanos 11:13).
12. *Profecía*: Comunicación directa de una revelación recibida de Dios (Romanos 12:6; 1 Corintios 12:10,28; 14; Efesios 4:11).
13. *Milagros*: Capacidad de alterar sucesos o procesos naturales (1 Corintios 12:10,28).
14. *Sanación*: Capacidad de restaurar la salud física de una persona (1 Corintios 12:9,28).
15. *Lenguas*: Habilidad de hablar en un idioma nunca antes aprendido o estudiado (1 Corintios 12:10,28; 14:1-27).
16. *Interpretación de lenguas*: Capacidad de traducir un idioma desconocido al propio idioma (1 Corintios 12:10; 14:26-28).

Cómo identificar y utilizar tu don espiritual

¿Has encontrado tu don en la lista anterior? Muchos no lo encuentran. Si ninguno de estos dieciséis dones coincide con tu perfil personal, eso no significa que no tengas dones que aportar al cuerpo de Cristo. Las listas de la Biblia nunca son exhaustivas; son representativas y trazan una imagen. Del mismo modo, las listas de pecados en las epístolas de Pablo no cubren *todos* los pecados posibles, sino que muestran ejemplos de comportamientos que uno debe evitar. Las listas de cualidades para ancianos y diáconos en 1 Timoteo 3 y Tito 1 no son los únicos rasgos positivos que uno puede esperar o buscar, pero destacan el tipo de persona que «encaja en el perfil».

Este principio nos indica que algunas habilidades otorgadas por el Espíritu para beneficiar a la iglesia pueden no estar en esas listas. Por ejemplo, el primer don espiritual registrado fue otorgado a Bezaleel, quien fue llamado para construir el tabernáculo:

> Mira, yo he llamado por nombre a Bezaleel, hijo de Uri, hijo de Hur, de la tribu de Judá; y lo he llenado del Espíritu de Dios, en sabiduría y en inteligencia, en ciencia y en todo arte, para inventar diseños, para trabajar en oro, en plata y en bronce, y en artificio de piedras para engastarlas, y en artificio de madera; para trabajar en toda clase de labor. (Éxodo 31:2-5)

Si Bezaleel viviera hoy, probablemente estaría trabajando como decorador de interiores en el canal HGTV. (¡Sí, es un don espiritual!).

Asimismo, el rey David tenía el don de la música (1 Samuel 16:23), pero esto no aparece en ninguna lista del Nuevo Testamento. Salomón menciona en Proverbios que el corazón alegre es buen remedio (17:22), aunque el humor tampoco figura en ninguna lista. La habilidad de aconsejar es un recurso valiosísimo en la iglesia y, sin embargo, no aparece en las listas. Artistas, fontaneros, contadores y abogados, así como profesionales de recursos humanos, relaciones públicas e informática... todos son de gran valor para el cuerpo de Cristo, aunque no figuren en las listas bíblicas. No hay ninguna lista completa de dones, pero sí hay listas lo suficientemente amplias como para darnos una idea de lo que se puede incluir.

Esto nos lleva a un punto importante: ¿cómo puedo saber cuál es mi don espiritual si no aparece en la lista? Puede sonar misterioso o complicado, pero no lo es. Aquí tienes la respuesta en tres sencillos pasos: (1) entra en un lugar, (2) observa a tu alrededor, y (3) identifica lo que hace falta y que disfrutarías hacer con excelencia. *Ese es tu don espiritual.*

O tal vez deberíamos aclarar: ese *podría* ser tu don espiritual, si lo entregas al Espíritu Santo y permites que te guíe para usarlo en servicio de los demás.

Los dones espirituales son verdaderamente espirituales solo cuando benefician a otra persona. Nunca vemos a Pablo sanándose a sí mismo, a pesar de tener el don de sanar. Nunca vemos a personas generosas dándose a sí mismas como un don espiritual. No encontramos predicadores o maestros instruyéndose a sí mismos en privado. ¿Por qué? Porque el propósito de cada don espiritual es beneficiar a otros y promover la unidad.

Los dones espirituales son para entregarlos a los demás. En otras palabras, no somos recipientes para las bendiciones de Dios; somos conductos. Dios nunca otorga un don a una persona únicamente porque ama a ese individuo. Él regala dones a alguien para que, a través de esa persona, pueda amar a los demás. Su propósito para nuestros dones no es que seamos bendecidos, sino que nos convirtamos en una bendición. Esta es una estrategia brillante que nos hace interdependientes, humildes y corporativamente fuertes.

Esto nos lleva a un último punto: los dones no son para el beneficio del dotado ni principalmente para el beneficio del receptor. Son para beneficiar a la *Iglesia*, ya que construyen una unidad sólida a través de la dependencia mutua.

Por ello, quienes tienen el don de liderazgo sirven en lugar de ejercer autoridad. Y por ello, no todos los enfermos son sanados en el Nuevo Testamento. Lo que importa no es el milagro en sí, sino la fe que genera en la comunidad cristiana.

Es nuestro amor y servicio lo que sorprende y atrae al mundo que nos observa. Regresando a la oración de Jesús: «Para que todos sean uno; […] para que el mundo crea que tú me enviaste» (Juan 17:21). Los dones están destinados a construir unidad, y la unidad actúa como un testimonio que atrae a los que están fuera de la comunidad. Nuestra unidad es tan convincente como nuestra predicación.

En un mundo desgarrado por divisiones de raza, clase, género y política, la gente busca un lugar al que pertenecer, un espacio donde recibir aceptación y un entorno seguro para amar y ser amado. Si tienes una habilidad, conviértela en algo espiritual usándola para servir a alguien en la iglesia, de manera que quienes están fuera de ella puedan ser atraídos a Jesús.

Puntos clave

- La oración de Jesús por la unidad de la Iglesia en Juan 17 parece no haber sido respondida.
- Podemos responder a la oración de Jesús ejerciendo nuestros dones espirituales en beneficio del cuerpo.
- La unidad de los cristianos es una poderosa apologética para un mundo que nos observa y que necesita pertenencia.

Esta semana

- [ ] **Día 1:** Lee el ensayo.
- [ ] **Día 2:** Memoriza Efesios 4:4-7.
- [ ] **Día 3:** Lee Hechos 15.
- [ ] **Día 4:** Medita en Juan 17:20-21; Gálatas 3:28; Efesios 4:11-16.
- [ ] **Día 5:** Entra en una habitación. Observa a tu alrededor. Identifica algo que se necesite hacer, que disfrutarías realizar y que lo harías con excelencia. Luego, hazlo.

Desafío de superación: Memoriza Gálatas 3:28.

Lectura adicional: C. Peter Wagner, *Discover Your Spiritual Gifts: The Easy-to-Use Guide That Helps You Identify and Understand Your Unique God-Given Spiritual Gifts* [Descubre tus dones espirituales: La guía fácil de usar que te ayuda a identificar y comprender los dones espirituales únicos que Dios te ha dado].

47

La humildad

> Haya, pues, en vosotros este sentir que hubo también en Cristo Jesús, el cual, siendo en forma de Dios, no estimó el ser igual a Dios como cosa a que aferrarse, sino que se despojó a sí mismo, tomando forma de siervo, hecho semejante a los hombres.
>
> —Filipenses 2:5-7

Pregunta: **¿Cómo contribuye la humildad al éxito?**

El concepto de *liderazgo de servicio* se ha vuelto popular en las últimas décadas. Su auge comenzó en los años 80, cuando líderes empresariales e investigadores académicos empezaron a cuestionar la forma en que se utilizaba el poder en los negocios y la política. Descubrieron que el uso más positivo del poder consistía en ayudar a quienes carecían de él. Cuando los líderes usaban su influencia y autoridad para beneficiar a quienes no podían corresponderles, aumentaban su respeto, influencia y eficacia de manera mucho más significativa que cuando usaban su poder para protegerse o promoverse a sí mismos.

El instinto natural de un líder suele ser proteger su poder. Sin embargo, ceder poder, honor e influencia resulta ser el ingrediente secreto para convertirte en un líder efectivo.

El liderazgo de servicio fue una idea iniciada por Jesucristo, el primer líder de la historia en promover que el poder se distribuyera hacia abajo en lugar de acumularse hacia arriba. Él amó a los más pequeños, alcanzó a los perdidos, defendió a los indefensos e incluyó a los marginados.

Este tipo de liderazgo se basa en la humildad, un atributo valorado en nuestra cultura actual. No obstante, en los tiempos de Jesús, la humildad se consideraba una debilidad, y llamar a alguien humilde era un insulto.

Esto resulta sorprendente para nosotros, ya que en nuestra cultura la humildad es una virtud esperada, e incluso exigida (excepto, en el caso de los boxeadores y los receptores externos del fútbol americano). Jesús transformó el sentido de la *humildad* al ponerla en la categoría de «virtud». La forma en que hoy usamos esta palabra rinde homenaje a la eficacia de Jesús como innovador social.

La humildad en Jesús

Decir que Jesús era humilde no le hace justicia. Descendió del cielo a la tierra para nacer en un establo y morir en una cruz. Pablo utilizó un término griego especialmente fuerte, *kenoō* («vaciar» o «despojar»[1]) para captar la esencia de la abnegación de Jesús: «El cual, siendo en forma de Dios, no estimó el ser igual a Dios como cosa a que aferrarse, sino que se *despojó* a sí mismo, tomando forma de siervo, hecho semejante a los hombres» (Filipenses 2:6-7). Esta frase extraordinaria es impactante.

Jesús renunció temporalmente a Sus derechos divinos de omnipresencia, omnipotencia y omnisciencia para poder venir a la tierra como uno de nosotros y levantarnos de nuestro estado caído. Descendió del cielo a la tierra (una distancia incalculable) para que, en su ascensión, nuestra dignidad original pudiera ser restaurada. Este concepto se resume en la palabra *encarnación*: Jesús tomó forma humana para que pudiéramos compartir su naturaleza divina.

Aunque este es el gran misterio del cristianismo, también es una necesidad práctica. La humildad que Jesús demostró es precisamente la que constituye a los buenos padres, directores ejecutivos, generales y entrenadores. Es el padre que juega en el suelo con sus hijos, el director que recoge la basura, el general que lidera a las tropas en el campo de batalla y el entrenador que se ejercita junto a sus jugadores.

Nada de esto es una obligación. No se puede forzar a un líder a hacerlo. Sin embargo, cuando sucede, los seguidores se sienten profundamente leales y respetan a quien ha caminado en sus zapatos.

La teoría de liderazgo por fin está alcanzando a la teología cristiana: los mejores líderes son aquellos que sirven a quienes dirigen.

La humildad en la Biblia

A lo largo de las Escrituras, Dios mandó a Su pueblo a ser humilde. Este principio es simple y se repite a menudo: Dios exalta a los humildes y humilla a los altivos.

Esta inversión divina es un tema recurrente en la Biblia (1 Samuel 2:7-10; Job 40:11-12; Salmos 18:27; 147:6; Proverbios 18:12; 29:23; Isaías 2:11-17; 57:15; Ezequiel 17:24; 21:26). Por ejemplo: «Antes del quebrantamiento es la soberbia, y antes de la caída la altivez de espíritu» (Proverbios 16:18). Y también: «Cuando fueren abatidos, dirás tú: Enaltecimiento habrá; y Dios salvará al humilde de ojos» (Job 22:29). Dios invierte el orden de valores humanos: los de arriba son llevados al fondo de la escala, y los de abajo son elevados al lugar más alto.

Jesús también reiteró este tema en Su predicación: «Porque el que se enaltece será humillado, y el que se humilla será enaltecido» (Mateo 23:12; ver también Lucas 14:11; 18:14). Tanto Jacobo como Pedro ofrecen su propia interpretación de esta enseñanza: «Humillaos delante del Señor, y él os exaltará» (Santiago 4:10) y «... revestíos de humildad; porque: Dios resiste a los soberbios, y da gracia a los humildes. Humillaos, pues, bajo la poderosa mano de Dios, para que él os exalte cuando fuere tiempo» (1 Pedro 5:5-6).

Por si esto fuera poco, Jesús también compartió numerosos dichos sobre cómo los «primeros serán postreros, y postreros, primeros» (Mateo 19:30;

20:8,16; Marcos 9:35; Lucas 13:30). Esta enseñanza es relevante para quienes buscan progresar en sus carreras, ganar reconocimiento o recibir el aprecio de sus seguidores.

Tal aprendizaje sobre el liderazgo pasó desapercibido para Jacobo y Juan, quienes, audazmente, pidieron puestos de liderazgo. Jesús los reprendió (y a nosotros también): «El que de vosotros quiera ser el primero, será siervo de todos. Porque el Hijo del Hombre no vino para ser servido, sino para servir, y para dar su vida en rescate por muchos» (Marcos 10:44-45).

Asimismo, en el aposento alto, después de lavar los pies de Sus discípulos, Jesús tuvo que resolver de nuevo una disputa entre ellos sobre quién era el mayor: «Los reyes de las naciones se enseñorean de ellas, y los que sobre ellas tienen autoridad son llamados bienhechores; mas no así vosotros, sino sea el mayor entre vosotros como el más joven, y el que dirige, como el que sirve» (Lucas 22:25-26).

Jesús no era la única voz que abogaba por la humildad. Se sabe que otros maestros decían cosas parecidas. Sin embargo, Jesús era una figura singular que modelaba la humildad. Ningún otro líder lavaba los pies a sus seguidores, tocaba a los leprosos y a las mujeres con hemorragias, honraba a los niños, incluía a los pobres y a los extranjeros y escuchaba a las prostitutas.

La humildad no es solo un ideal filosófico, ni siquiera un principio ético de Dios. La humildad es una práctica factible modelada por Jesús. Su ministerio (y muerte) ejemplificaron las expectativas sobre cómo debemos comportarnos para ejercer influencia y liderazgo. Incluso clavado en una cruz ensangrentada, la primera declaración de Jesús resonó con humildad: «Padre, perdónalos, porque no saben lo que hacen» (Lucas 23:34).

Humildad en acción

Cuando pensamos en la humildad, lo que más a menudo nos viene a la mente es una postura emocional o una autoevaluación. Es una especie de actitud de «ay, caramba»: *No soy mejor que nadie*. La humildad, en nuestra jerga, es una actitud hacia uno mismo. Eso está muy bien. Después de todo, la arrogancia rara vez es atractiva. Pero la humildad bíblica no tiene tanto que ver con cómo te sientes contigo mismo, sino con cómo tratas a los demás.

Con ese fin, queremos identificar algunas acciones para poner en práctica y así modelar la humildad de forma más consistente. Después de todo, nada refleja más la vida de Jesús que usar el poder en favor de los que no lo tienen. He aquí cuatro sugerencias. Es posible que no puedas implementarlas todas, al menos no de inmediato. Así que elige solo una para practicarla esta semana en un bloque de media hora.

1. *Asóciate con los humildes como si fueran dignatarios.* Pablo expresó: «Unánimes entre vosotros; no altivos, sino asociándoos con los humildes. No seáis sabios en vuestra propia opinión» (Romanos 12:16). Del mismo modo, Jacobo nos advirtió que no diéramos un trato preferencial a los que tienen riquezas (Santiago 2:1-9) y planteó esta pregunta: «¿No ha elegido Dios a los pobres de este mundo, para que sean ricos en fe y herederos del reino que ha prometido a los que le aman?» (versículo 5). Dios no mira la cara de alguien antes de determinar el trato que recibirá. Nosotros tampoco deberíamos hacerlo. Tampoco debemos fijarnos en su bolsillo, popularidad o prestigio.

2. *Prioriza a los niños.* En un día frenético, los discípulos de Jesús intentaron bloquear a un grupo de personas que querían que Él bendijera a sus bebés (Marcos 10:13). Los discípulos estaban velando por los intereses de Jesús, tratando de mantener su agenda despejada para más altas prioridades. Sus intenciones eran buenas, pero no se daban cuenta de que Jesús siempre daba prioridad a los pequeños y a los humildes. Esta es la única ocasión en que Jesús se indignó con Sus discípulos: «Viéndolo Jesús, se indignó, y les dijo: Dejad a los niños venir a mí, y no se lo impidáis; porque de los tales es el reino de Dios» (versículo 14).

3. *Ubícate intencionalmente en un lugar humilde.* En el contexto de Jesús, esto significaba tomar deliberadamente un asiento más bajo en un banquete (Lucas 14:10). En nuestro contexto, podría implicar estacionar más lejos de la oficina para que otros tengan un recorrido más corto. Podría significar nunca pasar junto a la basura sin recogerla. También podría ser (parafraseando el título de un excelente libro) que *los líderes coman al final*. Otras opciones son permitir que alguien se adelante en la fila, vaciar el lavavajillas en casa o llenar la cafetera en el trabajo. En cualquier caso, implica renunciar deliberadamente a tu derecho a privilegios. Aquellos que se den cuenta te respetarán más. No todos se darán cuenta, pero los que lo hagan difundirán comentarios positivos que una oficina de relaciones públicas nunca podría comprar.
4. *Sirve.* Jesús ejemplificó esto al lavar los pies de Sus discípulos (Juan 13:1-20). Uno de los mejores cirujanos de nuestra ciudad sirve hamburguesas en nuestra iglesia. Una mujer que trabajó en el gabinete del presidente Bush cuida a niños de dos años cada domingo por la mañana en nuestra guardería. Es fundamental que los líderes en posiciones altas dominen el servicio más humilde, porque si el servicio está por debajo de ti, el liderazgo estará más allá de ti.

Puntos clave

- La doctrina de la encarnación se expresa en términos de humildad.
- Toda la Biblia reitera el principio de la humildad: Dios humilla a los soberbios y exalta a los humildes.
- Podemos poner en práctica acciones específicas para implementar la humildad en nuestro propio liderazgo.

Esta semana

- [ ] **Día 1:** Lee el ensayo.
- [ ] **Día 2:** Memoriza Filipenses 2:5-7.
- [ ] **Día 3:** Lee Génesis 37; 39-41.
- [ ] **Día 4:** Medita en Proverbios 29:23; Juan 3:30; 1 Pedro 5:5-7.
- [ ] **Día 5:** Elige una de las acciones anteriores para ponerla en práctica durante la semana.

Desafío de superación: Memoriza Juan 3:30.

Lectura adicional: Robert K. Greenleaf, *Servant Leadership: A Journey into the Nature of Legitimate Power and Greatness* [Liderazgo de servicio: Un viaje a la naturaleza del poder legítimo y a la grandeza].

48

Preocupación desbordante

> Por nada estéis afanosos, sino sean conocidas vuestras peticiones delante de Dios en toda oración y ruego, con acción de gracias.
>
> —FILIPENSES 4:6

Pregunta: ¿Cómo puedo reducir la preocupación?

Pocos comportamientos sabotean nuestra eficacia tanto como la preocupación.

Sin embargo, esta pandemia emocional tiene tratamiento. Después de todo, la preocupación es interna: nadie nos obliga a preocuparnos, nadie más que nosotros puede resolverla y nadie más conoce su alcance. Nuestra preocupación es, en definitiva, *nuestra*.

Aunque es activada por las circunstancias, no está causada por ellas. Por ejemplo, la preocupación no se limita a un grupo económico específico, como los «pobres». De hecho, las personas económicamente desfavorecidas suelen preocuparse menos por el dinero que quienes tienen una ventaja económica. Nuestra mayor preocupación suele provenir de la comparación, no de la necesidad y, en teoría, esto no tiene sentido.

La preocupación rara vez se centra en las posibilidades más inmediatas y probables. En realidad, la mayoría de nuestras preocupaciones se relacionan con temas como terroristas, tumores, secuestros y cosas similares. Nuestra imaginación se desborda. ¿Por qué lo hacemos?

La preocupación surge de malos hábitos mentales: es innecesaria, improductiva y poco realista. Como dijo el sabio rey Salomón: «La angustia abate el corazón del hombre, pero una palabra amable lo alegra» (Proverbios 12:25, NVI).

La preocupación es mala teología

La preocupación no es solo un problema psicológico; es un problema teológico. Su origen se encuentra en Génesis 3 y se remonta al pecado primordial en el huerto del Edén. Eva quiso ser «como Dios» (versículo 5). Ella y Adán decidieron dirigir el mundo por su cuenta. En lugar de vivir bajo la autoridad de Dios, asumieron su estatus y sus responsabilidades. Se autoproclamaron gobernantes de su propio universo, lo cual los llevó a conocer el estrés de intentar controlar el tiempo, el destino y la moralidad.

Ningún ser humano es capaz de ejercer tal control. Sin embargo, todos lo intentamos. Jugamos a ser Dios y nos sentimos abrumados por la presión.

La preocupación es tóxica para nuestra alma porque nos ciega a lo que Dios ya ha hecho y nos impide ver lo que Él podría hacer, todo porque enfocamos nuestra atención en nosotros mismos en lugar de en Dios. Nuestro impulso de autosuficiencia destruye la confianza.

Jesús diagnosticó nuestra condición en una sencilla parábola sobre la tierra y las semillas. Uno de los tipos de terreno que identificó era espinoso. Dijo que se parecía a una vida ahogada por la preocupación. Podemos progresar espiritualmente por un tiempo, pero pronto nuestro crecimiento es sofocado por las malas hierbas: son esas preocupaciones de la vida que absorben nuestros recursos y nos dejan sin fruto (Mateo 13:22).

La fe es la solución a todo esto. Tanto el Antiguo como el Nuevo Testamento ofrecen una respuesta sencilla: confiar en Dios. No se trata de una fe ciega, sino de confiar en la fidelidad de Dios, quien ha demostrado ser siempre fiel. Jesús lo dijo:

> Así que no se preocupen diciendo: «¿Qué comeremos?», o «¿Qué beberemos?» o «¿Con qué nos vestiremos?». Los paganos andan tras todas estas cosas, pero su Padre celestial sabe que ustedes las necesitan. Más bien, busquen primeramente el reino de Dios y su justicia, entonces todas estas cosas les serán añadidas.
> (Mateo 6:31-33, NVI)

Jesús, por supuesto, solo se hace eco del antiguo himno: «Echa sobre Jehová tu carga, y él te sustentará; no dejará para siempre caído al justo» (Salmos 55:22). Más tarde, Pedro reiteró esta idea: «Echando toda vuestra ansiedad sobre él, porque él tiene cuidado de vosotros» (1 Pedro 5:7).

Decirlo es fácil, pero hacerlo es otra cosa. Para dar los pasos esenciales, podemos mirar a Jesús. Los Evangelios tienen más que decir sobre cómo eliminar la preocupación que casi todos los demás libros de la Biblia juntos.

Pasos prácticos para minimizar la preocupación

Es poco probable que muchos de nosotros superemos por completo la preocupación. Sin embargo, podemos progresar. Jesús nos dio consejos prácticos para lograrlo. Empezaremos con sus enseñanzas y dejaremos que el apóstol Pablo aporte un par de signos de exclamación al final.

1. *Observa el mundo*. El primer paso para reducir la preocupación es simplemente observar nuestro mundo natural. En el sermón del monte, Jesús pronunció el discurso más extenso de las Escrituras sobre la preocupación, usando dos imágenes concretas.

    «Mirad las aves del cielo, que no siembran, ni siegan, ni recogen en graneros; y vuestro Padre celestial las alimenta. ¿No valéis vosotros mucho más que ellas?» (Mateo 6:26). Si alguna vez has dudado de la bondad de Dios, sal y mira a tu alrededor.

Siempre hay aves en algún lugar. ¿Dónde está su preocupación? En pleno verano o en el más crudo invierno, siempre encuentran alimento. En el desierto de Sonora, en Arizona (donde vivo), apenas llueven siete pulgadas al año.[1] Es asombroso cómo cualquier cosa en la naturaleza logra sobrevivir. Aun así, todos los días se oye el parloteo de las codornices, el pavoneo de los correcaminos, el revoloteo de los gorriones, el zumbido de los colibríes, el vuelo orgulloso del halcón y el llamado del majestuoso búho al atardecer. Las aves del cielo nos muestran lo absurdo de las preocupaciones. Incluso en un desierto, prosperan. ¿De verdad crees que Dios se preocupa menos por ti? Incluso en tu propio desierto, Dios es un oasis donde la vida puede florecer.

De igual forma, Jesús dirige nuestra atención a un campo lleno de flores:

> ¿Y por qué se preocupan por la ropa? Observen cómo crecen los lirios del campo. No trabajan ni hilan; sin embargo, les digo que ni siquiera Salomón, con todo su esplendor, se vestía como uno de ellos. Si así viste Dios a la hierba que hoy está en el campo y mañana es arrojada al horno, ¿no hará mucho más por ustedes, gente de poca fe? (Versículos 28-30, NVI)

Los campos en flor son efímeros, pero casi nada puede compararse con la belleza de un campo en plena floración. Es un despliegue de extravagancia épica: las amapolas doradas de California, los lupinos de Texas, las columbinas de las Rocosas, los girasoles de Kansas, las violetas de Illinois o las rudbeckias de Maryland. Todas son impresionantes, inspiradoras y pasajeras. Su belleza supera cualquier vestuario de alfombra roja. Una simple mirada debería silenciar la necedad de preocuparse. Dios engalana Su creación con generosidad. ¿No te cubrirá a ti con aún más esmero que a un campo de hierba?

2. *Escucha la Palabra de Dios.* Solo Lucas registró la interacción entre María, Marta y Jesús durante una comida en su casa (Lucas 10:38-42). Marta, fielmente, preparaba la *matzá* y el *hummus*, deseando que todo fuera perfecto. Después de todo, estaba recibiendo al Señor de los ejércitos. Quería hacer las cosas bien. María, como una hermana menor despreocupada, se sentó a los pies de Jesús, ignorando sus tareas. ¡Cómo se atreve!

Con cada plato que traía de la cocina, Marta ponía los ojos en blanco, hasta que, cansada de la negligencia de su hermana, salió de la cocina con el delantal hecho un manojo de nervios. Finalmente, su frustración estalló: «¡Dile, pues, que me ayude!» (versículo 40).

Uno esperaría que Jesús reafirmara la importancia de una buena ética de trabajo diciendo: «María, haz tu parte». Pero no fue así. En cambio, reprendió a Marta: «Marta, afanada y turbada estás con muchas cosas. Pero solo una cosa es necesaria; y María ha escogido la buena parte, la cual no le será quitada» (versículos 41-42).

3. *Conquista tus pensamientos.* La preocupación es una batalla de la mente. En lo que decidamos enfocarnos, guiará la dirección de nuestros pensamientos. La investigación neurocientífica ha revelado que las ramas de proteínas en nuestro cerebro alojan estos pensamientos, de modo que, en un sentido real, los pensamientos ocupan espacio físico en nuestra mente. Cuanto más nos enfocamos en un pensamiento, mayor se vuelve esa constelación de proteínas que lo sostiene.[2] Casi sin darnos cuenta, damos espacio y lugar a los pensamientos que dominan nuestra mente.

Esta perspectiva moderna arroja luz sobre el consejo milenario de Pablo:

> Por nada estéis afanosos, sino sean conocidas vuestras peticiones delante de Dios en toda oración y ruego, con acción de gracias. Y la paz de Dios, que sobrepasa todo entendimiento, guardará vuestros corazones y vuestros pensamientos en Cristo Jesús.
> Por lo demás, hermanos, todo lo que es verdadero, todo lo honesto, todo lo justo, todo lo puro, todo lo amable, todo lo que es de buen nombre; si hay virtud alguna, si algo digno de alabanza, *en esto pensad*. (Filipenses 4:6-9)

En otro pasaje, Pablo escribió: «Derribando argumentos y toda altivez que se levanta contra el conocimiento de Dios, y llevando cautivo todo pensamiento a la obediencia a Cristo» (2 Corintios 10:5). Este consejo va más allá de defender la fe cristiana; también se refiere a nuestra salud mental, emocional y espiritual. Cuando Satanás nos ataca con pensamientos negativos, debemos derribarlos y expulsarlos de nuestra mente.

El secreto está en que no podemos simplemente deshacernos de un pensamiento, ya que el vacío dejado volvería a llenarse de negatividad. Necesitamos reemplazar los pensamientos negativos con la verdad de Dios.

Las Escrituras, los sermones y la música cristiana son poderosos recursos para esta transformación mental. Los pensamientos a los que damos espacio en nuestra mente echarán raíces. Lo que más nutrimos ganará la batalla por nuestro cerebro.

La preocupación surge cuando alimentamos los pensamientos equivocados. Dado que la negatividad es la norma en el mundo, solo una diligencia constante nos permitirá llevar cautivo cada pensamiento a Cristo.

Puntos clave

- La preocupación es psicología negativa: está bajo nuestro control y solo obstaculiza nuestra eficacia.
- La preocupación es mala teología: comenzó con el pecado en el huerto del Edén y siempre disminuye nuestra confianza y gozo en Dios.
- Jesús (y luego Pablo) nos ofreció varios pasos claros para controlar nuestros pensamientos.

Esta semana

☐ **Día 1:** Lee el ensayo.

☐ **Día 2:** Memoriza Filipenses 4:6.

☐ **Día 3:** Lee Génesis 42–45.

☐ **Día 4:** Medita en Mateo 6:33; Lucas 10:41-42; 2 Corintios 10:5.

☐ **Día 5:** Haz una auditoría de medios esta semana. Cada día, simplemente registra el tiempo que dedicas a la televisión, a las redes sociales y a la radio. Compáralo con el tiempo que pasas escuchando música cristiana, asistiendo a la iglesia y leyendo tu Biblia. Según ese análisis, ¿cuál de los dos tiene ventaja sobre tu mente?

Desafío de superación: Memoriza Mateo 6:33.

Lectura adicional: David A. Carbonell, *La trampa de la preocupación: Cómo tu cerebro te engaña para esperar lo peor y qué hacer al respecto.*

49

Mentoría

Lo que has oído de mí ante muchos testigos, esto encarga a hombres fieles que sean idóneos para enseñar también a otros.

–2 Timoteo 2:2

Pregunta: ¿Cómo puedo encontrar un mentor y ser un mentor?

La palabra *mentor* nunca aparece en la Biblia. De hecho, proviene de *La odisea*. Méntor era amigo del rey Odiseo. Cuando el rey partió hacia la guerra de Troya, dejó a su hijo, Telémaco, y su hogar bajo el cuidado de Méntor. La diosa Atenea adoptó la apariencia de Méntor para convertirse en la maestra, consejera y guía de Telémaco.[1] Por ser la diosa de la guerra, se deduce que un mentor representa lo divino y prepara a un joven para las batallas futuras.

Esto también se cumple en la Biblia con una serie de mentores. Jetro fue mentor de Moisés, quien tuvo que enfrentar al faraón. Moisés, a su vez, fue mentor de Josué, quien lideró la conquista de la tierra prometida. Elí fue mentor de Samuel, quien luego guio a Saúl y David, los primeros reyes de Israel. Elías fue mentor de Eliseo, quien confrontó a los reyes desviados. Mardoqueo fue mentor de Ester, quien intervino ante el rey Asuero, salvando a su nación del exterminio. Jesús fue mentor de Sus doce apóstoles. Bernabé guio a Pablo, quien a su vez transmitió su legado a Timoteo, Tito y muchos otros. La mentoría era tan importante para el ministerio de Pablo que en su última carta al joven Timoteo le instó a continuar esta tradición (2 Timoteo 2:2).

La mayoría de los líderes en la Biblia fueron guiados por alguien que los precedió (con raras excepciones, como Abraham, Elías y Jesús). Así que todos debemos tomar en serio la responsabilidad de tener un mentor y de ser mentores de otros.

Cinco sencillos pasos para encontrar un mentor

Si queremos tener un impacto significativo, vale la pena asegurarnos de contar con un mentor que nos ayude a maximizar nuestra influencia, sin importar nuestra edad o etapa de la vida. Muchos jóvenes buscan un mentor como una especie de consejero personal, alguien con quien «compartir la vida». Sin embargo, *no* necesitas otro sistema de apoyo comprensivo. Necesitas a alguien que pueda agudizar tu visión y empujarte hacia adelante de maneras incómodas pero esenciales.

Aquí tienes cinco pasos que te ayudarán a conseguir un mentor.

1. *Pequeños favores antes que un gran compromiso.* No te acerques a posibles mentores diciendo: «¿Quieres ser mi mentor?». Esto puede asustarlos, ya que no saben cuánto tiempo requeriría. Probablemente dirán que no antes de considerarlo. Los mejores mentores son personas ocupadas, y esas son justamente las personas que quieres que te aconsejen.

    La estrategia es pedirle quince minutos a un posible mentor. Puedes invitarlo a un café (¡tú pagas!) o programar una cita breve en su oficina. Haz una solicitud específica: «He observado que [menciona un comportamiento específico] y tengo tres preguntas de *coaching* que me gustaría hacerte, si podemos agendar quince minutos en un momento conveniente para ti». Comienzas honrando al mentor al destacar sus habilidades específicas que

podrían ayudarte. Todos los líderes desean influir en otros; aprovecha este deseo para obtener un sí.
2. *Sé cuidadoso con las preguntas.* Planifica y escribe de antemano tus tres preguntas de *coaching*. Asegúrate de que sean preguntas claras que permitan al mentor ayudarte en función de su experiencia. (Podrías revisar las preguntas con algún asesor de confianza para asegurarte de que sean precisas y profundas).

    Llega entre diez y quince minutos antes de la hora programada para la reunión. Créeme: querrás estar esperando al mentor y no al revés. Formula tus tres preguntas y acompáñalas con una pregunta adicional: «¿Qué acción podría tomar para poner esto en práctica?».
3. *Respeta el tiempo del mentor.* Después de quince minutos, agradece al mentor por el tiempo dedicado y prepárate para retirarte. Incluso si te invita a quedarte más tiempo, recházalo respetuosamente (a menos que insista) diciendo: «Aprecio mucho tu tiempo y el que hayas extendido nuestra charla, pero me tomo en serio mi responsabilidad de respetar el tiempo acordado».
4. *Haz un seguimiento.* Una vez que hayas realizado el paso de acción sugerido, vuelve a contactar al mentor. Pídele otros quince minutos diciendo: «Quiero agradecerte por las recomendaciones. Las puse en práctica y me fueron útiles; sin embargo, surgieron algunas preguntas nuevas. ¿Te gustaría reunirte otra vez para una evaluación de seguimiento?».

    Después de la tercera o cuarta reunión, si las cosas van bien, puedes pedir una reunión mensual durante seis meses. Si resulta prometedor, pocos líderes se negarían a invertir en un aprendiz que esté demostrando ser una buena inversión.
5. *Ten varios mentores.* Repite este proceso en tres o cuatro áreas importantes de tu vida. Ninguna persona tiene toda la

sabiduría necesaria en cada ámbito en el que deseas destacar. Es conveniente tener un mentor para temas de matrimonio, otro para el trabajo, otro para finanzas, otro para superar adicciones y otro para el crecimiento espiritual.

Al enfocarte ahora en convertirte en mentor, también es importante que tengas claro el papel que desempeñarás en la vida de tus discípulos.

Cinco pasos sencillos para ser un mentor

Pocos de nosotros nos sentimos completamente preparados para moldear el destino de otra persona. Sin embargo, ¿dónde estaríamos si otros no hubieran superado sus propias inseguridades para invertir en nuestra vida?

Al menos en un aspecto de nuestra vida, deberíamos ser capaces de decir a otros: «Sed imitadores de mí, así como yo de Cristo» (1 Corintios 11:1). Si podemos decir eso, la siguiente afirmación lógica sería: «Lo que aprendisteis y recibisteis y oísteis y visteis en mí, esto haced; y el Dios de paz estará con vosotros» (Filipenses 4:9).

Este no es un consejo solo para los hombres. Uno de los grandes déficits de la Iglesia moderna es la falta de mentoras devotas para las mujeres jóvenes. Aunque las mujeres suelen mostrarse más reticentes que los hombres a la hora de asumir un rol de mentoría, Pablo dejó claro que su ejemplo es igual de importante:

> Las ancianas asimismo sean reverentes en su porte; no calumniadoras, no esclavas del vino, maestras del bien; que enseñen a las mujeres jóvenes a amar a sus maridos y a sus hijos, a ser prudentes, castas, cuidadosas de su casa, buenas, sujetas a sus maridos, para que la palabra de Dios no sea blasfemada. (Tito 2:3-5)

Entonces, ya seas hombre o mujer, ¿qué pasos prácticos puedes dar para guiar a los cristianos más jóvenes?

1. *Sé un* coach, *no un maestro*. Los mentores potenciales con frecuencia temen no conocer suficiente de las Escrituras. Pero tu papel no es enseñar la Biblia; para eso están los pastores y maestros a quienes Dios ha dotado. Tu recurso más valioso es tu experiencia en áreas como el matrimonio, el trabajo, la crianza de los hijos o el proceso de superar adicciones. Además, es confianza lo que más necesitan los discípulos. El respeto que te tienen te permite elevar su autoestima simplemente respetándolos. Esto, por sí solo, puede ser transformador.

    La mayoría de nosotros nos vemos a través del retrovisor. Los mentores permiten a sus discípulos verse a sí mismos a través del parabrisas. Tu mayor don es ayudarles a visualizar su mejor versión futura y avanzar con valentía hacia la realización de esa visión.

    Esto es tan importante que el mandato de ser valiente se repite cuatro veces en Josué 1: «Esfuérzate y sé valiente» (versículos 6-7,9,18). Estas son las mismas palabras que Moisés le había dicho a Josué al comisionarlo (Deuteronomio 31:7).

2. *Crea un círculo de discípulos*. El número óptimo para un grupo de discípulos es de cinco a la vez. En casi todas las reuniones, es probable que falte uno, lo que deja una proporción de cuatro a uno. Esto permite que la conversación fluya sin que ningún individuo se sienta anónimo o dominante. Normalmente, se tarda unos seis meses en llenar el círculo, así que ten paciencia. Descubrirás que el círculo de discípulos es más poderoso que la relación individual entre mentor y discípulo. La sabiduría compartida del grupo, las relaciones, la responsabilidad y el apoyo harán mucho más que tus propias perlas de sabiduría.

3. *Involucra a tu familia*. Las lecciones más significativas que aprenden los discípulos las reciben a través de lo que observan, no solo de lo que oyen. Muchos jóvenes adultos han tenido

modelos poco adecuados de matrimonio y paternidad. Lo que se capta tiene un impacto mayor que lo que se enseña. A sus discípulos en Éfeso, Pablo les dijo: «Vosotros sabéis cómo me he comportado entre vosotros todo el tiempo, desde el primer día que entré en Asia, sirviendo al Señor con toda humildad, y con muchas lágrimas, y pruebas que me han venido por las asechanzas de los judíos» (Hechos 20:18-19).

La mayoría de tus reuniones serán solo entre tus discípulos y tú. Sin embargo, al menos una vez durante tu periodo de mentoría, debes hacer tres cosas que les brinde acceso a tu familia: (1) Invítalos a tu casa para una comida. (2) Salgan juntos a un evento social para divertirse. (3) Trabajen como grupo en la comunidad. Compartir comidas, diversiones y trabajo conjunto revelará el carácter de tus discípulos, y eso te ayudará a guiarlos con sabiduría.

4. *Asigna tareas prácticas que los estimulen.* La mentoría consiste en entrenar, no en aconsejar. Las personas crecen al cumplir su misión, no al revelar su dolor. Cuando Pablo fue mentor de Timoteo, lo envió a enfrentar misiones difíciles una tras otra, mucho antes de permitirle predicar, enseñar o ejercer autoridad en una iglesia. Al exigirles que vayan más allá de sus propios límites, demostrarás a tus discípulos que son capaces de más de lo que se imaginan.

5. *Minimiza las conversaciones sobre sexo y citas.* Aquellos que necesitan rendir cuentas por su adicción requieren un experto, no un mentor. Por supuesto, hay momentos para tratar el fracaso, pero eso no debe dominar la relación de mentoría. Tu papel es empujarlos hacia arriba, no sacarlos de la cuneta. Del mismo modo, las mujeres que ejercen como mentoras no deben permitir que se hable excesivamente sobre sus relaciones románticas. Las jóvenes, a menudo, lidian con la envidia, la

dependencia emocional a los hombres y el materialismo. Eleva su pensamiento y propósito hacia niveles más altos.
6. *Reprende.* Cuando los discípulos decepcionen, repréndelos con firmeza. Te has ganado ese derecho. Debes temer su posible fracaso futuro más que los sentimientos heridos. No eres su amigo; eres su futuro.

Puntos clave

- Casi todos los grandes líderes de la Biblia tuvieron mentores, y muchos de ellos, a su vez, fueron mentores de otros.
- Existen pasos prácticos para encontrar un mentor; todos lo necesitamos.
- Hay pasos prácticos para ser mentor; todos debemos esto a los demás.

Esta semana

- ☐ **Día 1:** Lee el ensayo.
- ☐ **Día 2:** Memoriza 2 Timoteo 2:2.
- ☐ **Día 3:** Lee Rut 1–4.
- ☐ **Día 4:** Medita en Josué 1:7; 1 Corintios 11:1; Filipenses 4:9.
- ☐ **Día 5:** Sigue estos pasos para encontrar un mentor o convertirte en uno.

Desafío de superación: Memoriza Josué 1:7.

Lectura adicional: John C. Maxwell, *Mentor 101: Lo que todo líder necesita saber.*

50

La Escritura

Toda la Escritura es inspirada por Dios, y útil para enseñar, para redargüir, para corregir, para instruir en justicia, a fin de que el hombre de Dios sea perfecto, enteramente preparado para toda buena obra.

−2 Timoteo 3:16-17

Pregunta: ¿Cómo puedo aprovechar al máximo la Biblia?

Leer y aplicar la Biblia son las habilidades fundamentales para el crecimiento espiritual. Estudios han demostrado que quienes leen la Biblia cuatro veces por semana o más tienden a tener matrimonios más fuertes, hábitos más saludables y una autoestima más alta.[1] Entonces, ¿cómo puedo extraer algo valioso de la Biblia por mi cuenta?

Analizaremos dos aspectos: cómo navegar por la Biblia y cómo profundizar en un pasaje específico.

Cómo navegar por la Biblia

La Biblia es una colección de 66 libros, organizados en dos partes conocidas como el Antiguo Testamento y el Nuevo Testamento. La palabra *testamento* significa simplemente 'contrato' o 'pacto'. El Antiguo Testamento relata el primer pacto de Dios con el pueblo de Israel, y narra cómo Dios lo eligió, lo liberó de la esclavitud en Egipto y lo estableció en la tierra prometida. El Nuevo Testamento describe el segundo pacto de Dios, esta vez con toda la humanidad, y cuenta cómo Dios nos eligió y nos liberó de la esclavitud del pecado a través del sacrificio de Jesucristo.

Los 39 libros del Antiguo Testamento se escribieron entre 1400 y 450 a. C., pero no están organizados cronológicamente. En cambio, se clasifican en cinco categorías, como se muestra en el siguiente cuadro:

Pentateuco	Libros históricos	Libros poéticos	Profetas mayores	Profetas menores
Génesis	Josué,	Job	Isaías	Oseas
Éxodo	Jueces	Salmos Proverbios	Jeremías	Joel
Levítico	Rut		Lamentaciones	Amós
Números	1 y 2 Samuel	Eclesiastés	Ezequiel	Abdías
Deuteronomio	1 y 2 Reyes	Cantar de los Cantares	Daniel	Jonás
	1 y 2 Crónicas			Miqueas
	Esdras			Nahúm
	Nehemías			Habacuc
	Ester			Sofonías
				Hageo
				Zacarías
				Malaquías

Los libros del Pentateuco fueron escritos por Moisés. En ellos se traza el pacto de Dios desde la creación hasta la fundación de la nación de Israel. Los libros de Génesis y Éxodo constituyen el trasfondo esencial de la historia de Jesús.

Los libros históricos relatan el ascenso, la caída, el juicio y la restauración de Israel. Los nombres y los lugares son extraños, pero las luchas y las victorias nos resultan familiares. Vemos la vida del rey David narrada en 1 y 2 Samuel, y comprendemos mejor cómo Jesús cumplió Su legado como nuestro Rey.

Los libros poéticos contienen la sabiduría y el culto del pueblo judío en tiempos antiguos. Curiosamente, expresan los mismos anhelos que tenemos hoy de Dios. Muchas personas leen o, incluso, cantan los salmos para adorar e inspirarse. El libro de Proverbios es especialmente valioso para la sabiduría de la vida y para educar a los hijos.

Los libros proféticos fueron escritos por hombres elegidos por Dios para proclamar Su palabra. Los profetas mayores no son más importantes que los menores; simplemente llevan más tiempo haciéndolo. Se ocupan de la salud espiritual de Israel (con la rara excepción de Jonás, que predica a regañadientes a los ninivitas) y llaman al pueblo de Dios a abandonar su pecado y a vivir de todo corazón según Sus principios. Para muchos, los proféticos son los libros más difíciles de entender del Antiguo Testamento, pues su lenguaje y su historia pueden parecer extraños. Sin embargo, son fundamentales para entender el mensaje del Nuevo Testamento. Esto es especialmente cierto en el caso de Isaías, que es el libro profético más citado.

Los veintisiete libros del Nuevo Testamento (escritos entre el 45 y el 95 d. C. aproximadamente) se dividen en tres grandes categorías: Evangelios, Historia y Cartas:

Evangelios	Historia	Cartas de Pablo a las iglesias	Cartas de Pablo a los individuos	Otras cartas
Mateo Marcos Lucas Juan	Hechos	Romanos 1 y 2 Corintios Gálatas Efesios Filipenses Colosenses 1 y 2 Tesalonicenses	1 y 2 Timoteo Tito Filemón	Hebreos Santiago 1 y 2 Pedro 1, 2 y 3 Juan Judas Apocalipsis

Los Evangelios son los relatos principales sobre la vida y enseñanzas de Jesús. Mateo y Juan, quienes fueron parte de los doce apóstoles, fueron testigos oculares importantes. Marcos era un joven que vivía en Jerusalén y, más tarde, acompañó a Pablo y a Pedro en sus viajes de predicación. Según la tradición de la Iglesia, Marcos registró las enseñanzas de Pedro en su Evangelio. Juan fue sin duda el mejor amigo de Jesús. Escribió un relato sencillo pero profundo de Su vida, lo que lo convierte en un excelente punto de partida para leer las Escrituras. Lucas, el único autor no judío de la Biblia, nunca conoció personalmente a Jesús, pero escribió los libros de Lucas y Hechos, que juntos representan más de una cuarta parte del Nuevo Testamento (con más palabras que cualquier otro autor, incluso Pablo).

El libro de los Hechos es fundamental, pues narra el establecimiento y expansión de la Iglesia cristiana. Abarca el periodo que va aproximadamente desde el año 30 al 62 d. C.

Las cartas del Nuevo Testamento (también conocidas como epístolas) se escribieron para brindar orientación, aliento y advertencias sobre problemas específicos que enfrentaban las personas o las iglesias. Romanos es una de las más extensas y fundamentales, aunque Efesios, Filipenses y Colosenses también se destacan por su profundidad y poder. La carta de Santiago, medio hermano de Jesús, es otra gran elección para iniciar la lectura de la Biblia, ya que ofrece sabiduría práctica en un formato conciso.

Cómo profundizar en un pasaje concreto

El propósito de leer la Biblia no es solo adquirir información, sino lograr una transformación. Hebreos 4:12 lo describe así: «Porque la palabra de Dios es viva y eficaz, y más cortante que toda espada de dos filos; y penetra hasta partir el alma y el espíritu, las coyunturas y los tuétanos, y discierne los pensamientos y las intenciones del corazón». La Palabra de Dios llega a nuestros secretos más profundos y nuestros más altos sueños.

Con esto en mente, los pasos siguientes te ayudarán a pasar de la información a la transformación.

1. *Elige una Biblia con la que te sientas a gusto*. No existe una única Biblia correcta; simplemente elige una versión que

puedas leer cómodamente. La Biblia de estudio NVI es una excelente opción, aunque un poco más costosa, pues incluye numerosas herramientas útiles de estudio. Aquí tienes algunas características que pueden ser particularmente valiosas de esta edición:

- Índice: Enumera cada libro de la Biblia y la página en la que comienza. Cada libro también está dividido en capítulos y versículos.
- *Líneas de tiempo*: Organizan los eventos bíblicos en orden cronológico para ayudarte a ubicar cuándo ocurrieron.
- *Mapas*: Te permitirán localizar geográficamente los lugares donde sucedieron los eventos.
- *Introducciones a cada libro bíblico*: Proporcionan un resumen sobre el autor, propósito, época, temas principales y esquema del libro.
- *Notas a pie de página*: Ofrecen una breve explicación sobre los antecedentes históricos, valores sociales y términos importantes.
- *Referencias cruzadas*: En cada página hay vínculos a otros pasajes bíblicos que te ayudarán a comprender mejor el versículo en contexto. (Las referencias se leen de la siguiente manera: el número anterior a los dos puntos indica el capítulo, y el número posterior, el versículo. Por ejemplo, *Juan 3:16* se refiere al libro de Juan, capítulo 3, versículo 16).

Aunque tener una Biblia en formato físico es valioso, muchos usan la aplicación gratuita YouVersion (en inglés) para leer sobre la marcha. Incluye múltiples versiones de las Escrituras, entre ellas varias opciones de audio para escuchar mientras viajas.

El objetivo final es encontrar una Biblia que disfrutes leer y con la que desees pasar tiempo diariamente.

2. *Léela*. Para aprovechar al máximo la lectura de la Biblia, necesitarás tres cosas:

- *Un lugar.* Escoge un sitio tranquilo y un momento fijo para leer la Biblia. Apaga el teléfono y concéntrate en la lectura. Empezar con sesiones de diez a quince minutos puede ser una buena idea.
- *Un plan.* Algunas personas prefieren leerla de principio a fin, desde Génesis hasta Apocalipsis, mientras que otras optan por un enfoque cronológico que implica saltar entre libros. Puedes usar una aplicación que ofrezca varios planes de lectura, desde un solo libro hasta la Biblia completa. Para principiantes, una buena recomendación es comenzar con estos cuatro libros: Génesis, Juan, Hechos y Romanos. Estos te brindarán una base sólida para leer el resto de la Biblia.
- *Un bolígrafo.* Mientras lees, si encuentras algo que no entiendes, anota la pregunta en el margen de tu Biblia o en un diario. La curiosidad es una excelente herramienta de estudio bíblico. Tu pastor o el líder de tu grupo de lectura pueden ayudarte a encontrar recursos que respondan muchas de tus preguntas.

Recuerda, sin embargo, que el objetivo no es solo adquirir información, sino transformar tu vida. Así que procura que tus preguntas no sean solo curiosidades intelectuales. Pregúntate, en cambio, cómo puedes aplicar los principios y enseñanzas en tu hogar, trabajo, escuela o vecindario. Para muchos, escribir una oración sobre el texto en un diario es una buena manera de aumentar la consciencia sobre cómo aplicar el pasaje. Una estrategia sencilla es responder estas dos preguntas cada día:

(1) ¿Qué me llamó la atención en este pasaje?

(2) ¿Cómo voy a ponerlo en práctica hoy?

Santiago 1:22 lo dice bien: «No se contenten solo con oír la palabra, pues así se engañan ustedes mismos. Llévenla a la práctica» (NVI).

La mejor herramienta para aplicar la Palabra es memorizarla. Identifica un versículo que necesites poner en práctica y repítelo en voz alta hasta que te lo sepas de memoria. Esto se convierte en una herramienta que el Espíritu

Santo puede usar para ayudarte a aplicar ese pasaje en situaciones específicas de tu vida.

No te desanimes. Crecer en el conocimiento de la Palabra de Dios es como cualquier otra habilidad o ejercicio: cuanto más tiempo le dedicas, más provecho obtienes.

Habrá días en los que no tendrás ganas de leer la Biblia o de aplicarla a tu vida, y esto es normal. Si te saltas un día, simplemente continúa donde te hayas quedado.

Dios ha prometido bendición y éxito a quienes lo buscan diligentemente en Su Palabra:

Recita siempre el libro de la Ley y medita en él de día y de noche; cumple con cuidado todo lo que en él está escrito. Así prosperarás y tendrás éxito. (Josué 1:8, NVI)

Sigue el ejemplo de la oración de Salmos 119:11: «En mi corazón he guardado tus dichos, para no pecar contra ti».

Puntos clave

- La Biblia es la Palabra autoritativa de Dios. Al aplicar sus principios a tu vida, serás transformado.
- Una Biblia de estudio ofrece una variedad de herramientas para ayudarte en la lectura.
- Para aprovechar al máximo tu lectura diaria, necesitas un lugar, un plan y un bolígrafo.

Esta semana

☐ **Día 1:** Lee el ensayo.

☐ **Día 2:** Memoriza 2 Timoteo 3:16-17.

☐ **Día 3:** Lee Marcos 4:35–5:43.

☐ **Día 4:** Medita en Salmos 119:11; Hebreos 4:12; Santiago 1:22.

☐ **Día 5:**

- ☐ Compra (o consigue) una Biblia que te guste leer.
- ☐ Identifica un lugar y un momento regular para leerla durante la semana (procura al menos cuatro días).
- ☐ Elige un plan de lectura; puede abarcar desde un solo libro hasta toda la Biblia.
- ☐ Encuentra un diario en blanco para anotar tres cosas mientras lees: (1) cualquier pregunta que tengas sobre cada lectura; (2) algo que te haya llamado la atención de cada lectura, y (3) una forma en que aplicarás la enseñanza a tu vida. También podrías elegir un versículo para memorizar.

Desafío de superación: Memoriza Hebreos 4:12.

Lectura adicional: Mark Moore, *Seeing God in HD: God's Word in Today's World* [Viendo a Dios en HD: La Palabra de Dios en el mundo actual].

51

Desarrollando la determinación

> Por tanto, nosotros también, teniendo en derredor nuestro tan grande nube de testigos, despojémonos de todo peso y del pecado que nos asedia, y corramos con paciencia la carrera que tenemos por delante, puestos los ojos en Jesús, el autor y consumador de la fe, el cual por el gozo puesto delante de él sufrió la cruz, menospreciando el oprobio, y se sentó a la diestra del trono de Dios.
>
> —Hebreos 12:1-2

Pregunta: ¿Cómo desarrollar la determinación?

La psicóloga Angela Duckworth ha investigado a fondo los factores que determinan el éxito. Estudió a miles de personas en la Academia Militar de Estados Unidos en West Point y en el Concurso Nacional de Deletreo, así como a vendedores y profesores novatos en barrios difíciles.

La respuesta que descubrió no es el cociente intelectual. Tampoco la riqueza ni la raza o la destreza física. La respuesta es la *determinación*, definida como «la pasión y la perseverancia por objetivos a muy largo plazo». Es la capacidad de perseverar en una tarea difícil no solo durante semanas o meses, sino durante años. La determinación te permite vivir la vida «como si fuera un maratón, no un esprint».[1] Es el factor más importante del éxito.

Sabemos que esto es cierto. Entonces, ¿cómo podemos aplicarlo a nuestra vida espiritual? ¿Cómo adquirir determinación?

Nuestro pasaje central contiene dos claves para desarrollar la determinación. Primero, observa a quienes te rodean, a aquellos a quienes debes responder y de quienes eres responsable. Segundo, mira hacia adelante, a la recompensa que recogerás por medio de la perseverancia. Como dice Jesús: «Con vuestra paciencia ganaréis vuestras almas» (Lucas 21:19).

¿Quiénes son esos testigos que nos rodean? Se describen en Hebreos 11, donde se traza nuestra herencia espiritual desde Abel hasta Abraham, incluyendo a Moisés, a David y a los profetas. Aunque puedan parecer lejanos, este pasaje nos invita a tenerlos en mente: «Y todos estos, aunque alcanzaron buen testimonio mediante la fe, no recibieron lo prometido; proveyendo Dios alguna cosa mejor para nosotros, para que no fuesen ellos perfeccionados aparte de nosotros» (versículos 39-40). A la luz de sus sacrificios, nosotros corremos nuestras propias carreras. No son simples espectadores en las gradas; son campeones forjados que terminaron sus carreras y ahora están a nuestro lado, animándonos. Conocen bien el sacrificio y el sufrimiento que enfrentamos.

A la cabeza de todos ellos está Jesucristo. Su sacrificio inspira el nuestro. Nuestra perseverancia se nutre de Su ejemplo y de Su presencia con nosotros.

Aparte de Jesús, quizás no haya un mejor ejemplo de nobleza en el sufrimiento que el apóstol Pablo. Él enumeró sus pruebas en 2 Corintios 11:24-28:

De los judíos cinco veces he recibido cuarenta azotes menos uno.
Tres veces he sido azotado con varas; una vez apedreado; tres veces he padecido naufragio; una noche y un día he estado como náufrago en alta mar; en caminos muchas veces; en peligros de ríos, peligros de ladrones, peligros de los de mi nación, peligros de los gentiles, peligros en la ciudad, peligros en el desierto, peligros en el mar, peligros entre falsos hermanos; en trabajo y fatiga, en muchos desvelos, en hambre

y sed, en muchos ayunos, en frío y en desnudez; y además de otras cosas, lo que sobre mí se agolpa cada día, la preocupación por todas las iglesias.

¿Por qué Pablo pudo soportar tanto? Recuerda las dos claves para fortalecer la determinación: Pablo observaba a su alrededor a quienes debía responder y de quienes era responsable. Y miraba hacia adelante, hacia la recompensa que obtendría gracias a su perseverancia. Lo expresó de esta manera:

> Pero cuantas cosas eran para mí ganancia, las he estimado como pérdida por amor de Cristo. Y ciertamente, aún estimo todas las cosas como pérdida por la excelencia del conocimiento de Cristo Jesús, mi Señor, por amor del cual lo he perdido todo, y lo tengo por basura, para ganar a Cristo, y ser hallado en él, no teniendo mi propia justicia, que es por la ley, sino la que es por la fe de Cristo, la justicia que es de Dios por la fe; a fin de conocerle, y el poder de su resurrección, y la participación de sus padecimientos, llegando a ser semejante a él en su muerte, si en alguna manera llegase a la resurrección de entre los muertos. (Filipenses 3:7-11)

Pablo nunca cambió de tono. En su última carta, la perseverancia fue el tema recurrente. Utilizó seis palabras griegas para enfatizar la resistencia, que en español se traducen como «participa de las aflicciones» (2 Timoteo 1:8; 2:3), «sufro» (2:9), «soporta las aflicciones» (4:5), «soporto» (2:10,12), «sufrido» (2:24), «paciencia» (3:10), «con toda paciencia» (4:2), y «he sufrido» (3:11).

Al final, Pablo concluyó con estas palabras:

> He peleado la buena batalla, he acabado la carrera, he guardado la fe. Por lo demás, me está guardada la corona de justicia, la cual me dará el

Señor, juez justo, en aquel día; y no solo a mí, sino también a todos los que aman su venida. (2 Timoteo 4:7-8)

Con esto, Pablo dio por terminada su carta desde un calabozo en Roma. La siguiente vez que vio la luz del sol fue cuando recorrió la Vía Ostiense, en las afueras de la ciudad, hacia el lugar donde sería decapitado.

Cómo entrenar la determinación

En Hebreos 12 ya se han identificado dos fundamentos de la determinación: primero, mirar a nuestro alrededor, a las personas a quienes debemos responder y de quienes somos responsables; segundo, mirar hacia adelante, hacia la recompensa que se cosechará mediante la perseverancia. A la luz de esto, ¿cómo podemos desarrollar la determinación?

Aunque no hay varita mágica ni solución rápida para aumentar la determinación, aquí tienes cinco sugerencias:

1. *Posterga la recompensa.* Renunciar a placeres inmediatos para alcanzar beneficios a largo plazo es el punto de partida para cualquier persona determinada. Las disciplinas espirituales del ayuno y la oración son ejercicios prácticos que ayudan a extender esta habilidad a otras áreas de la vida.

2. *Reconoce las consecuencias.* Las disciplinas espirituales de leer y memorizar la Biblia fomentan esta habilidad. Un buen punto de partida es el libro de Proverbios. Lee un capítulo al día durante un mes. Cada día, selecciona y memoriza un versículo que trate un posible defecto en tu carácter.

3. *Supérate a ti mismo.* La disciplina espiritual del servicio, es decir, hacer algo por otra persona sin esperar nada a cambio, es la mejor práctica para esta habilidad. Otra práctica valiosa es la escucha activa. Puedes encontrar en línea ejercicios sencillos para mejorar esta capacidad. La propia Biblia recomienda meditar en las Escrituras (Salmos 1:2), es decir,

sentarse en silencio e imaginar las implicaciones de un pasaje para tu vida.
4. *Rinde cuentas*. Las personas con determinación no viven aisladas. Comparten sus sueños y disciplinas con otros que les hacen rendir cuentas, les ofrecen crítica constructiva y celebran sus éxitos. El círculo que escojas te ayudará a alcanzar el éxito. Todos necesitamos personas a quienes servir, personas que nos rodeen para brindarnos ánimo, y personas de quienes recibir mentoría, lo que la Biblia llama *discipulado*.
5. *Cultiva el optimismo*. Esto puede incluir el sentido del humor, el pensamiento positivo y la alegría. Dos disciplinas espirituales fundamentales que fomentan el optimismo son la adoración y el *sabbat*. A menudo, estas prácticas van de la mano. La adoración consiste en rendir honor a Dios, especialmente a través del canto colectivo, la comunión y la predicación. El *sabbat* nos permite desconectarnos del trabajo y rejuvenecer nuestro cuerpo, mente y espíritu. Juntos crean el espacio necesario para que florezca el optimismo.

Si Dios te ha honrado con el privilegio de ser padre, entrenador, maestro o mentor, aquí tienes cinco recomendaciones para cultivar el valor en los demás:

1. *Establece y comunica expectativas altas*. En una sociedad que valora la comodidad, las excusas y el exceso de amabilidad, esto puede ser difícil. Solemos querer ser amigos de todos, pero la gente necesita más que un amigo: necesita un padre espiritual que los impulse a superar sus zonas de confort. La «mediocridad» no desarrolla la determinación.
2. *Proporciona una estructura y límites claros*. Para la mayoría de las personas es difícil ser autodidactas si no parten de una rutina firme. No es el buen carácter el que fomenta los buenos hábitos; más bien, son los buenos hábitos los que generan un buen carácter.

3. *Aumenta tu responsabilidad con el tiempo.* Esto fortalece el sentido de compromiso con los demás y el respeto por su mentor. Concéntrate en el rendimiento, recompensa el rendimiento con mayor responsabilidad y responde a la responsabilidad con respeto.
4. *Exige respeto entre compañeros.* Esto implica tolerancia cero hacia el chisme, la pereza, la dejadez o la impuntualidad. Evita las excusas y las señalizaciones. La determinación requiere que uno asuma la responsabilidad de su propio camino. Para los líderes con determinación, el fracaso nunca es culpa de otros.
5. *Demuestra que las personas te importan.* Las personas suelen esforzarse para estar a la altura de las expectativas de aquellos que los aprecian. Cuando muestras interés invirtiendo tiempo, atención y correcciones necesarias, ganas el derecho de elevar las expectativas. La gente tiende a creer sobre sí misma lo que tú le permitas creer. Sé generoso en elogios como rápido en criticar; ambos son necesarios.

Hay mucho más que decir sobre cómo aumentar la determinación, pero estas cinco sugerencias nos ofrecen un buen punto de partida.

Puntos clave

- La determinación es fundamental para lograr el éxito en la vida.
- La determinación aumenta cuando miras a tu alrededor, a las personas a quienes debes responder y de quienes eres responsable, como también cuando miras hacia adelante, a la recompensa que obtendrás por medio de la perseverancia.
- Puedes seguir pasos prácticos para cultivar la determinación tanto en ti mismo como en los demás.

Esta semana

- [ ] **Día 1:** Lee el ensayo.
- [ ] **Día 2:** Memoriza Hebreos 12:1-2.
- [ ] **Día 3:** Lee Nehemías 1–2.
- [ ] **Día 4:** Medita en Lucas 21:19; Filipenses 3:7-11; 2 Timoteo 4:7.
- [ ] **Día 5:** Elabora un plan de acción para desarrollar la determinación en ti mismo o en otra persona.

Desafío de superación: Memoriza 2 Timoteo 4:7.

Lectura adicional: Caroline Adams Miller, *Con agallas: El poder de la pasión, la perseverancia y la determinación*.

52

El cielo

> Vi un cielo nuevo y una tierra nueva; porque el primer cielo y la primera tierra pasaron, y el mar ya no existía más. Y yo Juan vi la santa ciudad, la nueva Jerusalén, descender del cielo, de Dios, dispuesta como una esposa ataviada para su marido. Y oí una gran voz del cielo que decía: He aquí el tabernáculo de Dios con los hombres, y él morará con ellos; y ellos serán su pueblo, y Dios mismo estará con ellos como su Dios.
>
> —Apocalipsis 21:1-3

Pregunta: ¿Cómo será el cielo?

Noticia de último momento: no iremos al cielo. Según Apocalipsis 21:1-3, la nueva Jerusalén descenderá del nuevo cielo a la nueva tierra, donde moraremos con Dios por toda la eternidad.

¡Eso sí que son buenas noticias! La descripción de la nueva Jerusalén en Apocalipsis 21-22 nos presenta una ciudad en una tierra física. Iremos allí en cuerpos resucitados que, aunque seguirán siendo físicos, no tendrán las limitaciones del envejecimiento, la enfermedad o las dolencias (1 Corintios 15:35-49). De acuerdo con Filipenses 3:21, nuestro cuerpo resucitado será semejante al cuerpo resucitado de Jesús. En Su nuevo cuerpo, Él atravesó muros y desafió la gravedad (Juan 20:19; Hechos 1:9).

Las implicaciones son extraordinarias. Imagínatelo: vivir en cuerpos perfeccionados en un Edén restaurado. Habrá agricultura y arquitectura, cultura y arte, plantas, animales y entretenimiento, y todo ello sin pecado. Así será la nueva tierra.

Imagina lo tecnológicamente avanzados que podríamos ser si no estuviéramos distraídos por la guerra, la enfermedad, el crimen y el desorden. Es muy posible que en la nueva Jerusalén experimentemos avances tecnológicos que superen con creces todo lo que tenemos aquí. Dios no se opone a nuestra curiosidad o creatividad; de hecho, nos las otorgó. Como dijo Salomón: «La gloria de Dios es ocultar un asunto y la gloria de los reyes es investigarlo» (Proverbios 25:2, NVI).

Nuestra alabanza eterna no consistirá simplemente en cantar, sino en crear nuevas obras de arte, nuevos trabajos, logros y aprendizaje. De hecho, Jesús está preparando ese lugar para nosotros mientras hablamos: «Voy, pues, a preparar lugar para vosotros» (Juan 14:2).

¿Cómo será la nueva Jerusalén? El Apocalipsis la describe tanto en términos de lo que no hay como de lo que hay.

Lo que no habrá

En la nueva Jerusalén no existirán el desempleo, las huelgas, la policía, los políticos, los médicos, los abogados, los predicadores, las prisiones, los hospitales, el IRS, el ICE, la CIA, el FBI, las bolas de naftalina, las cerraduras, los pañuelos, las bombillas, las bodas, los funerales ni los ejércitos, por nombrar solo algunos.

Los dos últimos capítulos del Apocalipsis son aún más específicos:
1. No habrá mar (21:1). En esta tierra, los mares separan a las personas, pero en la nueva tierra ya no habrá separación entre naciones, pueblos, lenguas o tribus. Existirá la diversidad, pero sin divisiones, racismo ni nacionalismo.
2. No habrá lágrimas ni muerte ni llanto ni dolor (21:4). No existirán los funerales, los divorcios, los asesinatos, los robos,

los chismes, los sueños rotos, la ira sin resolver, los recuerdos tormentosos ni los arrepentimientos de por vida.

3. No necesitaremos iglesias ni templos, porque estaremos continuamente en la presencia de Dios (21:22). Ya no tendremos que buscarlo a través de presbíteros o rituales.
4. No habrá sol ni luna (21:23), ya que Dios mismo nos proveerá de toda la luz que necesitemos.
5. No existirá la maldición (22:3), lo que significa que no tendremos que ganarnos el sustento con el sudor de nuestra frente. Tampoco habrá dolores en el parto para las mujeres.

Para ambos sexos, la lucha entre ellos habrá terminado. Los cristianos actualmente tenemos la responsabilidad de mitigar esta maldición de conflicto entre los sexos (Gálatas 3:28). Aunque todavía podrían existir roles distintos para hombres y mujeres, el hogar cristiano debería estar libre de esa maldición. Sin embargo, siguen siendo principalmente las mujeres quienes obtienen los salarios más bajos, quienes son víctimas de violación, quienes son golpeadas por sus esposos y cargan con responsabilidades domésticas que a menudo soportan en soledad.

En la nueva tierra, todo esto cambiará. No habrá más competencia, peleas ni crueldad entre hombres y mujeres, ni los sufrimientos que estos causan. Dios pondrá fin a la desigualdad de género.

6. Nada impuro entrará en la nueva Jerusalén (Apocalipsis 21:27). ¿Incluidos tú y yo? ¡Sí! Estarás en el cielo, pero ya no habrá pecado en ti.

Suena como un cuento de hadas. La realidad es que la obra de redención de Jesús finalmente se completará con nuestra transformación física. Los impulsos de nuestro cuerpo nuevo estarán en armonía con las intenciones de nuestra alma salvada.

Considera esto: aquellas cosas que ahora me llevan a pecar no estarán presentes en el cielo. Primero, Satanás y sus secuaces no recibirán pases de invitado. Estarán fuera. Por lo tanto, ya no podrán poner ideas en mi mente ni oportunidades en mi camino. Reconozco que soy perfectamente capaz de pecar por mí mismo, pero los enemigos de Dios me incitan. Sin ellos, estaré mucho más cerca de la perfección.

En segundo lugar, no viviré en una sociedad donde el pecado prevalezca y se promueva. No habrá vallas publicitarias lascivas ni conductores agresivos sacando los dedos por la ventana. No existirán distritos de luz roja ni tiendas de contenido adulto, tampoco centros comerciales materialistas o producciones de Hollywood que promuevan la sensualidad. Mi entorno será puro y mi mente transformada.

En tercer lugar, no habrá matrimonio ni se dará en matrimonio. Nuestra sexualidad será transformada. La Biblia nunca dice que seremos asexuales en el cielo, pero podemos estar seguros de que, sea como sea, nuestra sexualidad no será una fuente de tentación sensual como lo es aquí y ahora.

En cuarto lugar, no habrá competencia en el cielo, así que mi necesidad de superar a otros será eliminada. Como estaremos habitando perpetuamente en la presencia de Dios, nuestros pensamientos serán elevados; nuestras intenciones, nobles; nuestro espíritu, humilde.

7. Hay una última cosa que mencionar: el tiempo. A menudo, priorizamos proyectos en lugar de personas. Escuchamos mal y trabajamos de forma apresurada porque estamos presionados por el reloj. En la eternidad, ¿qué prisa puede haber? Siempre tendremos tiempo para escuchar la historia de un niño, sostener la mano de un ser querido, o simplemente sentarnos en silencio a observar el mundo.

No habrá plazos que cumplir, ni atascos que evitar, ni filas que apresurar.

Suena demasiado bueno para ser verdad. Sin embargo, en la nueva Jerusalén faltará todo lo que nos impide vivir en plena justicia. Así, podremos vivir sin pecado.

Lo que habrá

A la luz de lo que *no* habrá allí, el cielo será un lugar maravilloso. Pero nuestro corazón realmente anhela el cielo por lo que *sí* habrá en él.

Habrá santos de la antigüedad en el cielo: Abraham, Isaac, Jacob, Pedro, Jacobo y Juan. ¡Oh, las conversaciones que tendremos!

Tal vez, lo más importante en lo personal es que nuestros seres queridos estarán allí. Las esposas se reunirán con sus maridos, y los hijos con sus padres. Es cierto que la naturaleza de las relaciones cambiará, pero ¡qué dulce seguirá siendo! Los padres verán a los niños que murieron en sus cunas y los abuelos conocerán a los nietos que solo los conocían de oídas.

Por dulces que sean estos reencuentros, no es por eso que queremos ir allí.

También habrá una riqueza inimaginable. Juan describió la nueva Jerusalén como una ciudad de vastas proporciones con un tesoro impresionante (Apocalipsis 21:18-21). Incluso las calles estarán hechas de oro de 24 quilates.

La nueva tierra seguramente hará que esta tierra se sienta avergonzada (¡y Dios no lo ha hecho nada mal aquí!). No le faltará comida a nadie. Todos serán príncipes o princesas en el reino de Dios.

Todos soñamos con tal lujo y comodidad, pero no es por eso, sin embargo, que queremos ir al cielo.

Tendremos cuerpos nuevos. No más artritis, no más limitaciones físicas, no más mirarnos al espejo y preguntarnos «¿por qué?». Tendremos energía para trabajar y jugar, tiempo para descansar y adorar.

Aunque suene maravilloso, tampoco es por eso que queremos ir allí.

Queremos ir allí porque Él está allí. Él está allí. Aquel de quien hemos hablado, cantado, leído y escrito. Está esperando con los brazos extendidos y estas palabras: «Bien, buen siervo y fiel; [...] entra en el gozo de tu señor» (Mateo 25:21).

No puedo evitar pensar que una mirada a Su persona hará que todas nuestras palabras sean irrelevantes. Él es mucho más grandioso de lo que hemos descrito, mucho más glorioso de lo que hemos imaginado. Nuestro impulso no será abrazarle como a un amigo, sino caer a Sus pies, asombrados y abrumados por la majestuosidad del momento. Sospecho que solo Su inmenso amor nos levantará para recibir Su abrazo.

Mejor de lo que imaginas y antes de lo que piensas

Tres veces repitió Jesús: «Vengo pronto» (Apocalipsis 22:7,12,20). Su apasionada súplica es que vengamos a Él: «El Espíritu y la novia dicen: "¡Ven!"; y el que escuche diga: "¡Ven!". El que tenga sed, venga; y el que quiera, tome gratuitamente del agua de la vida» (versículo 17, NVI).

He aquí, pues, la verdad más asombrosa de toda la eternidad: *Dios te ama*. De hecho, no solo te ama, sino que realmente le gustas. Te invita a acercarte a Él porque anhela tu presencia (21:3).

Entonces, ¿qué podemos decir en respuesta al Dios del universo que nos invita a venir? He aquí el guion bíblico (en 22:20):

Jesús dice: «Ciertamente vengo en breve».

Y nosotros respondemos: «Amén; sí, ven, Señor Jesús».

Puntos clave

- No vamos al cielo, sino a la nueva Jerusalén en la nueva tierra, en cuerpos físicos pero glorificados.
- Esta nueva tierra no tendrá enfermedad, muerte, división, decadencia ni nada que nos haga llorar.
- Esta nueva Jerusalén tendrá todo tipo de comodidades y belleza, pero, sobre todo, a Jesús en persona y presente por toda la eternidad.

Esta semana

- [ ] **Día 1:** Lee el ensayo.
- [ ] **Día 2:** Memoriza Apocalipsis 21:1-3.
- [ ] **Día 3:** Lee Apocalipsis 21–22.
- [ ] **Día 4:** Medita en Juan 14:2; Filipenses 3:21; Apocalipsis 22:20.
- [ ] **Día 5:** Pídele a alguien con quien tengas una relación que te describa cómo será el cielo. Si es apropiado, pregunta si esa persona tiene la seguridad de que irá allí.

Desafío de superación: Memoriza Juan 14:2.

Lectura adicional: Randy Alcorn, *El cielo*.

Notas

Introducción
1. Arnold Cole y Pamela Caudill Ovwigho, *Bible Engagement as the Key to Spiritual Growth: A Research Synthesis* (Center for Bible Engagement, 2012), pp. 4-5, https://bttbfiles.com/web/docs/cbe/Research_Synthesis_Bible_Engagement_and_Spiritual_Growth_Aug2012.pdf
2. Cole y Ovwigho, *Bible Engagement*, p. i.

Capítulo 4: El pacto
1. Conrad Hackett y David McClendon, «Christians Remain World's Largest Religious Group, but They Are Declining in Europe», Pew Research Center, 5 abril 2017, https://www.pewresearch.org/short-reads/2017/04/05/christians-remain-worlds-largest-religious-group-but-they-are-declining-in-europe/.
2. Aunque sabemos menos sobre estos antiguos pactos de lo deseado, parece haber un paralelo en la antigua Asiria, específicamente en un tratado entre Ashurnirari V y Mati'ilu: «Si Mati'ilu peca contra este tratado hecho bajo juramento por los dioses, entonces, al igual que este cordero de primavera, que ha sido sacado de su redil, no volverá a su redil [...] Ay, Mati'ilu [...]. No volverá a su país». James B. Pritchard, ed., *The Ancient Near East: An Anthology of Texts and Pictures* (Nueva Jersey: Princeton, 2011), p. 210.

Capítulo 8: Jesús y David
1. Psalms of Solomon 17:5, en R. H. Charles, ed., *The Apocrypha and Pseudepigrapha of the Old Testament in English*, vol. 2, *Pseudepigrapha* (Oxford: Clarendon, 1913), p. 648. Se trata de una antigua colección de poesía atribuida al rey Salomón, pero probablemente no fue escrita antes del siglo I a. C.
2. 4Q174, en Florentino García Martínez y Eibert J. C. Tigchelaar, eds., *The Dead Sea Scrolls: Study Edition*, vol. 1, 1Q1–4Q273 (Grand Rapids, MI: Eerdmans, 2000), p. 353.
3. Jacob Neusner, ed., *The Babylonian Talmud: A Translation and Commentary*, vol. 7b (Peabody, MA: Hendrickson, 2011), p. 92.

El Talmud de Babilonia es el corpus de enseñanza más importante de la fe judía fuera de la Biblia.

Capítulo 9: En busca de la felicidad

1. Philip Brickman, Dan Coates y Ronnie Janoff-Bulman, «Lottery Winners and Accident Victims: Is Happiness Relative?», *Journal of Personality and Social Psychology* 36, n.º 8 (1978): pp. 920-21.
2. Sonja Lyubomirsky, *La ciencia de la felicidad: Un método probado para conseguir el bienestar* (Madrid: Ediciones Urano, S. A.).
3. Caroline Leaf, *Enciende tu cerebro: La clave para la felicidad, la manera de pensar y la salud* (Grand Rapids, MI: Baker Publishing Group).

Capítulo 10: La profecía

1. Flavio Josefo, *La guerra de los judíos* (Madrid: Editorial Gredos, S. A, 2016).
2. *Encyclopaedia Britannica*, s. v. «Bar Kokhba», www.britannica.com/biography/Bar-Kokhba-Jewish-leader.
3. Peter W. Stoner and Robert C., *La ciencia habla: Consideración de ciertas evidencias cristianas* (Chicago: Moody) pp. 98-105.
4. Stoner y Newman, *La ciencia habla*, p. 106.
5. Josh McDowell y Sean McDowell, *Evidencia que demanda un veredicto: Verdades transformadoras para un mundo escéptico* (Casa Bautista of Pubns, 2019).

Capítulo 12: El Mesías

1. Craig A. Evans, «The Messiah in the Dead Sea Scrolls», en *Israel's Messiah in the Bible and the Dead Sea Scrolls*, ed. Richard S. Hess y Daniel Carroll (Grand Rapids, MI: Baker Academic, 2003), p. 86.
2. Traducción del autor de Isaías 10:27, en *Targum Jonathan to the Prophets* (Cincinnati, OH: Hebrew Union College, 2005).
3. 2 Esdras 12:33, en Michael D. Coogan et al., eds., *The New Oxford Annotated Bible: New Revised Standard Version with the Apocrypha*, 4.ª ed. (Nueva York: Oxford University Press, 2010), p. 1706. Los apócrifos son una colección de libros antiguos valorados por la Iglesia primitiva. Las Biblias católicas los incluyen con los 66 libros del Antiguo y Nuevo Testamento.

4. 2 Baruch 40:1, en R. H. Charles, ed., *The Apocrypha and Pseudepigrapha of the Old Testament in English*, vol. 2, *Pseudepigrapha* (Oxford: Clarendon, 1913), p. 501.
5 . 11Q13, en Florentino García Martínez y Eibert J. C. Tigchelaar, eds., *The Dead Sea Scrolls: Study Edition*, vol. 2, *4Q274–11Q31* (Grand Rapids, MI: Eerdmans, 2000), p. 1207, entre paréntesis en el original.

Capítulo 13: Jesús rechazado

1. «Psalm 118:22», Sefaria, www.sefaria.org/Psalms.118.22?lang=bi&with=Targum&lang2=bi, énfasis añadido.

Capítulo 15: La expiación

1. A. Cohen, trad., Sotah, *The Babylonian Talmud*, ed. I. Epstein (Londres: Soncino, 1936), pp. 73-74.
2. Para ilustrar el lado negativo de la idea del siervo sufriente, comparemos una antigua paráfrasis judía (Tárgum) de dos versículos de Isaías 53 con el original de Isaías. El versículo 4 dice: «Ciertamente llevó él nuestras enfermedades, y sufrió nuestros dolores; y nosotros le tuvimos por azotado, por herido de Dios y abatido». El Tárgum vuelve a escribir esto como: «Por lo tanto, Él orará por nuestros pecados, y nuestras iniquidades por su causa nos serán perdonadas; porque somos considerados aplastados, heridos por el Señor y afligidos». Y en el versículo 5, Isaías declaró: «Mas él herido fue por nuestras rebeliones, molido por nuestros pecados; el castigo de nuestra paz fue sobre él, y por su llaga fuimos nosotros curados». El Tárgum interpreta el versículo de la siguiente manera: «Él edificará la casa del santuario, que ha sido profanada a causa de nuestros pecados; Él fue entregado a causa de nuestras iniquidades, y por su doctrina se multiplicará sobre nosotros la paz, y por la enseñanza de sus palabras nos serán perdonados nuestros pecados». Ver Jonathan Ben Uziel, *The Chaldee Paraphrase on the Prophet Isaiah*, trad. C. W. H. Pauli (Londres: London Society's House, 1871), p. 183.

Capítulo 16: El nuevo pacto

1. Se encontraron sentimientos similares en varios pergaminos judíos escritos entre el Antiguo y el Nuevo Testamento (Jubileos 1:21-25; Testamento de Judá 24:2-3; y Testamento de Leví 18:11). Estos documentos no se incluyeron en la Biblia judía, pero formaban parte del registro histórico de los judíos.

Capítulo 18: Bienaventuranzas

1. Aristóteles, *Ética a Nicómaco* (Good Press, 2023).
2. Eclesiástico 25:8-9; 26:1, en Michael D. Coogan et al., eds., *The New Oxford Annotated Bible: New Revised Standard Version with the Apocrypha*, 4.ª ed. (Nueva York: Oxford University Press, 2010), pp. 1490-91. El libro del Eclesiástico es un libro sapiencial escrito en la época entre los Testamentos y está incluido en los Apócrifos.
3. Tosefta 9:30, en *A History of the Mishnaic Law of Damages*, ed. Jacob Neusner, vol. 1, *Baba Qamma: Translation and Explanation* (Eugene, OR: Wipf and Stock, 2007), p. 126.
4. 4 Macabeos 10:15, en Bruce M. Metzger y Roland E. Murphy, eds., *The New Oxford Annotated Apocrypha: The Apocryphal/ Deuterocanonical Books of the Old Testament* (Nueva York: Oxford University Press, 1991), p. 353. El cuarto libro de los Macabeos es un discurso filosófico que utiliza ejemplos de la época de la conocida revuelta macabea.
5. 4 Macabeos 5:16, en Bruce M. Metzger y Roland E. Murphy, eds., *The New Oxford Annotated Apocrypha: The Apocryphal/Deuterocanonical Books of the Old Testament* (Nueva York: Oxford University Press, 1991), p. 347.
6. 2 Macabeos 7:9, en Michael D. Coogan et al., eds., *The New Oxford Annotated Bible: New Revised Standard Version with the Apocrypha*, 4.ª ed. (Nueva York: Oxford University Press, 2010), p. 1613.

Capítulo 21: El dinero

1. Howard L. Dayton Jr., «Statistic: Jesus' Teaching on Money», *Christianity Today*, www.preachingtoday.com/illustrations/1996/december/410.html.

Capítulo 22: La regla de oro

1. Bruce M. Metzger y Roland E. Murphy, eds., *The New Oxford Annotated Apocrypha: The Apocryphal/Deuterocanonical Books of the Old Testament* (Nueva York: Oxford University Press, 1991), p. 7. El libro de Tobías recoge una leyenda judía de la época entre los Testamentos y forma parte de los escritos apócrifos.
2. H. Freedman, trans., Shabbath, vol. 1, *The Babylonian Talmud*, ed. I. Epstein (Londres: Soncino, 1938), p. 140.

Capítulo 27: El evangelio
1. Craig Evans, «Mark's Incipit and the Priene Calendar Inscription: From Jewish Gospel to Greco-Roman Gospel», *Journal of Greco-Roman Christianity and Judaism* 1 (2000): pp. 67-81.
2. *The International Standard Bible Encyclopedia*, ed. Geoffrey W. Bromiley, vol. 2, ed. rev. (Grand Rapids, MI: Eerdmans, 1982), p. 529.
3. Traducción de Ben Witherington III, T*he Gospel of Mark: A Socio-Rhetorical Commentary* (Grand Rapids, MI: Eerdmans, 2001), p. 69.

Capítulo 28: La fe
1. Flavio Josefo, *Vida de Flavio Josefo* (Madrid: Verbum, S. L., 2022), énfasis añadido.

Capítulo 29: El descanso
1. Bob Sullivan, «Memo to Work Martyrs: Long Hours Make You Less Productive», *CNBC*, 26 enero, 2015, www.cnbc.com/2015/01/26/working-more-than-50-hours-makes-you-less-productive.html.

Capítulo 34: La adoración
1. Watchman Nee, *La liberación del espíritu* (Editorial Peniel, 2017).

Capítulo 35: La comunión
1. Brant Pitre, *Jesús y las raíces judías de la Eucaristía: Los secretos desvelados de la Última Cena* (Madrid: Rialp, 2022).

Capítulo 40: La solución de Dios al racismo
1. Ilan Ben Zion, «Ancient Temple Mount "Warning" Stone Is "Closest Thing We Have to the Temple"», *Times of Israel*, 22 octubre 2015, www.timesofisrael.com/ancient-temple-mount-warning-stone-is-closest-thing-we-have-to-the-temple.

Capítulo 44: La resurrección
1. Josefo, Flavio, *Antigüedades de los judíos* (Barcelona: Clie, 2023).
2. P. Cornelius Tacitus, *Anales*, libro XV (Madrid: Editorial Gredos, 1980), p. 244.
3. Homero, *Ilíada*; Esquilo, *Las euménides*.

Capítulo 47: La humildad

1. «Strong's G2758—Kenoō», *Blue Letter Bible*, www.blueletterbible.org/lang/lexicon/lexicon.cfm?t=kjv&strongs=g2758.

Capítulo 48: Preocupación desbordante

1. Kevin Hultine, «The Secret Life of the Sonoran Desert», entrevista por Ira Flow, NPR, 29 marzo 2013, www.npr.org/2013/03/29/175741691/segment-1.
2. Caroline Leaf, *Enciende tu cerebro: La clave para la felicidad, la manera de pensar y la salud* (Grand Rapids, MI: Baker Books, 2017), p. 56.

Capítulo 49: Mentoría

1. Homero, *La odisea*, (Barcelona: Montaner y Simón, Editores, 1910), Canto I y Canto II.

Capítulo 50: La Escritura

1. Arnold Cole y Pamela Caudill Ovwigho, *Bible Engagement as the Key to Spiritual Growth: A Research Synthesis* (Center for Bible Engagement, 2012), pp. 4-5, https://bttbfiles.com/web/docs/cbe/Research_Synthesis_Bible_Engagement_and_Spiritual_Growth_Aug2012.pdf.

Capítulo 51: Desarrollando la determinación

1. Angela Lee Duckworth, «Grit: The Power of Passion and Perseverance», TED video, 2:49, www.ted.com/talks/angela_lee_duckworth_grit_the_power_of_passion_and_perseverance.